만능 템플릿과 위기탈출 표현으로 해커스 토익 스피킹 5일 완성

200% 활용법

## 교재 MP3

**해커스인강**(HackersIngang.com) 접속 ▶
페이지 상단의 **[토스/오픽]** 클릭 ▶
상단의 **[MP3/자료 → 토익스피킹 → 문제풀이 MP3]** 클릭하여 이용하기

• QR코드로
[교재 MP3]
바로 가기

## 핵심표현 MP3

**해커스인강**(HackersIngang.com) 접속 ▶ 페이지 상단의 **[토스/오픽]** 클릭 ▶
상단의 **[MP3/자료 → 토익스피킹 → 무료 MP3/자료]** 클릭 ▶
본 교재의 **[핵심표현 MP3]** 클릭하여 이용하기

• QR코드로
[핵심표현 MP3]
바로 가기

## QR 랜덤 테스트

**교재 p.149의 QR코드**를 스캔하여 이용하기

## 토익스피킹 점수예측 풀서비스

**해커스토익**(Hackers.co.kr) 접속 ▶
페이지 상단의 **[교재/무료 MP3]** 클릭 ▶ **[토스·오픽]** 클릭 ▶
본 교재 우측의 **[토스 점수예측 풀서비스]** 클릭하여 이용하기

* QR코드로
[토스 점수예측 풀서비스]
이용하러 가기

## 실전 토익스피킹 해설강의

**해커스토익**(Hackers.co.kr) 접속 ▶
페이지 상단의 **[교재/무료 MP3]** 클릭 ▶ **[토스·오픽]** 클릭 ▶
본 교재 우측의 **[실전토스 해설강의]** 클릭하여 이용하기

• QR코드로
[실전 토익스피킹 해설강의]
이용하러 가기

## 토익스피킹 기출유형특강

**해커스토익**(Hackers.co.kr) 접속 ▶
페이지 상단의 **[교재/무료 MP3]** 클릭 ▶ **[토스·오픽]** 클릭 ▶
본 교재 우측의 **[토익스피킹 기출유형특강]** 클릭하여 이용하기

• QR코드로
[토익스피킹 기출유형특강]
이용하러 가기

# 만능 템플릿과 위기탈출 표현으로

# 해커스 토익 스피킹 5일 완성

해커스 어학연구소

# CONTENTS

**토익스피킹 5일 완성 학습 플랜**

* 체크 표시를 해서 학습 여부를 기록해보세요.

1일차
□ Q1-2
□ Q3-4

2일차
□ Q5-7

## Q8-10 표 보고 질문에 답하기



3일차 □ Q8-10

## Q11 의견 제시하기



4일차 □ Q11

## Actual Test



5일차
□ Actual Test 1
□ Actual Test 2
□ Actual Test 3
□ QR 랜덤 테스트

# 이 책의 특징과 구성

## 답변에 바로 쓸 수 있는 만능 템플릿 & 전략

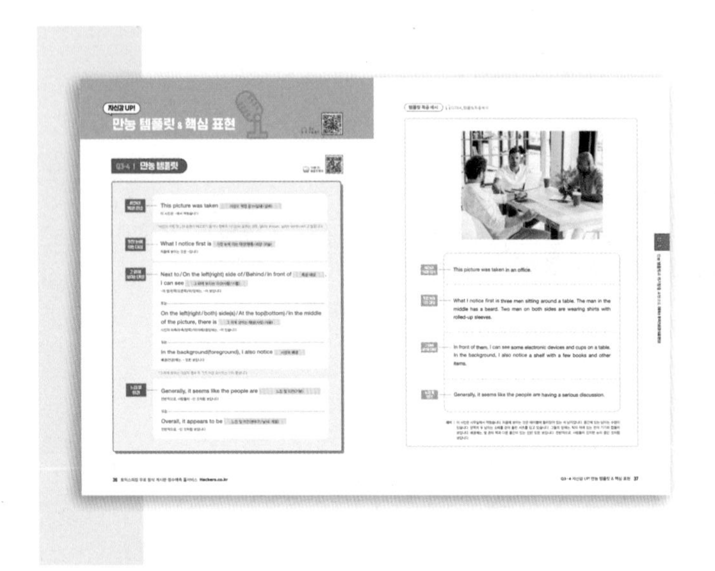


단어만 바꿔서 쉽게 질문에 답할 수 있는 만능 템플릿과 고득점 답변을 만들어주는 만능 전략으로 초보자도 막힘없이 완성도 있는 답변을 할 수 있습니다.

**10분 컷! 템플릿(전략) 특강**

페이지 내의 QR코드를 스캔하여 각 문제 유형의 템플릿(전략)에 대한 특강을 듣고 완벽하게 이해할 수 있습니다.

## 풍부한 답변을 완성하는 핵심 표현

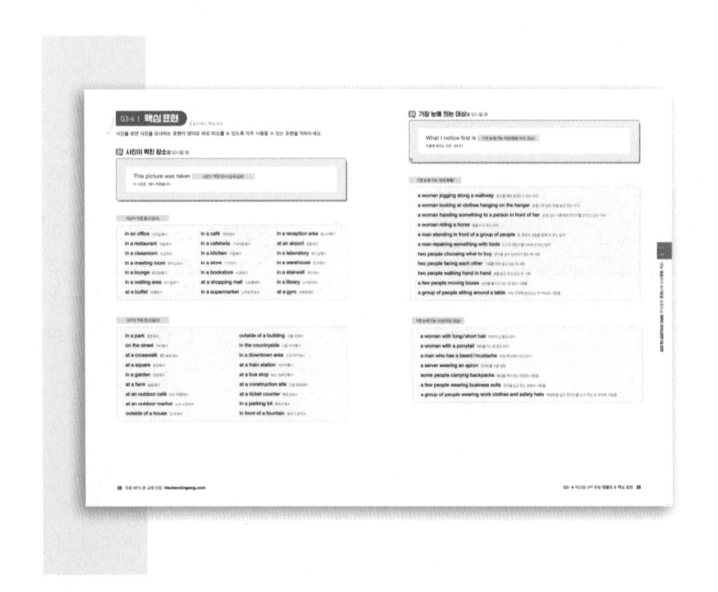


다양한 주제와 상황에서 사용할 수 있는 표현과 답변 아이디어를 알아 두면, 짧은 준비 시간 안에 많은 표현과 답변 아이디어를 영어로 떠올려 풍부한 답변을 완성할 수 있습니다.

## 학습한 내용을 점검하고 실전에 대비하는 연습 문제 & 실전 문제

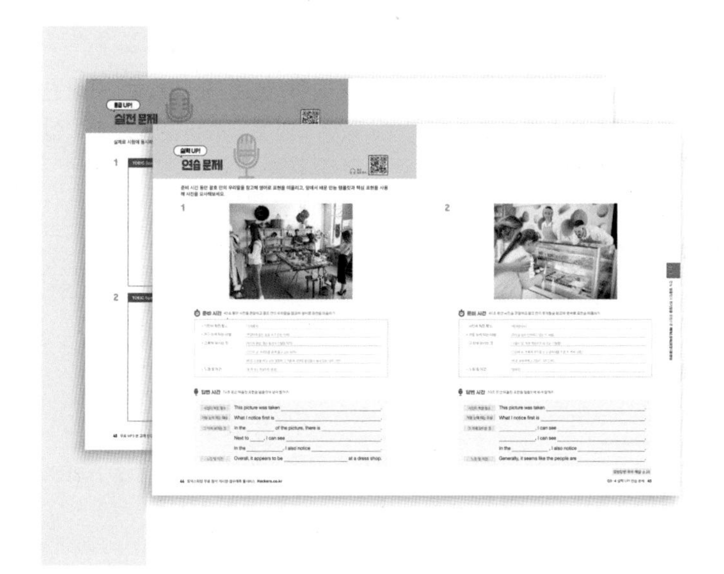


앞에서 학습한 만능 템플릿 & 전략과 핵심 표현을 적용해서 답변하는 방법을 최신 출제 경향이 반영된 문제로 연습하며 실전에 필요한 실력을 탄탄하게 다질 수 있습니다.

## 어떤 상황에서도 능숙하게 대처하는 위기탈출 표현 & 전략

위기탈출 표현

사진을 묘사하는 표현이 떠오르지 않을 때

| | |
|---|---|
| 내 이웃을 닮았어요 | The person in the picture resembles my neighbor who lives next door. |
| 옷 스타일이 마음에 들어요 | The person in the picture is wearing my favorite style of clothes. |

답변 시간이 남을 때

| | |
|---|---|
| 어릴 적이 떠오르는 사진이에요 | This picture reminds me of my childhood. |
| 오래된 사진 같아요 | Somehow, I feel like this picture was taken a long time ago. |

시험 중 답변을 준비하기 위한 시간이 더 필요하거나 답변 시간이 남는 등의 상황이 생길 수 있습니다. 이때, 위기탈출 표현과 전략으로 당황하지 않고 자연스럽게 센스 있는 답변을 말할 수 있습니다.

## 출제 가능성이 높은 문제들로 실력을 최종 점검하는 Actual Test

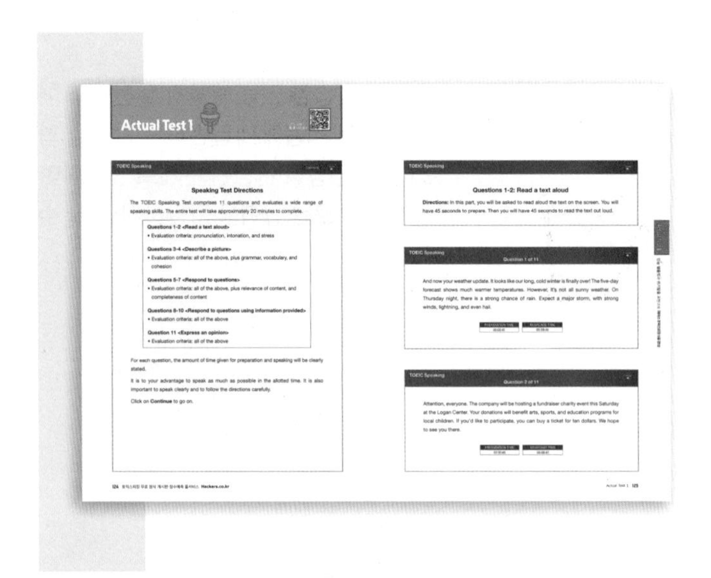
Actual Test 1

TOEIC Speaking

**Speaking Test Directions**

The TOEIC Speaking Test comprises 11 questions and evaluates a wide range of speaking skills. The entire test will take approximately 20 minutes to complete.

**Questions 1-2 <Read a text aloud>**
• Evaluation criteria: pronunciation, intonation, and stress

**Questions 3-4 <Describe a picture>**
• Evaluation criteria: all of the above, plus grammar, vocabulary, and cohesion

**Questions 5-7 <Respond to questions>**
• Evaluation criteria: all of the above, plus relevance of content, and completeness of content

**Questions 8-10 <Respond to questions using information provided>**
• Evaluation criteria: all of the above

**Question 11 <Express an opinion>**
• Evaluation criteria: all of the above

For each question, the amount of time given for preparation and speaking will be clearly stated.

It is to your advantage to speak as much as possible in the allotted time. It is also important to speak clearly and to follow the directions carefully.

Click on **Continue** to go on.

TOEIC Speaking

**Questions 1-2: Read a text aloud**

**Directions:** In this part, you will be asked to read aloud the text on the screen. You will have 45 seconds to prepare. Then you will have 45 seconds to read the text out loud.

TOEIC Speaking

Question 1 of 11

And now your weather update. It looks like our long, cold winter is finally over! The five-day forecast shows much warmer temperatures. However, it's not all sunny weather. On Thursday night, there is a strong chance of rain. Expect a major storm, with strong winds, lightning, and even hail.

TOEIC Speaking

Question 2 of 11

Attention, everyone. The company will be hosting a fundraiser charity event this Saturday at the Logan Center. Your donations will benefit arts, sports, and education programs for local children. If you'd like to participate, you can buy a ticket for ten dollars. We hope to see you there.

124 Hackers.co.kr

Actual Test 1 125

출제 가능성이 높은 문제들로 구성된 Actual Test 3회분으로 시험 전 나의 실력을 최종 점검할 수 있습니다.

## 실전 감각을 키워주는 QR 랜덤 테스트

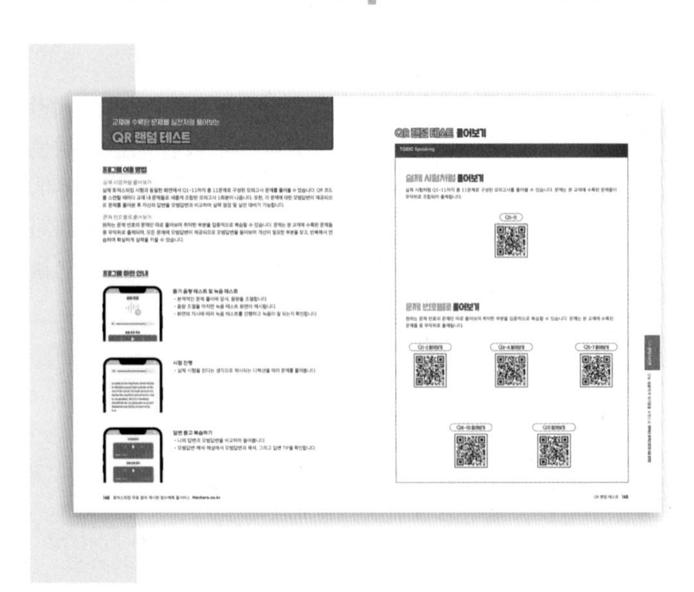


교재에 수록된 문제가 랜덤으로 출제되는 'QR 랜덤 테스트'를 통해 실전과 동일한 환경에서 자신의 답변을 녹음하며 연습할 수 있습니다.

## 다양한 답변 방법을 학습하는 모범답변·해석·해설

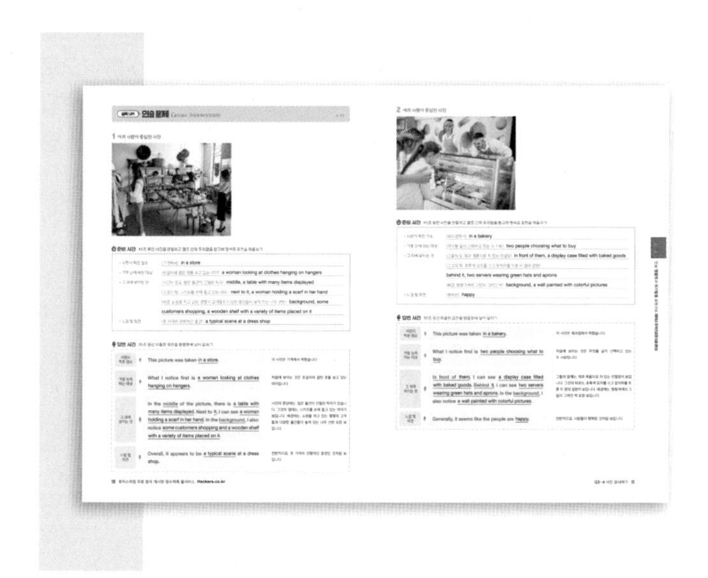

모든 문제에 제공되는 모범답변으로 어떤 질문에도 술술 답할 수 있는 다양한 답변 방법을 학습할 수 있습니다. 또한, 시험에서 바로 활용할 수 있는 답변 TIP으로 효과적인 실전 대비가 가능합니다.

## 시험장에 들고 가는 토익스피킹 벼락치기 노트

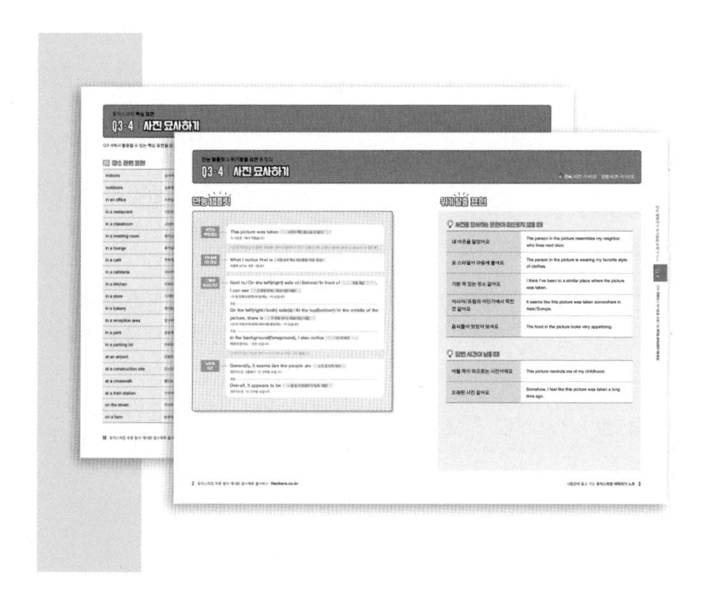

시험장에 들고 가는 토익스피킹 벼락치기 노트로 시험 직전에 만능 템플릿을 빠르게 복습하고 답변을 풍성하게 해주는 핵심 표현과 답변 아이디어를 한 번 더 익혀 시험에 완벽하게 대비할 수 있습니다.

## 토익스피킹 시험은 무엇인가요?

미국 ETS에서 개발하고 한국 토익 위원회가 주관하는 국제 공인 시험으로 회사나 학교, 그리고 일상생활과 관련된 주제에 대한 말하기 능력을 측정하는 시험입니다. 컴퓨터로 시험을 치르는 CBT(Computer-Based Test) 방식으로 진행됩니다. 토익스피킹 시험은 총 11문항으로 구성되어 있으며, 오리엔테이션을 제외하고 약 20분 정도가 소요됩니다. 토익스피킹 웹사이트(www.toeicswt.co.kr)에서 인터넷으로 접수할 수 있으며, 접수 일정 및 시험에 관한 정보도 확인할 수 있습니다.

## 토익스피킹 시험은 어떻게 구성되어 있나요?

| 번호 \ 내용 | 문제 유형 | 답변 준비 시간 | 답변 시간 | 평가 기준 |
|---|---|---|---|---|
| Q1-2 | Read a text loud<br>지문 읽기 | 각 45초 | 각 45초 | 발음, 억양 및 강세 |
| Q3-4 | Describe a picture<br>사진 묘사하기 | 각 45초 | 각 30초 | 발음, 억양 및 강세, 문법,<br>어휘, 일관성 |
| Q5-7 | Respond to questions<br>질문에 답하기 | 각 3초 | Q5, 6: 15초<br>Q7: 30초 | 발음, 억양 및 강세, 문법, 어휘,<br>일관성, 내용 연결성, 내용 완성도 |
| Q8-10 | Respond to questions<br>using information provided<br>표 보고 질문에 답하기 | 표 읽기: 45초<br>답변 준비: 각 3초 | Q8, 9: 15초<br>Q10: 30초 | 발음, 억양 및 강세, 문법, 어휘,<br>일관성, 내용 연결성, 내용 완성도 |
| Q11 | Express an opinion<br>의견 제시하기 | 45초 | 60초 | 발음, 억양 및 강세, 문법, 어휘,<br>일관성, 내용 연결성, 내용 완성도 |

* 전체적으로, 말하기의 내용이 이해하기 쉬운지, 질문에 제대로 답하는지, 의견을 적절하게 제시하고 전개할 수 있는지를 평가합니다.

## 토익스피킹 시험의 등급은 어떻게 되나요?

| 토익스피킹 등급 | 토익스피킹 점수 |
|---|---|
| Advanced High | 200 |
| Advanced Mid | 180~190 |
| Advanced Low | 160~170 |
| Intermediate High | 140~150 |
| Intermediate Mid | 110~130 |
| Intermediate Low | 90~100 |
| Novice High | 60~80 |
| Novice Mid/Low | 0~50 |

*Intermediate Mid의 경우 Intermediate Mid1 < Intermediate Mid2 < Intermediate Mid3로 세분화하여 제공합니다.

## 토익스피킹 시험 당일 TIPS!

| | |
|---|---|
| 시험센터로 출발 전 | • 토익스피킹 웹사이트(www.toeicswt.co.kr)의 <시험센터 안내> 메뉴에서 시험센터의 약도를 확인하세요.<br>• 입실 시작 시간에서 10분이 지나면 입실이 금지되므로 도착 시간을 엄수하세요.<br>• 시험 당일 신분증이 없으면 시험에 응시할 수 없으므로, 반드시 ETS에서 요구하는 신분증(주민등록증, 운전면허증, 공무원증 등)을 지참해야 합니다. ETS에서 인정하는 신분증 종류는 토익스피킹 웹사이트에서 확인 가능합니다.<br>• 노트테이킹에 필요한 메모지와 필기구는 센터에서 제공하므로, 필기구는 준비하지 않아도 됩니다. |
| 시험 대기 시간 | • 오리엔테이션 시간에 OMR 카드를 작성하므로, 고사장 입구에서 본인의 수험 번호를 정확하게 확인하세요.<br>• 시험 대기실에서 <토익스피킹 벼락치기 노트>의 표현을 소리 내어 읽으며 긴장을 푸세요.<br>• 신분 확인용 사진 촬영 시, 모자나 헤드셋을 착용하지 말고, 사진 안에 자신의 머리와 어깨가 나오는지를 확인하세요.<br>• 듣기 음량 테스트 시간 동안 헤드폰의 음량을 적절히 조절해 두세요.<br>• 녹음 테스트 시간 동안 마이크가 올바르게 작동하는지 확인하세요. |
| 시험 진행 시간 | • 다른 사람의 목소리가 들리더라도 자신의 페이스를 유지하며 답변하세요.<br>• 문제별로 정해진 답변 시간을 가능한 한 채워서 말하세요.<br>• 한 문제의 답변 시간이 끝나면 바로 다음 문제가 시작되므로, 답변이 끝난 후에는 바로 다음 문제를 준비하세요. |

# 토익스피킹 화면 구성 및 시험 진행 방식

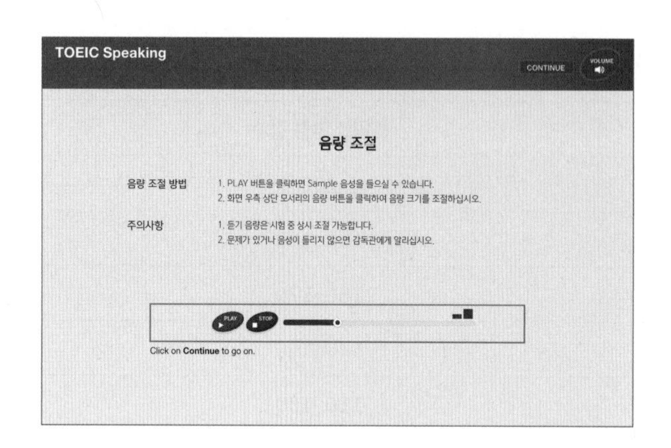


## 듣기 음량 테스트 화면

로그인 화면에서 본인의 생년월일과 수험 번호를 입력하고 나서, 헤드셋을 착용하고 성우의 음성을 실제로 들어보면서 듣기 음량을 조절할 수 있는 화면이 제시됩니다.

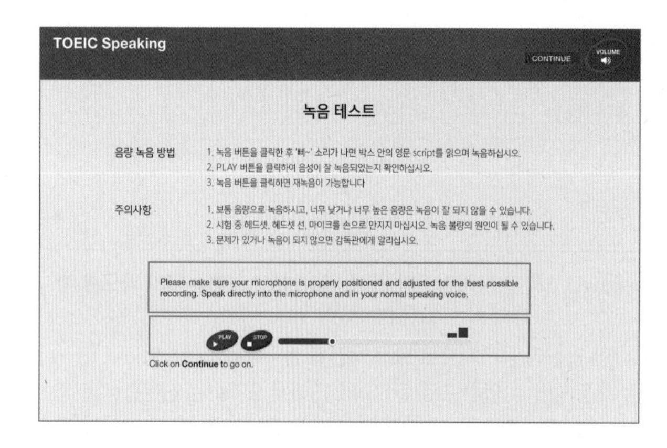


## 녹음 테스트 화면

화면에 제시된 영어 문장을 읽으며 녹음을 진행한 뒤, 녹음 내용을 들어보며 마이크가 올바르게 작동하는지 확인할 수 있는 화면이 제시됩니다.

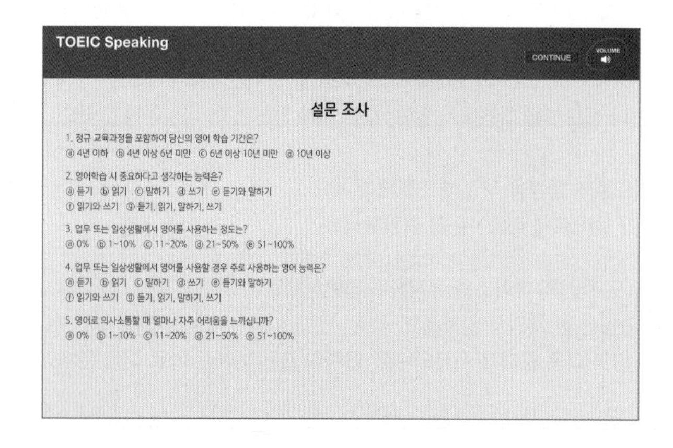


## 설문 조사 화면

간단한 설문 조사에 응답하게 되는 화면입니다. 본인의 직업이나 영어 학습 기간, 시험 응시 목적 등의 기본적인 질문이 제시됩니다.

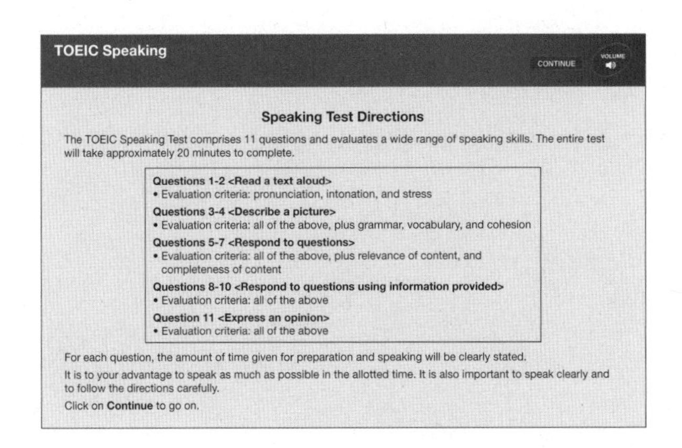


## 토익스피킹 시험 전체 디렉션 화면

토익스피킹 시험에 대한 전반적인 설명이 주어지는 화면입니다. 디렉션 화면을 확인하고 화면 우측 상단의 CONTINUE 버튼을 클릭하면 오리엔테이션이 종료되고 시험이 시작됩니다.

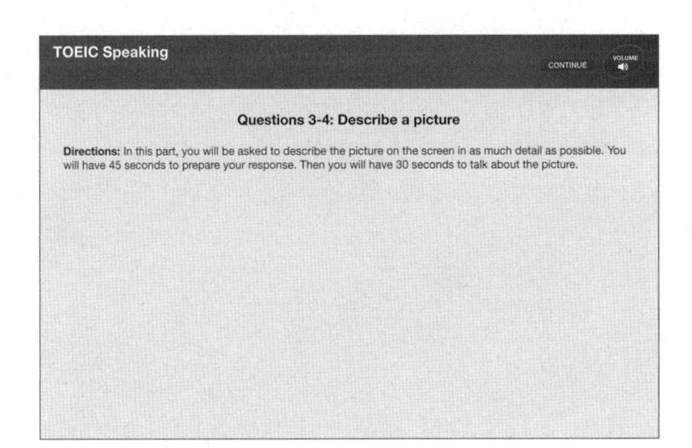


## 문제 유형별 디렉션 화면

해당 문제 유형의 디렉션이 음성과 함께 화면에 제시됩니다.

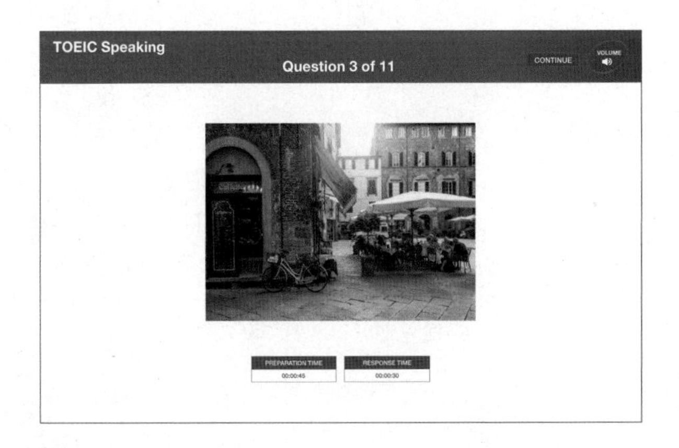


## 문제 화면

디렉션이 끝나면 실제 문제가 나오고, 준비 시간과 답변 시간이 주어집니다.

Hackers.co.kr
무료 토익·토스·오픽·지텔프 자료 제공

# Q1-2

## 지문 읽기

## Read a Text Aloud

자신감 UP! 만능 전략 & 핵심 공략

실력 UP! 연습 문제

등급 UP! 실전 문제

# Q1-2 한눈에 보기

## Q1-2 문제 정보

화면에 제시된 지문을 소리 내어 자연스럽게 읽는 문제

| 문제 번호 | Questions 1, 2 | 평가 기준 | □ 발음<br>□ 억양<br>□ 강세 |
|---|---|---|---|
| 문제 수 | 2문제 | | |
| 준비 시간 | 각 45초 | | |
| 답변 시간 | 각 45초 | | |

## 출제 경향

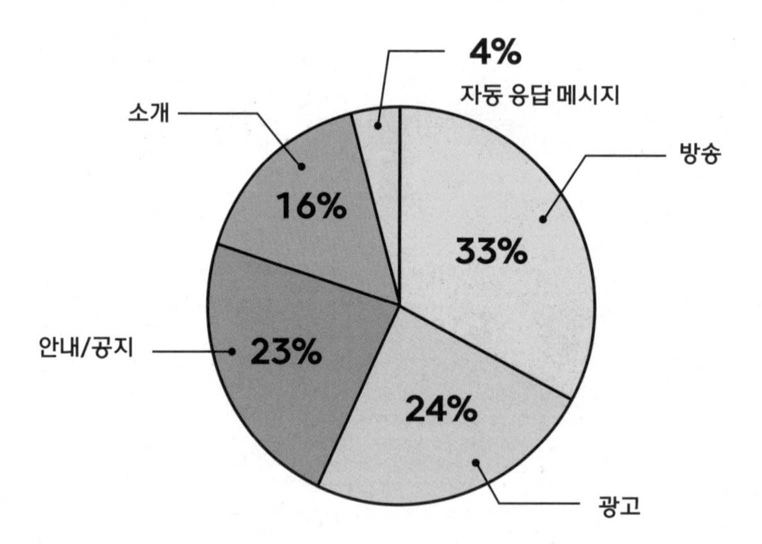


*토익스피킹 최신 100회 시험 출제 경향

## 지문의 종류 및 자주 나오는 내용

| 지문의 종류 | 자주 나오는 내용 |
| --- | --- |
| 방송 | 방송 매체를 통해 교통 정보, 일기예보, 지역 행사와 같은 소식이나 음식 조리법과 같은 일상생활에서 알아두면 유용한 정보 등을 전달하는 내용 |
| 광고 | 업체나 상점의 상품, 서비스, 진행 중이거나 진행 예정인 특별 행사 등을 홍보하는 내용 |
| 안내/공지 | 견학이나 투어와 같은 프로그램의 진행 순서를 안내하거나, 교통수단이나 공공시설의 이용과 관련된 변경 사항을 알리는 내용 |
| 소개 | 행사나 방송 청중에게 연설자 또는 초대 손님을 소개하거나 회사에 새로 선임한 임원과 같은 새로운 인물을 소개하는 내용 |
| 자동 응답 메시지 | 상점, 식당, 호텔의 자동 응답기를 통해 영업시간이나 서비스 연결을 위한 부서별 전화번호 등을 안내하는 내용 |

## 학습방법

### 1. 의미와 의도를 살려 문장을 읽는 방법을 익혀둡니다.

Q1-2에서는 주로 긴 문장들로 구성된 지문들이 나옵니다. 따라서 긴 문장의 의미와 의도를 명확하게 전달할 수 있도록 어떤 단어를 강하게 읽어야 하는지, 언제 올려 읽거나 내려 읽어야 하는지, 어디에서 끊어 읽어야 하는지를 익혀둡니다.

### 2. 지문의 종류별로 자주 나오는 내용과 읽기 방법을 익혀둡니다.

Q1-2에서는 자주 나오는 지문의 종류가 있습니다. 지문의 종류별로 자주 나오는 내용과 어떤 정보를 특히 강조해서 읽어야 하는지와 같은 읽기 방법을 알고 있으면 마치 실제로 방송이나 공지를 하는 것처럼 자연스럽게 읽을 수 있습니다. 따라서 지문 종류별로 자주 나오는 내용과 읽기 방법을 익혀둡니다.

## 시험 진행 순서

### 디렉션

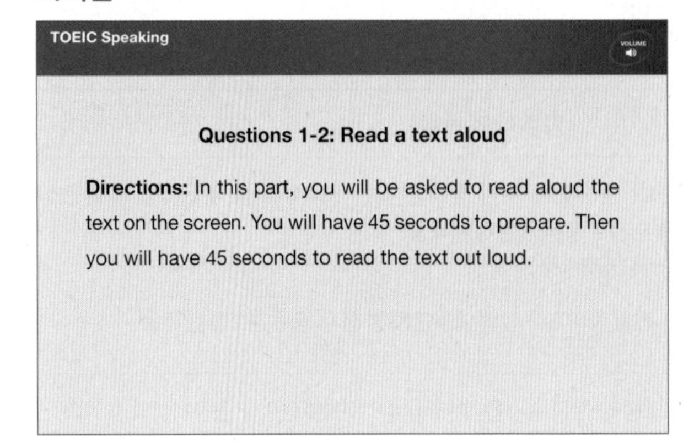


화면에 있는 지문을 소리 내어 읽을 것이며, 45초의 준비 시간이 주어진 후 지문을 소리 내어 읽는 데에 45초가 주어질 것이라는 디렉션이 음성과 함께 화면에 제시됩니다

### Question 1 준비 시간(45초)

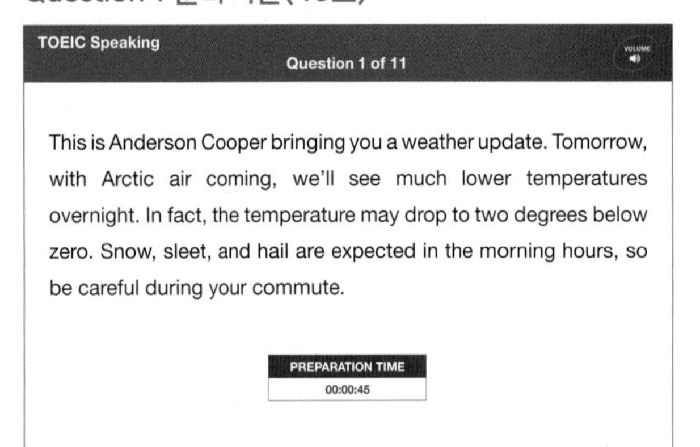


첫 번째 지문이 화면에 제시되고, 'Begin preparing now.'라는 음성이 나온 후 45초의 준비 시간이 시작됩니다.

*** 시간 활용 Tip**
화면을 보며 지문을 소리 내어 읽어봅니다. 지문을 처음부터 끝까지 읽어본 뒤 시간이 남았다면 지문 전체를 다시 읽기보다는 발음이 어려웠던 단어만 반복해 읽으면서 연습하는 것이 좋습니다.

### Question 1 답변 시간(45초)

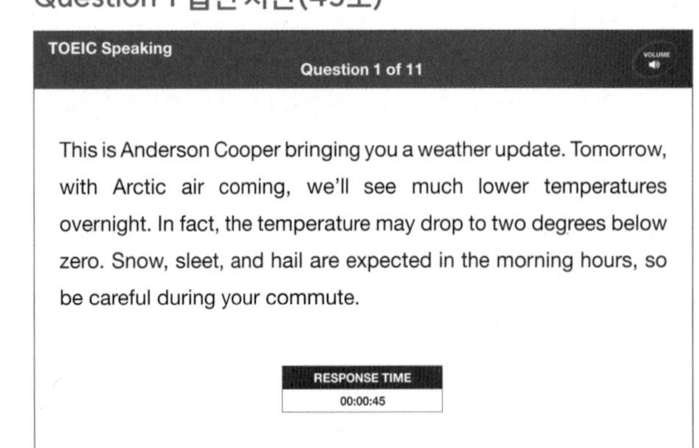


준비 시간이 끝나고, 'Begin reading aloud now.'라는 음성이 나온 후 45초의 답변 시간이 시작됩니다.

*** 시간 활용 Tip**
주변 응시자들이 함께 읽는 소리가 신경 쓰일 수 있으나, 긴장하지 말고 자신의 페이스에 맞춰 읽습니다. 지문을 읽다가 도중에 단어를 잘못 읽는 등의 실수를 했을 경우 당황하지 말고 차분히 실수한 부분부터 다시 읽는 것이 좋습니다.

## Question 2 준비 시간(45초)

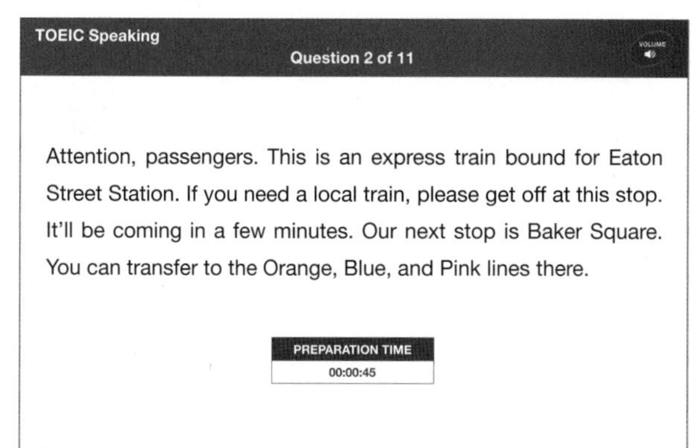


두 번째 지문이 화면에 제시되고, 'Begin preparing now.'라는 음성이 나온 후 45초의 준비 시간이 시작됩니다.

## Question 2 답변 시간(45초)

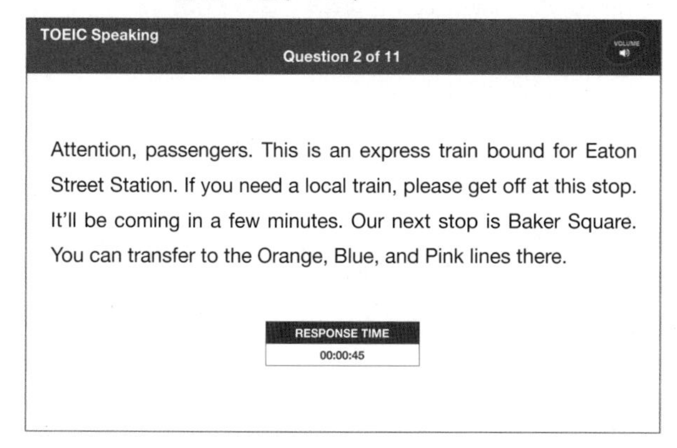


준비 시간이 끝나고, 'Begin reading aloud now.'라는 음성이 나온 후 45초의 답변 시간이 시작됩니다.

자신감 UP!

# 만능 전략 & 핵심 공략

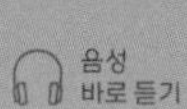

## Q1-2 | 만능 전략

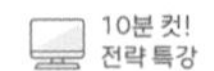

**강약 살려 읽기**

중요한 정보

지문에서 화자가 전달하고 싶은 주요한 정보를 담고 있는 명사, 동사, 형용사는 강하게 읽습니다.

During the **interview**, she'll **discuss** the **economy** of the **past** and its **possible future**.

고유 명사

대문자로 시작하는 특정 사람, 장소, 행사 등의 이름을 가리키는 고유 명사는 강하게 읽습니다.

The **Greenview** Children's **Museum** reopens tomorrow after months of renovations.

강조어

부정어(not, never)와 비교급(more, better) 및 최상급(most, best)은 강하게 읽습니다.

Do **not** miss the **best** deals of the year at BuyMore Electronics!

*문법적 역할을 하는 Be 동사, 조동사, 전치사, 대명사 등은 약하게 읽습니다.

**억양 살려 읽기**

의문문

Be동사(Are, Is, Am, Was 등)와 조동사(Do, Can, Have 등)로 시작하는 의문문은 끝을 올려(↗) 읽고, 의문사 의문문(What, When, Where 등)은 끝을 내려(↘) 읽습니다.

Are you looking for a fine dining restaurant?↗

여러 가지 요소가 나열된 구문

접속사(and, or) 앞의 단어들은 올려(↗) 읽고, 마지막 단어는 내려(↘) 읽습니다.

Our apartments are spacious,↗ clean,↗ and affordable.↘

if절 구문

if절의 끝은 올려(↗) 읽고, 전체 문장의 끝은 내려(↘) 읽습니다.

If you need more information,↗ please visit our website!↘

**문장 끊어 읽기**

구와 절 단위

두 개 이상의 단어가 모인 의미의 덩어리인 구와 절 단위는 짧게(/) 끊어 읽고, 문장의 끝은 길게(//) 끊어 읽습니다.

Due to his effort, / our city has made numerous sustainable changes. //

열거하는 단어

여러 가지 요소를 열거하는 경우, 열거하는 요소를 하나씩 짧게(/) 끊어 읽습니다.

Are you looking for something interesting, / favored, / and awesome?

전략 적용 예시 Q1&2_전략적용예시

This is Anderson Cooper bringing you a weather update. Tomorrow, with Arctic air coming, we'll see much lower temperatures overnight. In fact, the temperature may drop to two degrees below zero. Snow, sleet, and hail are expected in the morning hours, so be careful during your commute.

This is **Anderson Cooper** bringing you a **weather update.**(↘) // **Tomorrow**, / with **Arctic** air coming,(↗) / we'll see **much** lower **temperatures** overnight.(↘) // In fact, / the **temperature** may **drop** to **two** degrees below **zero.**(↘) // **Snow,**(↗) / **sleet,**(↗) / and **hail** / are **expected** in the **morning** hours,(↘) / so be **careful** during your **commute.**(↘) //

저는 최신 날씨 정보를 전해드리는 Anderson Cooper입니다. 내일은, 북극의 공기가 유입되면서 밤사이 기온이 크게 낮아지겠습니다. 실제로, 기온은 영하 2도까지 떨어질 수 있습니다. 오전 시간대에는 눈, 진눈깨비, 우박이 예상되니 출근길 조심하셔야겠습니다.

강약 살려 읽기 ------ **굵게 표시**된 단어: 강하게 읽어야 하는 단어

억양 살려 읽기 ------ (↗), (↘) 로 표시된 부분: 내려 읽거나 올려 읽어야 하는 부분

문장 끊어 읽기 ------ / 로 표시된 부분: 끊어 읽어야 하는 부분

## Q1-2 | 핵심 공략 - 지문 종류별 내용 & 읽기 방법

Q1&2_핵심공략

지문을 보면 마치 여러 번 읽어본 것처럼 자연스럽게 읽을 수 있도록 지문의 종류별로 자주 나오는 내용과 읽기 방법을 익혀두세요.

### 방송

**자주 나오는 내용**

- 공사로 인한 도로 통제와 같은 교통 정보나 주말의 날씨와 같은 일기예보를 전달하는 방송
- 지역 예술 박람회 개최와 같은 지역 소식을 전달하는 방송
- 음식 조리법과 같은 일상생활 속에서 알아두면 유용한 정보를 공유하는 방송

**읽기 방법**

- 교통 상황이나 이에 따라 운전 시 유의해야 할 사항과 같이 방송에서 전하고자 하는 주요 내용을 특히 강조해 읽기
- 사람의 이름, 지명이나 도로명, 행사 이름 등과 같은 고유 명사를 정확한 영어식 발음으로 읽기

And **now** for your **traffic report** from **News Alert.**↘ // Due to **roadwork** on **Highway Six,** / we're expecting long **delays** throughout the **downtown** area.↘ // You may want to **take** an **alternate route** using **Western Avenue,**↗ / **Congress Street,**↗ / or **Dayton Road.**↘ // For **updates,** / stay tuned to **WDNU** Radio.↘ //

이제 News Alert의 교통 정보입니다. 6번 고속도로의 도로 공사로 인해, 시내 전역에서 긴 지체가 예상됩니다. Western가, Congress가, 또는 Dayton로를 이용하여 대체 경로를 선택할 수 있습니다. 최신 정보를 위해 WDNU 라디오에 채널 고정해주십시오.

### 광고

**자주 나오는 내용**

- 신제품, 인기 상품, 이월 상품 할인과 같은 제품이나 특별 행사를 홍보하는 광고
- 회원제 가입 시 제공되는 혜택과 같은 특별한 서비스를 홍보하는 광고

**읽기 방법**

- 상점이나 업체 이름, 제품명, 할인율, 서비스의 장점 등과 같이 광고에서 전달하는 주요 정보를 특히 강조해 읽기
- 지문 속 대상을 실제로 홍보하거나 판매하는 것처럼 밝고 자신감 있는 어조로 읽기

This **weekend,** / **Agils Electronics** is holding its **annual** clearance **sale.**↘ // You'll find **discounts** on great **TVs,**↗ / **laptops,**↗ / and **audio equipment.**↘ // Some **items** are marked down by **fifty percent.**↘ // And for **this week only,** / all **microwaves** are **half off** too.↘ // Do **not** miss the **best** deals of the year!↘ //

이번 주말에 Agils 전자에서 연례 재고 정리 할인 행사를 진행합니다. 훌륭한 TV, 노트북, 그리고 오디오 장비에 대한 할인 혜택을 받으실 수 있습니다. 일부 품목은 50퍼센트까지 할인됩니다. 그리고 이번 주에만 모든 전자레인지도 반값으로 제공됩니다. 올해 최고의 거래를 놓치지 마세요!

## 안내/공지

**자주 나오는 내용**

- 박물관과 같은 시설을 견학하는 사람들에게 견학 순서를 설명하는 안내
- 회사의 직원들에게 사내 행사의 식순과 같은 정보를 공유하는 공지
- 이용객들에게 교통수단의 도착이나 출발 지연과 같은 변경 사항을 안내하는 공지

**읽기 방법**

- 행사의 목적, 변경 사항이나 주의해야 할 사항과 같이 안내/공지가 전달하는 주요 정보를 특히 강조해 읽기

Welcome to the **Kirkland** Art **Museum.**↘ // We'll begin the **tour** in the **East Wing.**↘ // **Here,** / you will **see artworks** by **classical,**↗ / **nineteenth century,**↗ / and **contemporary artists.**↘ // I'll do my **best** to **give** you some **background** on the **most** notable **pieces.**↘ // However, / **feel** free to **ask** me **questions** about **anything** we **encounter.**↘ //

Kirkland 미술관에 오신 것을 환영합니다. 우리는 동관에서 투어를 시작하겠습니다. 여기서 여러분은 고전, 19세기, 그리고 현대 예술가들의 예술 작품들을 볼 것입니다. 저는 여러분들에게 가장 주목할 만한 작품들에 대한 배경 정보를 알려드리기 위해 최선을 다하겠습니다. 하지만, 우리가 마주치는 것에 대한 궁금한 점은 언제든지 부담 갖지 말고 질문해 주세요.

## 소개

**자주 나오는 내용**

- 연설자의 경력, 그의 주된 연구 주제와 같이 행사나 방송의 연설자와 연관된 내용들을 설명하는 소개
- 회사에 새로 신임한 임원과 같은 새로운 인물을 설명하는 소개

**읽기 방법**

- 이름이나 경력, 또는 발표할 내용과 같은 소개 대상에 대한 주요 정보를 특히 강조해 읽기
- 실제 진행자나 사회자가 진행하는 것처럼 밝은 어조로 읽기

Thank you for coming to our **Save** the **Planet fundraiser.**↘ // I'm **honored** to **introduce** the **founder** of our **charity,**↗ / Mr. **Ted Hall.**↘ // Mr. **Hall** has spent his **life educating** others about the **planet,**↗ / **promoting** green **policies,**↗ / and **fighting** for natural **habitats.**↘ // Due to his **efforts,** / our **city** has made **numerous** sustainable **changes.**↘ // Now, / let's **welcome Mr. Hall!**↘ //

저희 Save the Planet 모금 행사에 와주셔서 감사합니다. 저희 자선 단체의 설립자인 Ted Hall 씨를 소개하게 되어 영광입니다. Hall 씨는 다른 사람들에게 지구에 대해 교육하고, 친환경 정책을 홍보하고, 자연 서식지를 위해 투쟁하는 데 일생을 보냈습니다. 그의 노력으로 우리 도시는 수많은 지속 가능한 변화를 이루어냈습니다. 자, 이제 Hall 씨를 환영해 주세요!

## 자동 응답 메시지

**자주 나오는 내용**

- 회사, 또는 상점의 영업시간이나 웹사이트에서 제공하는 서비스와 같은 영업과 관련된 내용을 안내하는 자동 응답 메시지
- 상점이나 호텔에서 전화 용건별로 해당 서비스를 제공하는 부서를 안내하는 자동 응답 메시지
- 매장이나 식당의 폐쇄와 같은 특정 사항을 안내하는 자동 응답 메시지

**읽기 방법**

- 업체 이름, 영업시간, 전화번호나 웹사이트 주소와 같은 업체와 관련된 정보를 특히 강조해 읽기
- 실제 자동 응답기에서 안내하는 것처럼 정확하고 또렷하게 읽기

Hello.↓ // You have reached **Mike's** Gardening **Center**.↓ // Sadly, / we are **unable** to **answer** the phone at this time.↓ // If you would like to know **more** about our store **hours**,↑ / **products**,↑ / and **prices**, / please **visit** our **Web site**.↓ // To **leave** a **message**, / you can **press "zero"** / and **speak** after the beep.↓ // An **employee** will **contact** you as soon as possible.↓ //

안녕하세요. Mike의 원예 센터에 연결되셨습니다. 유감스럽게도, 저희는 지금 전화를 받을 수 없습니다. 저희 매장의 영업시간, 제품, 그리고 가격에 대해 더 알고 싶으시면 저희 웹사이트를 방문하시기 바랍니다. 메시지를 남기려면 "0번"을 누르고 신호음이 울린 후 말씀하시면 됩니다. 빠른 시일 내에 직원이 연락드리겠습니다.

## Check up

Q1&2_Checkup

앞에서 배운 만능 전략과 핵심 공략을 사용하여 강하게 읽어야 하는 단어, 억양, 끊어 읽기에 유의해 아래 지문을 읽어보세요. 그 후 음성을 들으며 두 번씩 따라 읽어 보세요.

[방송]

1. Welcome to Kevin's Kitchen. Today, we'll be making pepper pasta. All you need is some spaghetti, fresh black pepper, and parmesan cheese. After boiling the pasta, you'll mix all the ingredients together in a pan. When we come back from the commercial break, I'll show you my technique.

[광고]

2. Dreezy Flexy Sports is having a yearly winter sale beginning next week. Customers can purchase sports clothes, shoes, and equipment for up to fifty percent off. If you're interested in more special offers, sign up for our membership at the register. We hope to see you soon!

[안내/공지]

3. On behalf of the entire Bayview Orchestra, I want to welcome you. In a moment, we'll begin the performance. Our program tonight will include pieces by German, Italian, and French composers. I'll introduce each briefly, but please read the distributed brochure if you want more details.

[소개]

4. Coming up next, we will be introducing Dr. Christina Jones on The Night Show. Christina is a well-known professor, economist, and author. During the interview, she'll discuss the economy of the past and its possible future. Dr. Jones, it's a pleasure to have you here!

[자동 응답 메시지]

5. You've reached Michelle's Salon. Unfortunately, no one is here to take your call. Our business hours are Tuesday through Sunday, ten A.M. to eight P.M. If you'd like to schedule a haircut, coloring, or styling, please do so through our Web site. Otherwise, please leave a message after the beep.

모범답변·해석·해설 p.2

준비 시간 동안 강하게 읽어야 하는 단어, 억양, 끊어 읽기 단위를 파악하고, 앞에서 배운 만능 전략과 핵심 공략을 사용해 지문을 읽어 보세요.

**1**

**준비 시간** 45초 동안 강하게 읽어야 하는 단어, 억양, 끊어 읽기 단위를 파악하며 천천히 읽기

Here is this morning's **traffic** report.↘ // Due to last night's **heavy rain**, / the **roads** along **Crystal Creek** are now **flooded**.↘ // **Lilac Lane,**↗ / **Court Street,**↗ / and **Miller Avenue** / will be **blocked** off until further notice.↘ // This might cause **delays** later in the **morning** / with **limited** travel **options.**↘ // If you're heading **downtown** this **morning,**↗ / we **encourage** you to **leave early**.↘ //

**답변 시간** 45초 동안 준비 시간에 파악한 강하게 읽어야 하는 단어, 억양, 끊어 읽기를 바탕으로 지문을 자연스럽게 읽기

Here is this morning's traffic report. Due to last night's heavy rain, the roads along Crystal Creek are now flooded. Lilac Lane, Court Street, and Miller Avenue will be blocked off until further notice. This might cause delays later in the morning with limited travel options. If you're heading downtown this morning, we encourage you to leave early.

2 **준비 시간** 45초 동안 강하게 읽어야 하는 단어, 억양, 끊어 읽기 단위를 파악하며 천천히 읽기

Are you looking for **great Italian** food?↗ // Then **come** to **Mario's Bistro**, / the **newest** fine dining **restaurant** in **Mapleton**.↘ // To **celebrate** our opening, / we're holding an **event** with free **appetizers**,↗ / live **music**,↗ / and a prize **drawing**.↘ // To book your **reservation**, / please **visit** our **Web site**.↘ //

**답변 시간** 45초 동안 준비 시간에 파악한 강하게 읽어야 하는 단어, 억양, 끊어 읽기를 바탕으로 지문을 자연스럽게 읽기

Are you looking for great Italian food? Then come to Mario's Bistro, the newest fine dining restaurant in Mapleton. To celebrate our opening, we're holding an event with free appetizers, live music, and a prize drawing. To book your reservation, please visit our Web site.

모범답변·해석·해설 p.4

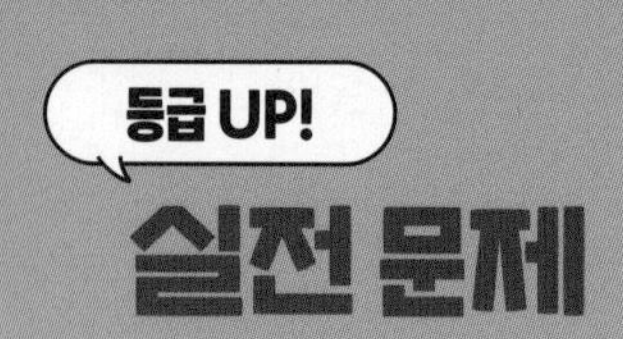

실제로 시험에 응시하는 것처럼, 45초 동안 준비하여 45초 동안 지문을 읽어보세요.

**1**

**TOEIC Speaking**

Need new camping equipment? If so, you should stop by Woodland Home opening this Friday. Here, you can find camping gear such as sleeping bags, lanterns, and camp burners all in one place. If you come this week, you'll receive a thermos cup as a free gift. Woodland Home is located in the Glad Mall, west of the uptown district.

| PREPARATION TIME | RESPONSE TIME |
| --- | --- |
| 00:00:45 | 00:00:45 |

**2**

**TOEIC Speaking**

Attention, passengers. This is an express train bound for Eaton Street Station. If you need a local train, please get off at this stop. It'll be coming in a few minutes. Our next stop is Baker Square. You can transfer to the Orange, Blue, and Pink lines there.

| PREPARATION TIME | RESPONSE TIME |
| --- | --- |
| 00:00:45 | 00:00:45 |

3

**TOEIC Speaking**

Hi, everyone. It's my pleasure to introduce you all to our new vice president of marketing, Tara Connelly. Before joining us, Ms. Connelly worked on successful online, print, and TV advertising campaigns for leading firms. Since she has over twenty years of experience in this field, I'm confident she will play a significant role in the development of our company. Please give her a warm welcome.

| PREPARATION TIME | RESPONSE TIME |
| --- | --- |
| 00:00:45 | 00:00:45 |

4

**TOEIC Speaking**

The Greenview Children's Museum reopens tomorrow after months of renovations. New exhibits include the Space Center, Dinosaur World, and a TV studio. These will offer fun, educational activities for children. In addition, the museum will extend its weekend hours. You can now visit from ten A.M. to seven P.M. on Saturdays and Sundays.

| PREPARATION TIME | RESPONSE TIME |
| --- | --- |
| 00:00:45 | 00:00:45 |

**5**

**TOEIC Speaking**

Thank you for calling Broadstreet Computer Repair. We offer expert service for all brands of laptops, PCs, and tablets. If you're calling to inquire about a recent order, please have your order confirmation number ready and press "one". If you wish to request a home visit, please press "two". For other inquiries, please hold.

| PREPARATION TIME | RESPONSE TIME |
| --- | --- |
| 00:00:45 | 00:00:45 |

**6**

**TOEIC Speaking**

The winter months are hard on automobiles. That's why you should come to Adam's Car Wash. Our staff will clean everything, including your vehicle's windows, seats, and exterior. Just sit back and enjoy our comfortable lobby while we do the work. So, you don't need to wait for warm weather. Visit Adam's Car Wash today!

| PREPARATION TIME | RESPONSE TIME |
| --- | --- |
| 00:00:45 | 00:00:45 |

7

**TOEIC Speaking**

Now for your traffic report. If you're driving through the south side of the city, expect long delays this afternoon. This is due to the Framington bicycle race closing down several major streets. The event should be over by five P.M. Until then, taking the subway will be the best way to avoid traffic congestion.

| PREPARATION TIME | RESPONSE TIME |
| --- | --- |
| 00:00:45 | 00:00:45 |

8

**TOEIC Speaking**

Our first guest on Tonight's the Night is John Powers. Mr. Powers is a prominent businessman, charity organizer, and author. I'm going to ask him about his exciting new start-up today. It's a really promising project. If you want to hear more about it, please stay tuned. We'll be right back with Mr. Powers after the commercial break.

| PREPARATION TIME | RESPONSE TIME |
| --- | --- |
| 00:00:45 | 00:00:45 |

모범답변·해석·해설 p.5

Q1&2_위기탈출전략

Q1-2에서는 우리가 흔히 한국식으로 발음하는 고유 명사와 외래어, 그리고 발음이 어려운 단어들이 나올 수 있습니다. 해당 단어들의 발음을 미리 연습해 보고 실제 시험에서 정확한 발음으로 말해보세요!

## 흔히 한국식으로 발음하는 고유 명사 & 외래어

- **Asia** [~~아시아~~] [éiʒə]
- **Rome** [~~로마~~] [roum]
- **Italy** [~~이탈리아~~] [ítəli]
- **Paris** [~~파리~~] [pǽris]
- **Athens** [~~아테네~~] [ǽθinz]
- **Argentina** [~~아르헨티나~~] [à:rdʒəntí:nə]
- **amateur** [~~아마추어~~] [ǽmətʃùər]
- **genre** [~~장르~~] [ʒá:nrə]
- **market** [~~마켓~~] [má:rkit]
- **veteran** [~~베테랑~~] [vétərən]
- **film** [~~필름~~] [film]
- **marketing** [~~마케팅~~] [má:rkitiŋ]
- **buffet** [~~뷔페~~] [bəféi]
- **café** [~~카페~~] [kæféi]
- **message** [~~메세지~~] [mésidʒ]

## 발음이 어려운 단어

- **yearly** [이얼리] [jíərli]
- **experienced** [익스피리언스트] [ikspíəriənst]
- **extraordinary** [익스트러올더네리] [ikstrɔ́:rdənèri]
- **inconvenience** [인컨뷔니언스] [ìnkənví:njəns]
- **contemporary** [컨템퍼레리] [kəntémpərèri]
- **temporarily** [템퍼레럴리] [tèmpərérəli]
- **technological** [테크널라쥐컬] [tèknəlá:dʒikəl]
- **scientific** [싸이언티픽] [sàiəntífik]
- **accommodation** [어카머데이션] [əkà:mədéiʃən]
- **unfortunately** [언폴춰너틀리] [ənfɔ́:rtʃənətli]
- **significantly** [시그니퓌컨틀리] [signífikəntli]
- **temperature** [템퍼뤄철] [témpərətʃər]

# Q3-4

## 사진 묘사하기

## Describe a Picture

자신감 UP! 만능 템플릿 & 핵심 표현

실력 UP! 연습 문제

등급 UP! 실전 문제

# Q3-4 한눈에 보기

## Q3-4 문제 정보

화면에 제시되는 사진을 보고 사진 속 모습을 자세히 묘사하는 문제

| 문제 번호 | Questions 3, 4 | 평가 기준 | □ 발음<br>□ 억양<br>□ 강세<br>□ 문법<br>□ 단어<br>□ 일관성 |
|---|---|---|---|
| 문제 수 | 2문제 | | |
| 준비 시간 | 각 45초 | | |
| 답변 시간 | 각 30초 | | |

## 출제 경향

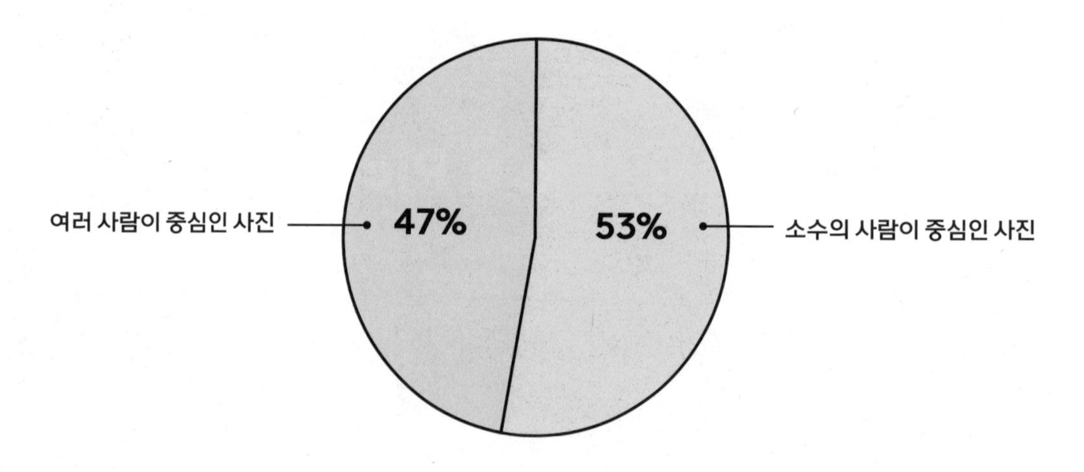


*토익스피킹 최신 100회 시험 출제 경향

## 사진의 종류 및 자주 나오는 사진

| 사진의 종류 | 자주 나오는 사진 |
|---|---|
| 소수의 사람이 중심인 사진 | 1~3명 정도의 사람들에 초점이 맞춰진 사진으로, 사무실에서 회의를 하고 있는 사람들, 거리를 함께 걷고 있는 사람들, 집에서 무언가를 수리하고 있는 사람이 등장하는 사진 등이 자주 나옵니다.<br>예 |
| 여러 사람이 중심인 사진 | 다수의 사람들에 초점이 맞춰진 사진으로, 야외 카페에서 시간을 보내고 있는 사람들, 강의실에서 공부하고 있는 사람들, 공원에서 함께 무언가를 하고 있거나 자전거를 함께 타는 사람들이 등장하는 사진 등이 자주 나옵니다.<br>예 |

## 학습방법

### 1. 사진 묘사에 사용되는 표현을 익혀둡니다.

Q3-4에서는 "이 사진은 ~에서 찍혔습니다."와 같이 사진을 묘사할 때 항상 사용되는 표현이 있고, 그 표현에 '사무실에서'와 같이 사진에서 관찰한 세부 내용을 합치면 쉽게 사진을 묘사하는 문장을 만들 수 있습니다. 따라서 사진을 묘사하는 문장을 쉽게 완성해서 말할 수 있도록 사진 묘사에 사용되는 표현을 익혀둡니다.

### 2. 장소, 사람과 사물, 느낌 및 의견을 나타내는 표현을 익혀둡니다.

Q3-4에서는 사진에 자주 등장하는 장소, 사람들의 동작이나 모습, 사물의 상태 등이 있습니다. 따라서 이러한 내용이 사진에 등장했을 때 쉽게 영어로 표현을 떠올릴 수 있도록 자주 등장하는 장소, 사람과 사물, 느낌 및 의견을 묘사하는 표현을 익혀둡니다.

# 시험 진행 순서

## 디렉션

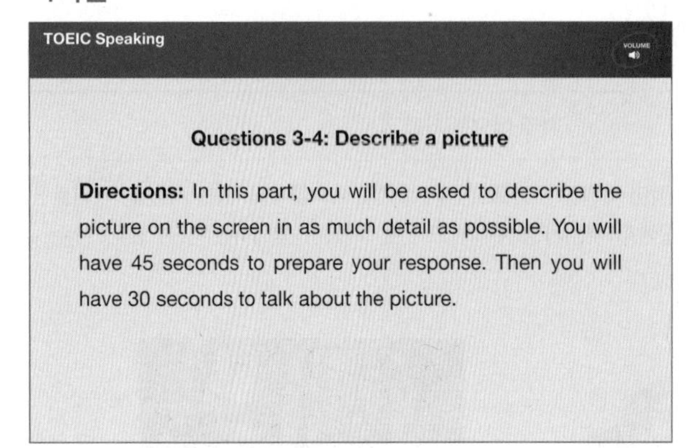


화면에 있는 사진을 가능한 한 자세히 묘사해야 하며 45초의 준비 시간이 주어진 후 사진에 대해 이야기하는 데에 30초가 주어질 것이라는 디렉션이 음성과 함께 화면에 제시됩니다.

## Question 3 준비 시간(45초)

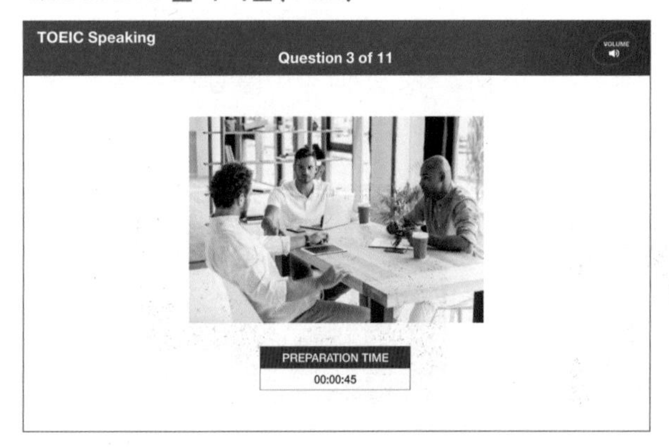


첫 번째 사진이 화면에 제시되고, 'Begin preparing now.'라는 음성이 나온 후 45초의 준비 시간이 시작됩니다.

*** 시간 활용 Tip**

장소, 사람들의 동작이나 모습, 사물의 상태, 느낌을 나타내는 표현을 Scratch Paper에 영어로 적습니다. 이때, 키워드만 적고 자주 등장하는 단어는 줄여서(예 man=m) 적습니다.

**예)**

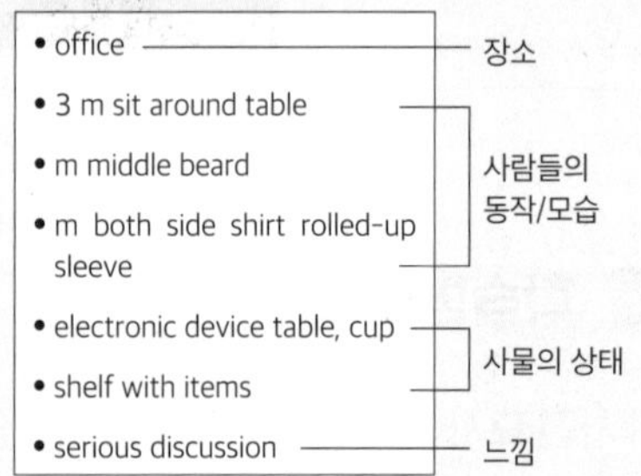


또한, 영어로 떠오르지 않는 표현을 떠올리는 데 시간을 지체하기보다 자신이 알고 있는 표현을 먼저 떠올립니다.

## Question 3 답변 시간(30초)

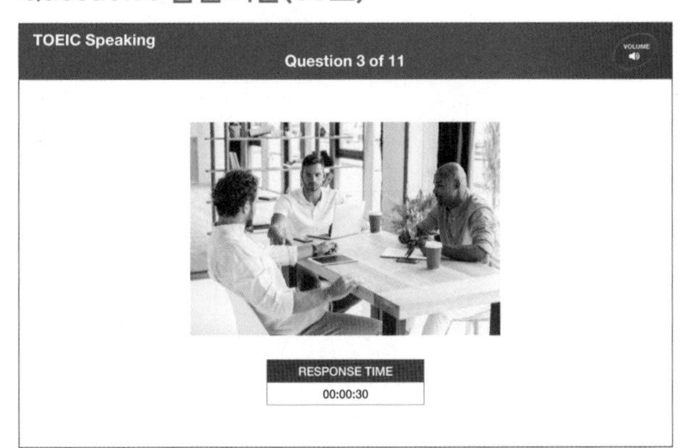


준비 시간이 끝나고, 'Begin speaking now.'라는 음성이 나온 후 30초의 답변 시간이 시작됩니다.

## Question 4 준비 시간(45초)

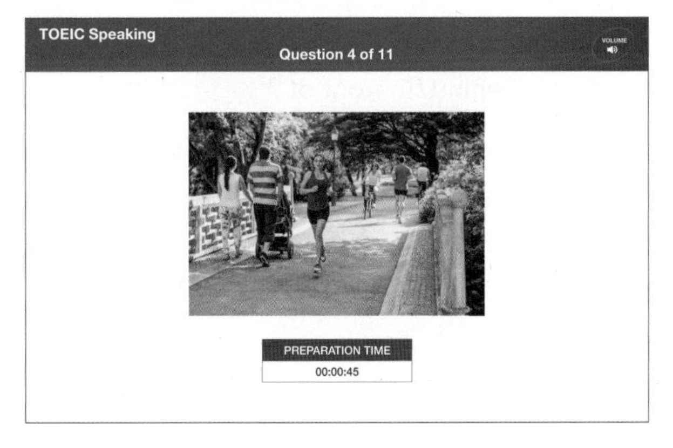


두 번째 사진이 화면에 제시되고, 'Begin preparing now.'라는 음성이 나온 후 45초의 준비 시간이 시작됩니다.

## Question 4 답변 시간(30초)

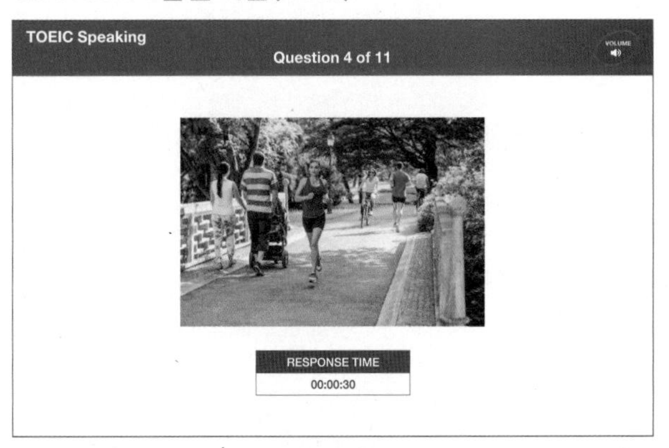


준비 시간이 끝나고, 'Begin speaking now.'라는 음성이 나온 후 30초의 답변 시간이 시작됩니다.

자신감 UP!

# 만능 템플릿 & 핵심 표현

## Q3-4 | 만능 템플릿

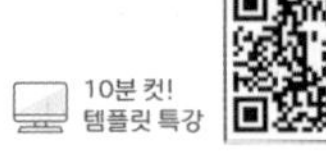

**사진이 찍힌 장소**

This picture was taken [사진이 찍힌 장소(실내/실외)]
이 사진은 ~에서 찍혔습니다

*사진이 찍힌 장소의 표현이 떠오르지 않거나 정확히 어디인지 모르는 경우, 실내는 indoors, 실외는 outdoors라고 말합니다.

**가장 눈에 띄는 대상**

What I notice first is [가장 눈에 띄는 대상(행동/의상·모습)]
처음에 보이는 것은 ~입니다

**그 외에 보이는 대상**

Next to/On the left(right) side of/Behind/In front of [특정 대상], I can see [그 외에 보이는 대상(사람/사물)]
~의 옆/왼쪽(오른쪽)/뒤/앞에는, ~이 보입니다

또는

On the left(right/both) side(s)/At the top(bottom)/In the middle of the picture, there is [그 외에 보이는 대상(사람/사물)]
사진의 좌측(우측/양쪽)/위(아래)/중앙에는, ~이 있습니다

또는

In the background(foreground), I also notice [사진의 배경]
배경(전경)에는, ~ 또한 보입니다

*그 외에 보이는 대상의 경우 두 가지 이상 묘사하는 것이 좋습니다.

**느낌 및 의견**

Generally, it seems like the people are [느낌 및 의견(기분)]
전반적으로, 사람들이 ~인 것처럼 보입니다

또는

Overall, it appears to be [느낌 및 의견(분위기/날씨·계절)]
전반적으로, ~인 것처럼 보입니다

템플릿 적용 예시 Q3&4_템플릿적용예시

사진이 찍힌 장소 ········ This picture was taken in an office.

가장 눈에 띄는 대상 ········ What I notice first is three men sitting around a table. The man in the middle has a beard. Two men on both sides are wearing shirts with rolled-up sleeves.

그 외에 보이는 대상 ········ In front of them, I can see some electronic devices and cups on a table. In the background, I also notice a shelf with a few books and other items.

느낌 및 의견 ········ Generally, it seems like the people are having a serious discussion.

**해석** | 이 사진은 사무실에서 찍혔습니다. 처음에 보이는 것은 테이블에 둘러앉아 있는 세 남자입니다. 중간에 있는 남자는 수염이 있습니다. 양쪽의 두 남자는 소매를 걷어 올린 셔츠를 입고 있습니다. 그들의 앞에는, 탁자 위에 있는 전자 기기와 컵들이 보입니다. 배경에는, 몇 권의 책과 다른 물건이 있는 선반 또한 보입니다. 전반적으로, 사람들이 진지한 논의 중인 것처럼 보입니다.

## Q3-4 | 핵심 표현

Q3&4_핵심표현

사진을 보면 사진을 묘사하는 표현이 영어로 바로 떠오를 수 있도록 자주 사용할 수 있는 표현을 익혀두세요.

### 사진이 찍힌 장소를 묘사할 때

This picture was taken 사진이 찍힌 장소(실내/실외)
이 사진은 ~에서 찍혔습니다

사진이 찍힌 장소(실내)

- in an office 사무실에서
- in a restaurant 식당에서
- in a classroom 교실에서
- in a meeting room 회의실에서
- in a lounge 휴게실에서
- in a waiting area 대기실에서
- at a buffet 뷔페에서
- in a café 카페에서
- in a cafeteria 구내식당에서
- in a kitchen 주방에서
- in a store 가게에서
- in a bookstore 서점에서
- at a shopping mall 쇼핑몰에서
- in a supermarket 슈퍼마켓에서
- in a reception area 접수처에서
- at an airport 공항에서
- in a laboratory 연구실에서
- in a warehouse 창고에서
- in a stairwell 계단에서
- in a library 도서관에서
- at a gym 체육관에서

사진이 찍힌 장소(실외)

- in a park 공원에서
- on the street 거리에서
- at a crosswalk 횡단보도에서
- at a square 광장에서
- in a garden 정원에서
- at a farm 농장에서
- at an outdoor café 야외 카페에서
- at an outdoor market 노천 시장에서
- outside of a house 집 밖에서
- outside of a building 건물 밖에서
- in the countryside 시골 지역에서
- in a downtown area 도심 지역에서
- at a train station 기차역에서
- at a bus stop 버스 정류장에서
- at a construction site 건설 현장에서
- at a ticket counter 매표소에서
- in a parking lot 주차장에서
- in front of a fountain 분수대 앞에서

## 가장 눈에 띄는 대상을 묘사할 때

What I notice first is 가장 눈에 띄는 대상(행동/의상·모습)

처음에 보이는 것은 ~입니다

가장 눈에 띄는 대상(행동)

- a woman jogging along a walkway 보도를 따라 조깅하고 있는 여자
- a woman looking at clothes hanging on the hanger 옷걸이에 걸린 옷을 보고 있는 여자
- a woman handing something to a person in front of her 앞에 있는 사람에게 무언가를 건네고 있는 여자
- a woman riding a horse 말을 타고 있는 여자
- a man standing in front of a group of people 한 무리의 사람들 앞에 서 있는 남자
- a man repairing something with tools 도구로 무언가를 수리하고 있는 남자
- two people choosing what to buy 무엇을 살지 선택하고 있는 두 사람
- two people facing each other 서로를 마주 보고 있는 두 사람
- two people walking hand in hand 손을 잡고 걷고 있는 두 사람
- a few people moving boxes 상자를 옮기고 있는 몇 명의 사람들
- a group of people sitting around a table 식탁 주변에 앉아있는 한 무리의 사람들

가장 눈에 띄는 대상(의상·모습)

- a woman with long/short hair 머리가 긴/짧은 여자
- a woman with a ponytail 머리를 하나로 묶은 여자
- a man who has a beard/mustache 수염/콧수염이 있는 남자
- a server wearing an apron 앞치마를 두른 점원
- some people carrying backpacks 배낭을 메고 있는 몇몇의 사람들
- a few people wearing business suits 정장을 입고 있는 몇몇의 사람들
- a group of people wearing work clothes and safety hats 작업복을 입고 안전모를 쓰고 있는 한 무리의 사람들

## 그 외에 보이는 대상을 묘사할 때

Next to/On the left(right) side of/Behind/In front of [특정 대상],
I can see [그 외에 보이는 대상(사람/사물)]
~의 옆/왼쪽(오른쪽)/뒤/앞에는, ~이 보입니다

또는

On the left(right/both) side(s)/At the top(bottom)/In the middle of the picture, there is [그 외에 보이는 대상(사람/사물)]
사진의 좌측(우측/양쪽)/위(아래)/중앙에는, ~이 있습니다

또는

In the background(foreground), I also notice [사진의 배경]
배경(전경)에는, ~ 또한 보입니다

그 외에 보이는 대상(사람)

- **a woman talking on the phone** 전화 통화를 하고 있는 여자
- **a woman looking for something in her bag** 가방에서 무언가를 찾고 있는 여자
- **a man pushing a stroller** 유모차를 밀고 있는 남자
- **a man holding a package in his hand** 포장된 상품을 손에 들고 있는 남자
- **a man typing on a laptop computer** 노트북 컴퓨터로 타자를 치고 있는 남자
- **a man with his arms crossed** 팔짱을 끼고 있는 남자
- **a server holding dishes of food** 음식 접시를 들고 있는 종업원
- **a person has raised her hand** 손을 들고 있는 사람
- **two people with their arms placed on top of the counter** 카운터 위에 팔을 올리고 있는 두 사람
- **two women walking on the sidewalk** 보도를 걷고 있는 두 여자
- **people riding bicycles** 자전거를 타고 있는 사람들
- **people standing at a crosswalk** 횡단보도에 서 있는 사람들
- **some people posing for a picture** 사진을 찍기 위해 포즈를 취하는 몇몇의 사람들

### 그 외에 보이는 대상(사물)

- cars parked along the street 길가에 주차된 차들
- a table with many items displayed 많은 물건이 진열된 탁자
- a toolbox placed in the doorway 문간에 놓여있는 도구함
- a display case filled with baked goods 제과 제품으로 차 있는 진열장
- a few bicycles hanging on the bike racks 자전거 보관대에 걸려 있는 몇몇의 자전거
- a train stopped at the platform 승강장에 정차해 있는 열차
- a bus approaching the bus stop 정류장에 다가오고 있는 버스
- an awning hanging on the side of a building 건물의 측면에 걸려 있는 천막
- some glasses and a bread basket on a table 탁자 위에 있는 유리잔과 빵 바구니
- some potted plants placed on the road 길에 놓여 있는 몇 개의 화분
- some buildings under construction 공사 중에 있는 몇 채의 건물들
- many boxes stacked in a cargo truck 화물 트럭에 쌓여 있는 많은 상자
- several fruits placed in different boxes 각기 다른 상자에 놓인 여러 과일들
- some tools scattered on the ground 바닥에 흩어져 있는 도구들

### 사진의 배경

- a large glass window 큰 유리창
- a wooden shelf with a variety of items placed on it 다양한 물건들이 놓여 있는 나무 선반
- a wooden pillar with a shelf in front 앞에 선반이 있는 나무 기둥
- a wall painted with colorful pictures 형형색색의 그림이 그려진 벽
- a lecture podium and a big whiteboard 강연대와 큰 화이트보드
- a hill covered with grass 풀로 뒤덮인 언덕
- a few buildings with many windows 창문이 많은 몇 개의 건물들
- some doors and plants 몇 개의 문과 식물들
- some food stands under parasols 파라솔 아래에 있는 몇 개의 가판대
- some buildings and people coming out of them 건물 몇 채와 거기서 나오는 사람들
- leaves scattered on the ground 땅 위에 흩어져 있는 나뭇잎
- many trees full of green leaves 초록 잎이 무성한 많은 나무들

## 느낌 및 의견을 묘사할 때

Generally, it seems like the people are [느낌 및 의견(기분)]
전반적으로, 사람들이 ~인 것처럼 보입니다

또는

Overall, it appears to be [느낌 및 의견(분위기/날씨·계절)]
전반적으로, ~인 것처럼 보입니다

### 느낌 및 의견(기분)

- lively 활기 넘치는
- excited 신난
- happy 행복한
- relaxed 여유 있는
- bored 지루한
- tensed 긴장한
- having fun 즐기는
- having a good time 좋은 시간을 보내고 있는
- having a nice day 즐거운 하루를 보내고 있는
- enjoying the scenery 경치를 즐기고 있는
- focusing on their work 일에 집중하고 있는
- paying close attention 세심한 주의를 기울이고 있는

### 느낌 및 의견(분위기)

- serious 진지한
- busy 분주한
- quiet 조용한
- dangerous 위험한
- fun 즐거운
- peaceful 평화로운
- crowded 붐비는
- beautiful 아름다운
- well-organized 잘 정리된
- a typical scene 전형적인 광경
- a calm afternoon 조용한 오후
- a slow day 한가로운 하루

### 느낌 및 의견(날씨·계절)

- a sunny day 맑은 날
- a beautiful day 화창한 날
- a rainy day 비 내리는 날
- a cloudy day 흐린 날
- a cold day 추운 날
- a warm day 따뜻한 날
- lovely weather 기분 좋은 날씨
- getting cloudy 흐려지는
- spring 봄
- summer 여름
- fall 가을
- winter 겨울

## Check up

Q3&4_Checkup

앞에서 배운 만능 템플릿과 핵심 표현을 사용하여 하늘색으로 된 우리말을 영어로 바꾸어 문장을 말해보세요. 그 후 음성을 들으며 두 번씩 따라 말해보세요.

1. 이 사진은 거리에서 찍혔습니다.

   ______________________ on the street.

2. 처음에 보이는 것은 식탁 주변에 앉아있는 몇몇의 사람들입니다.

   ______________________ some people sitting around a table.

3. 사진의 왼쪽에는, 길가에 주차된 차들이 있습니다.

   ______________________ cars parked along the street.

4. 그것들 옆에는, 자전거를 타고 있는 사람들이 보입니다.

   ______________________ people riding bicycles.

5. 배경에는, 파라솔 아래에 있는 몇 개의 가판대 또한 보입니다.

   ______________________ some food stands under parasols.

6. 전반적으로, 분주한 것처럼 보입니다.

   ______________________ busy.

사진을 보고 빈칸을 채워 말해보세요. 그 후 음성을 들으며 두 번씩 따라 말해보세요.

7. This picture was taken ______________.

   이 사진은 카페에서 찍혔습니다.

8. What I notice first is ______________.

   처음에 보이는 것은 서로를 마주 보고 있는 두 사람입니다.

모범답변·해석·해설 p.9

실력 UP!

# 연습 문제

음성 바로 듣기

준비 시간 동안 괄호 안의 우리말을 참고해 영어로 표현을 떠올리고, 앞에서 배운 만능 템플릿과 핵심 표현을 사용해 사진을 묘사해보세요.

## 1

### 준비 시간 45초 동안 사진을 관찰하고 괄호 안의 우리말을 참고해 영어로 표현을 떠올리기

- 사진이 찍힌 장소 (가게에서)
- 가장 눈에 띄는 대상 (옷걸이에 걸린 옷을 보고 있는 여자)
- 그 외에 보이는 것 (사진의 중앙, 많은 물건이 진열된 탁자)
  (그것의 옆, 스카프를 손에 들고 있는 여자)
  (배경, 쇼핑을 하고 있는 몇몇의 고객들과 다양한 물건들이 놓여 있는 나무 선반)
- 느낌 및 의견 (옷 가게의 전형적인 광경)

### 답변 시간 30초 동안 떠올린 표현을 템플릿에 넣어 말하기

| | |
|---|---|
| 사진이 찍힌 장소 | This picture was taken ______________________. |
| 가장 눈에 띄는 대상 | What I notice first is ______________________. |
| 그 외에 보이는 것 | In the __________ of the picture, there is ______________________. |
| | Next to _____, I can see ______________________. |
| | In the ____________, I also notice ______________________. |
| 느낌 및 의견 | Overall, it appears to be ______________ at a dress shop. |

## 2

### 준비 시간 45초 동안 사진을 관찰하고 괄호 안의 우리말을 참고해 영어로 표현을 떠올리기

| | |
|---|---|
| • 사진이 찍힌 장소 | (제과점에서) |
| • 가장 눈에 띄는 대상 | (무엇을 살지 선택하고 있는 두 사람) |
| • 그 외에 보이는 것 | (그들의 앞, 제과 제품으로 차 있는 진열장) |
| | (그것의 뒤, 초록색 모자를 쓰고 앞치마를 두른 두 명의 점원) |
| | (배경, 형형색색의 그림이 그려진 벽) |
| • 느낌 및 의견 | (행복한) |

### 답변 시간 30초 동안 떠올린 표현을 템플릿에 넣어 말하기

| | |
|---|---|
| 사진이 찍힌 장소 | This picture was taken ______________________. |
| 가장 눈에 띄는 대상 | What I notice first is ______________________. |
| 그 외에 보이는 것 | ____________, I can see ______________________. |
| | ____________, I can see ______________________. |
| | In the ____________, I also notice ______________________. |
| 느낌 및 의견 | Generally, it seems like the people are ______________________. |

모범답변·해석·해설 p.10

등급 UP!

# 실전 문제

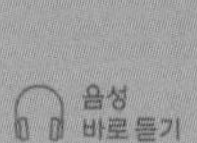

음성 바로듣기

실제로 시험에 응시하는 것처럼, 45초 동안 준비하여 30초 동안 사진을 묘사해보세요.

**1**

**2**

3

TOEIC Speaking
PREPARATION TIME
00:00:45
RESPONSE TIME
00:00:30

4

TOEIC Speaking
PREPARATION TIME
00:00:45
RESPONSE TIME
00:00:30

5

TOEIC Speaking
PREPARATION TIME
00:00:45
RESPONSE TIME
00:00:30

6

TOEIC Speaking
PREPARATION TIME
00:00:45
RESPONSE TIME
00:00:30

**7**

**8**

모범답변·해석·해설 p.12

Q3&4_위기탈출표현

Q3-4에서는 사진을 묘사하는 표현이 영어로 떠오르지 않거나 답변 시간이 남는 상황이 생길 수 있습니다. 이때, 당황하지 말고 위기탈출 표현을 사용해 자연스럽게 말해보세요!

### 사진을 묘사하는 표현이 떠오르지 않을 때

| | |
|---|---|
| **내 이웃을 닮았어요** | The person in the picture resembles my neighbor who lives next door. |
| **옷 스타일이 마음에 들어요** | The person in the picture is wearing my favorite style of clothes. |
| **가본 적 있는 장소 같아요** | I think I've been to a similar place where the picture was taken. |
| **아시아/유럽의 어딘가에서 찍힌 것 같아요** | It seems like this picture was taken somewhere in Asia/Europe. |
| **음식들이 맛있어 보여요** | The food in the picture looks very appetizing. |

### 답변 시간이 남을 때

| | |
|---|---|
| **어릴 적이 떠오르는 사진이에요** | This picture reminds me of my childhood. |
| **오래된 사진 같아요** | Somehow, I feel like this picture was taken a long time ago. |

# Q5-7

## 질문에 답하기

## Respond to Questions

자신감 UP! 만능 템플릿 & 핵심 표현

실력 UP! 연습 문제

등급 UP! 실전 문제

# Q5-7 한눈에 보기

## Q5-7 문제 정보

하나의 주제에 대해 전화로 지인과 통화하고 있거나 어느 마케팅 회사에서 진행하는 설문 조사에 참여하고 있다는 등의 설정 속에서 주제와 관련된 세 개의 질문에 답하는 문제

| 문제 번호 | Questions 5, 6, 7 | 평가 기준 | □ 발음<br>□ 억양과 강세<br>□ 문법<br>□ 어휘<br>□ 일관성<br>□ 내용의 적절성<br>□ 내용의 완성도 |
|---|---|---|---|
| 문제 수 | 3문제 | | |
| 질문 음성 재생 횟수 | 각 1회 | | |
| 준비 시간 | 각 3초 | | |
| 답변 시간 | Q5, 6: 15초 / Q7: 30초 | | |

## 출제 경향

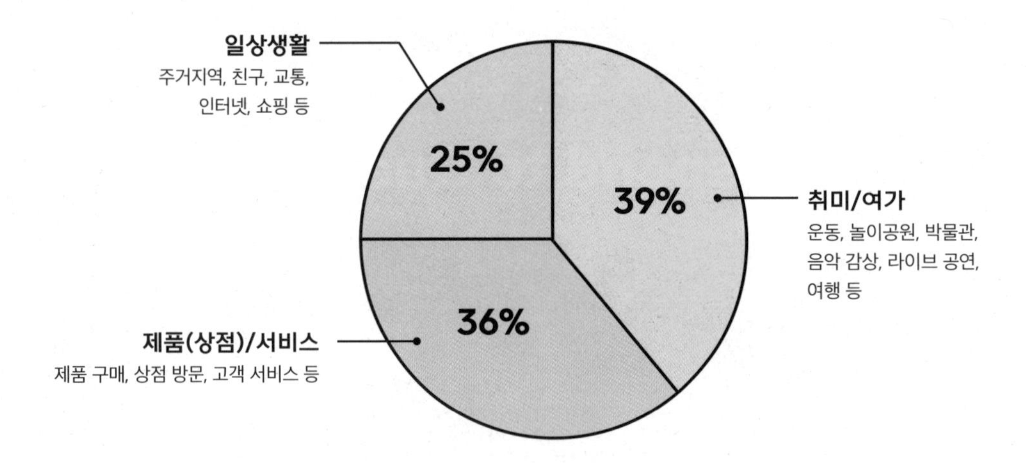


*토익스피킹 최신 100회 시험 출제 경향

## 문제 번호별 자주 나오는 내용

| 문제 번호 | 자주 나오는 내용 |
| --- | --- |
| Q5 | • **질문의 형태** 의문사 의문문 / 일반 의문문<br>• **묻는 내용** 무언가를 얼마나 자주 하는지, 언제 마지막으로 했는지, 그리고 주로 누구와 같이하는지와 같은 간단한 정보 한두 가지를 한 번에 묻습니다.<br>예 How often do you exercise, and who do you exercise with?<br>얼마나 자주 운동하고, 누구와 같이 운동하나요? |
| Q6 | • **질문의 형태** 일반 의문문 / 선택 의문문 / 의문사 의문문<br>• **묻는 내용** Q5와 같이 간단한 정보를 묻거나 어떤 것에 대한 경험이 있는지, 무언가를 할 의향이 있는지 등을 묻습니다. 질문 끝에 Why? 또는 Why or why not?을 붙여 이유를 함께 묻는 경우가 많습니다.<br>예 Would you like to travel abroad during the upcoming vacation? Why or why not?<br>다가오는 휴가에 해외로 여행을 가고 싶나요? 그 이유는요? |
| Q7 | • **질문의 형태** 선택 의문문 / 일반 의문문 / 의문사 의문문<br>• **묻는 내용** 3가지 선택지 중 가장 자주 하거나 중요하게 고려하는 사항, 두 가지 중 더 선호하는 것, 어떤 것의 장·단점 등을 묻습니다.<br>예 Which of the following do you most often use the Internet for?<br>• Playing video games • Shopping online • Searching for information<br>다음 중 무엇을 하기 위해 인터넷을 가장 자주 사용하나요? • 게임하기 • 온라인에서 쇼핑하기 • 정보 검색하기 |

## 학습방법

### 1. 답변에 질문의 표현을 사용하는 방법을 익혀둡니다.

Q5-7에서는 질문이 음성과 함께 화면에 제시되고, 답변 시간이 끝날 때까지 화면에서 사라지지 않습니다. 답변에 질문의 표현을 사용하면 더욱 쉽고 빠르게 말할 수 있으므로 질문의 표현을 그대로 사용해 답변하는 방법을 익혀둡니다.

### 2. 자주 나오는 질문과 그에 대한 답변을 익혀둡니다.

Q5-7에서는 자주 나오는 질문이 있고, 질문에 따라 답변에 자주 사용할 수 있는 표현과 답변 아이디어가 있습니다. 따라서 질문을 들으면 적절한 답변이 떠오를 수 있도록 답변에 자주 쓰이는 표현과 답변 아이디어를 익혀둡니다.

## 시험 진행 순서

### 디렉션

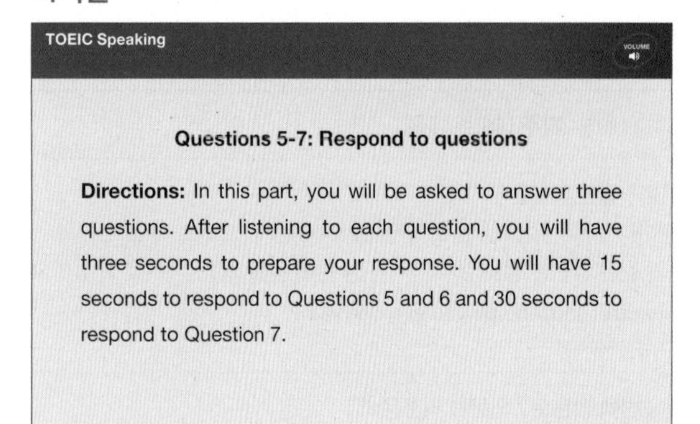


세 개의 질문에 답변하게 될 것이며, 각 문제당 3초의 준비 시간이 주어질 것이라는 내용과 5번, 6번에는 15초, 7번에는 30초의 답변 시간이 주어질 것이라는 디렉션이 음성과 함께 화면에 제시됩니다.

### 상황 및 주제 제시

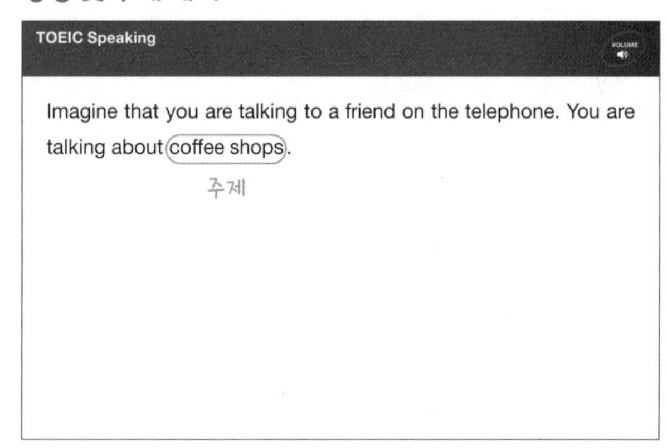


친구와 통화하거나, 마케팅 회사나 대학교에서 진행하는 전화 설문 조사에 참여하고 있다는 등의 상황 설명과 질문의 주제가 음성과 함께 화면에 제시됩니다.

*** 시간 활용 Tip**

마지막 문장의 about 뒤에 나오는 단어나 표현을 통해 질문의 주제를 확인할 수 있습니다. 주제를 확인하고 이와 관련된 질문과 답변을 예상해봅니다.

**예) 커피숍 관련 예상 질문 및 답변**

| | |
|---|---|
| 얼마나 자주? | 일주일에 한 번 |
| 누구와? | 친구와 |
| 언제? | 주말에, 점심 식사 후에 |
| 어디서? | 집 근처에서 |
| 왜? | 가까워서, 분위기가 좋아서 |

## Question 5 준비 시간(3초) 및 답변 시간(15초)

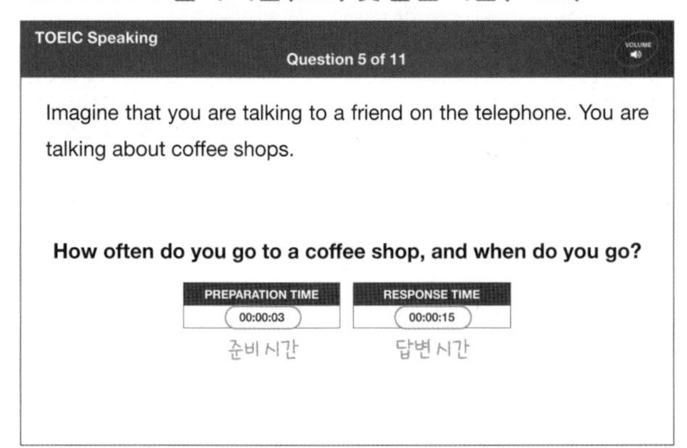


상황 및 주제 제시가 끝난 후 5번 질문이 음성과 함께 화면에 제시됩니다. 'Begin preparing now.' 라는 음성과 함께 준비 시간 3초가 시작되고, 준비 시간이 끝나면 'Begin speaking now.'라는 음성과 함께 답변 시간 15초가 시작됩니다.

*** 준비 시간 활용 Tip**
질문이 화면에 뜨자마자 음성이 끝날 때까지 기다리지 말고 바로 묻는 내용을 파악하고 답변을 준비하면 실제 답변 준비 시간(3초)보다 더 긴 준비 시간을 가질 수 있습니다.

## Question 6 준비 시간(3초) 및 답변 시간(15초)

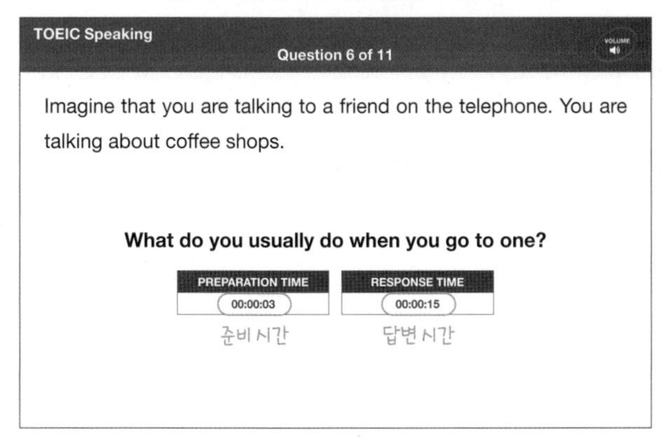


5번 질문이 사라지면 바로 6번 질문이 음성과 함께 화면에 제시됩니다. 'Begin preparing now.'라는 음성과 함께 준비 시간 3초가 시작되고, 준비 시간이 끝나면 'Begin speaking now.'라는 음성과 함께 답변 시간 15초가 시작됩니다.

## Question 7 준비 시간(3초) 및 답변 시간(30초)

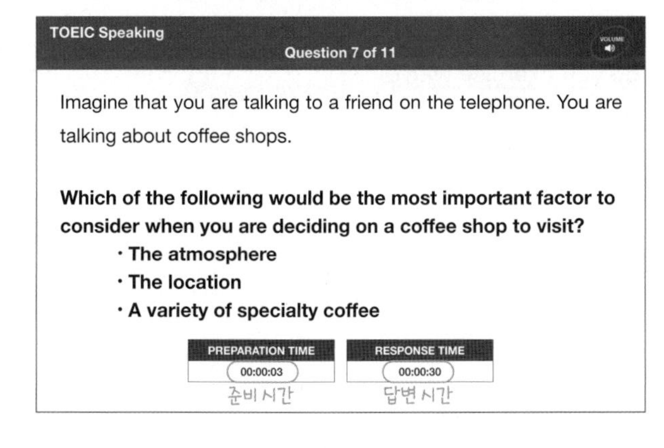


6번 질문이 사라지면 바로 7번 질문이 음성과 함께 화면에 제시됩니다. 'Begin preparing now.'라는 음성과 함께 준비 시간 3초가 시작되고, 준비 시간이 끝나면 'Begin speaking now.'라는 음성과 함께 답변 시간 30초가 시작됩니다.

# 자신감 UP!
# 만능 템플릿 & 핵심 표현

음성 바로 듣기

## Q5-6 | 만능 템플릿

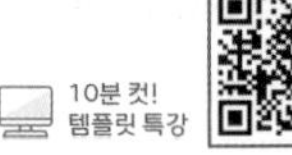

10분 컷! 템플릿 특강

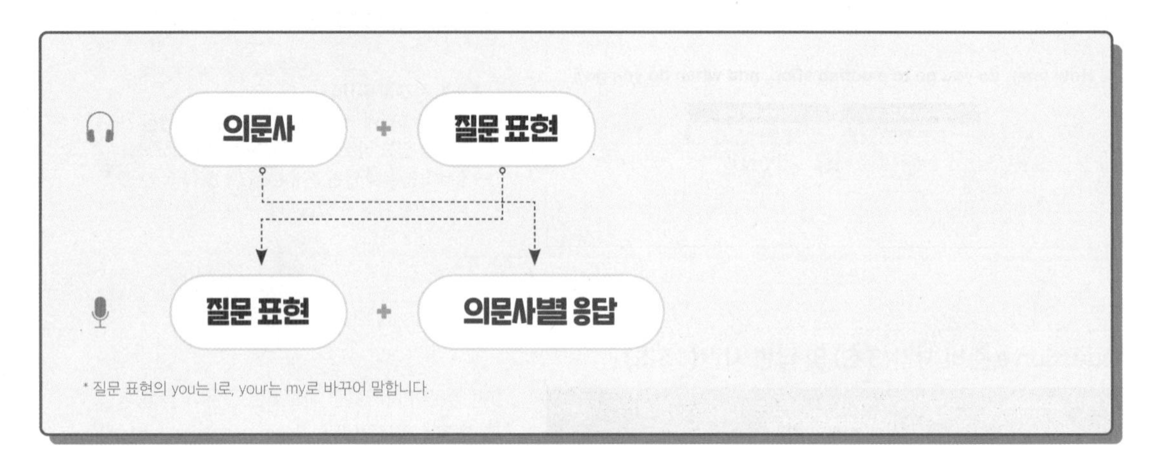


* 질문 표현의 you는 I로, your는 my로 바꾸어 말합니다.

템플릿 적용 예시 Q5&6_템플릿적용예시

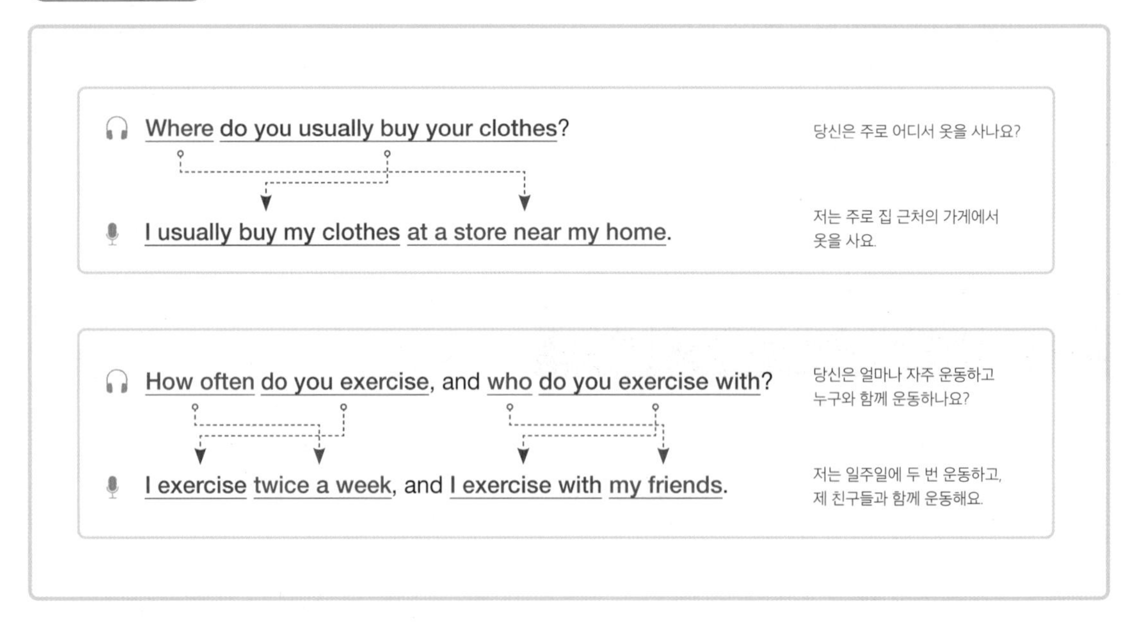

## Q5-6 | 핵심 표현 - 의문사별 응답 표현

Q5&6_핵심표현

의문사를 들으면 그에 맞는 응답 표현을 바로 말할 수 있도록 자주 나오는 의문사에 따른 응답 표현을 익혀두세요.

### 얼마나 자주? How often

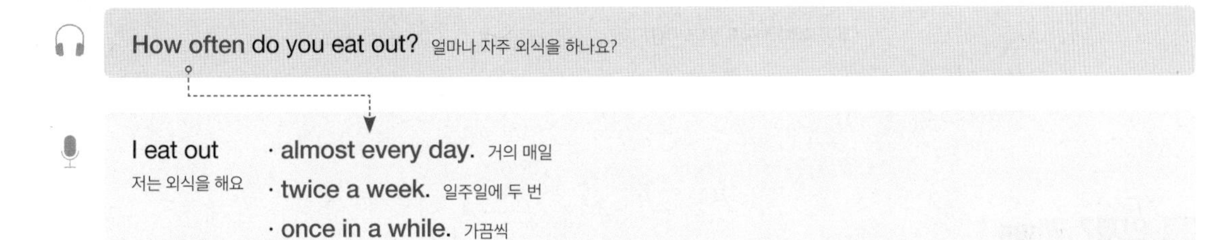

How often do you eat out? 얼마나 자주 외식을 하나요?

I eat out
저는 외식을 해요

- almost every day. 거의 매일
- twice a week. 일주일에 두 번
- once in a while. 가끔씩

### 누구? Who

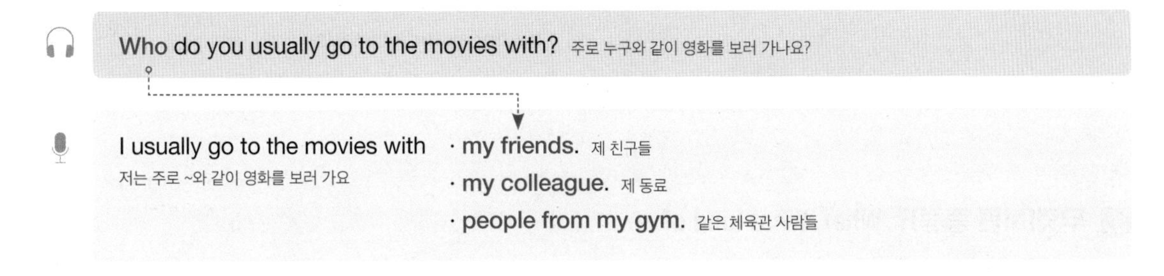

Who do you usually go to the movies with? 주로 누구와 같이 영화를 보러 가나요?

I usually go to the movies with
저는 주로 ~와 같이 영화를 보러 가요

- my friends. 제 친구들
- my colleague. 제 동료
- people from my gym. 같은 체육관 사람들

### 어디서? Where

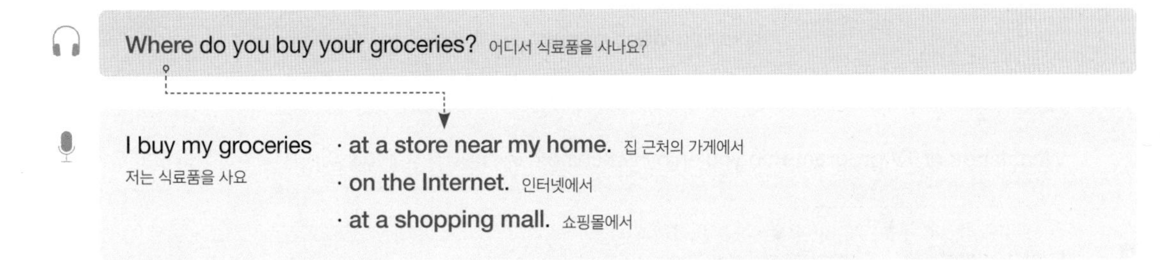

Where do you buy your groceries? 어디서 식료품을 사나요?

I buy my groceries
저는 식료품을 사요

- at a store near my home. 집 근처의 가게에서
- on the Internet. 인터넷에서
- at a shopping mall. 쇼핑몰에서

## 얼마나 오래? How long

How long have you lived in your area? 얼마나 오래 당신의 지역에 살았나요?

I have lived in my area
저는 저희 지역에 살았어요

- for about six months. 약 6개월 동안
- since 2010. 2010년부터
- since I was young. 제가 어릴 때부터

## 언제? When

When was the last time you went to an amusement park? 언제 마지막으로 놀이공원에 갔나요?

The last time I went to an amusement park was
제가 마지막으로 놀이공원에 간 것은 ~이에요

- two days ago. 이틀 전
- last summer. 지난 여름
- on my sister's birthday. 제 여동생의 생일에

## 무엇(어떤 종류)? What, What kind of ~

What do you usually use the Internet for? 주로 무엇을 위해 인터넷을 사용하나요?

I usually use the Internet for
저는 주로 ~을 위해 인터넷을 사용해요

- shopping online. 온라인에서 쇼핑하기
- checking SNS. SNS 확인하기
- playing video games. 게임하기

What kinds of TV programs do you enjoy watching? 어떤 종류의 TV 프로그램을 즐겨 보나요?

I enjoy watching
저는 즐겨 봐요

- reality shows. 리얼리티 쇼를
- soap operas. 연속극을
- talk shows. 토크쇼를

# Check up

Q5&6_Checkup

앞에서 배운 만능 템플릿과 핵심 표현을 사용하며 문장을 말해보세요. 그 후 음성을 들으며 두 번씩 따라 말해보세요.

**1.** How often do you cook for your family?

_______________ once in a while.

**2.** Who do you usually go to the museums with?

_______________ my colleague.

**3.** How long have you been working at your current job?

_______________ for about six months.

**4.** When was the last time you went to a party?

_______________ last summer.

**5.** Where do you usually buy your shoes?

I usually buy my shoes ___쇼핑몰에서___.

**6.** What kinds of TV shows do you enjoy watching, and who do you usually watch them with?

I enjoy watching ___리얼리티 쇼를___, and I usually watch them with ___내 친구들___.

**7.** How often do you use the Internet, and what do you usually use it for?

I use the Internet ___거의 매일___, and I usually use it for ___게임하기___.

**8.** When was the last time you bought a gift for someone, and where did you buy it?

The last time I bought a gift for someone was ___이틀 전___, and I bought it ___인터넷에서___.

모범답변·해석·해설 p.20

# Q7 | 만능 템플릿

**핵심 응답** ········ 질문의 표현을 사용해 핵심 응답을 말합니다.

예

Which of the following would most influence you to try a new restaurant?
- The location
- The variety of food
- The opening hours

The location would most influence me to try a new restaurant.

나의 답변(선택사항) 질문의 표현

**이유** ········ This is because [이유]

~이기 때문입니다

또는

First of all, [이유]

첫째로, ~

**추가 설명** ········ Also, [두 번째 이유]

또한, ~

또는

For example, [이유에 대한 예시]

예를 들어, ~

또는

In my experience, [이유와 관련된 경험]

제 경험상, ~

**마무리** ········ Therefore, [핵심 응답 반복]

그러므로, ~

템플릿 적용 예시 Q7_템플릿적용예시

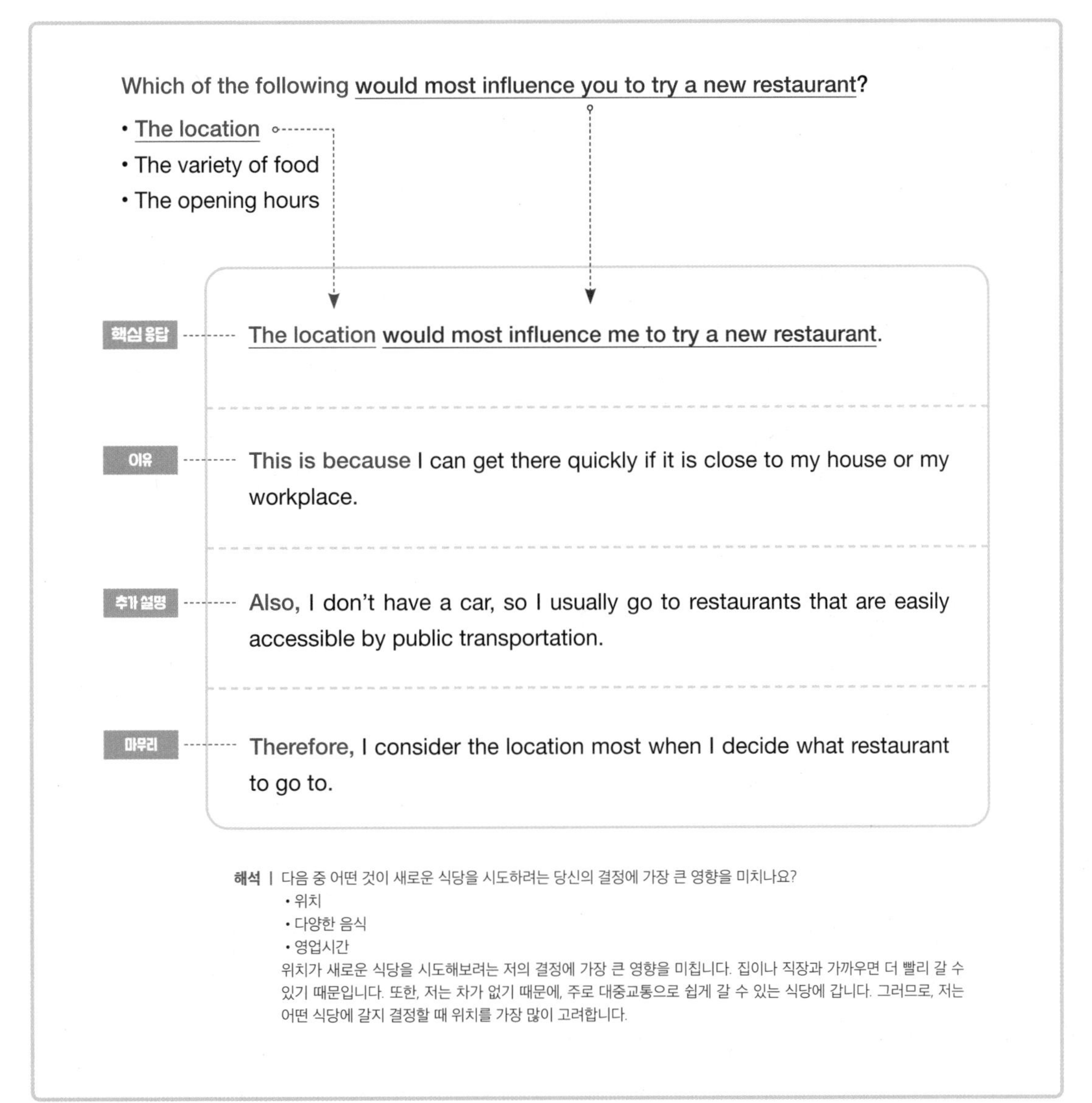


**해석 |** 다음 중 어떤 것이 새로운 식당을 시도하려는 당신의 결정에 가장 큰 영향을 미치나요?
- 위치
- 다양한 음식
- 영업시간

위치가 새로운 식당을 시도해보려는 저의 결정에 가장 큰 영향을 미칩니다. 집이나 직장과 가까우면 더 빨리 갈 수 있기 때문입니다. 또한, 저는 차가 없기 때문에, 주로 대중교통으로 쉽게 갈 수 있는 식당에 갑니다. 그러므로, 저는 어떤 식당에 갈지 결정할 때 위치를 가장 많이 고려합니다.

# Q7 | 핵심표현 - 답변 아이디어

Q7_핵심표현

질문을 들으면 바로 질문에 적절한 핵심 응답과 이유가 떠오를 수 있도록 주제별로 자주 출제되는 질문과 그에 대한 답변 아이디어를 익혀두세요.

## 취미/여가

### Q 새로운 도시로 처음 여행을 간다면 어디를 가장 방문하고 싶나요?
• 역사 관광지 • 쇼핑 지역 • 국립공원

| | | |
|---|---|---|
| 핵심 응답 | 역사 관광지 | If I were to visit a new city for the first time, I would visit historic attractions. |
| 이유 | 문화와 역사에 대해 배울 수 있음 | It gives me a chance to learn about the culture and history. |
| 경험 | 직접 경험하는 것이 더 기억에 남음 | What I learn first-hand is usually more memorable. |

### Q 대도시와 교외 지역 중 어디로 주로 여행을 가나요?

| | | |
|---|---|---|
| 핵심 응답 | 대도시 | I usually travel to large cities. |
| 이유 1 | 대중교통이 더 편리함 | They generally have better public transportation. |
| 이유 2 | 즐길 거리가 더 많음 | They often have more things to enjoy like a wide range of food, shops, and activities. |

### Q (취미) 활동을 단체로 하는 것의 장점은 무엇인가요?

| | | |
|---|---|---|
| 핵심 응답 | 여러 장점이 있음 | There are many advantages to doing activities in a group. |
| 이유 1 | 새로운 사람들을 만나고 친구도 사귈 수 있음 | It provides opportunities to meet new people and make new friends. |
| 이유 2 | 무언가를 함께 하며 성취감을 느낄 수 있음 | I can feel a sense of accomplishment by doing something together. |

### Q 영화를 고를 때 가장 많이 고려하는 것은 무엇인가요? • 줄거리 • 배우 • 예고편

| | | |
|---|---|---|
| 핵심 응답 | 예고편 | I consider the trailer the most when choosing what movie to watch. |
| 이유 | 영화에 대해 미리 알 수 있음 | It tells me what to expect from the movie. |
| 경험 | 예고편이 매력적인 대부분의 영화는 재미있었음 | Most movies with fascinating trailers turned out to be interesting. |

### Q 수업을 고를 때 가장 중요하게 고려하는 것은 무엇인가요?
• 선생님의 경력 • 집으로부터의 거리 • 수업(반)의 크기

| | | |
|---|---|---|
| 핵심 응답 | 집으로부터의 거리 | When choosing a class to take, I consider how far the class is from home the most. |
| 이유 1 | 이동하는 것에 많은 시간을 낭비하고 싶지 않음 | I don't want to waste too much time on traveling. |
| 이유 2 | 걸어갈 수 있는 거리에 있으면 더 자주 갈 수 있음 | I can go there more often if it is within walking distance. |

### Q 음악을 들을 때 무엇을 사용하나요?

| | | |
|---|---|---|
| 핵심 응답 | 음악 애플리케이션 | I listen to music on music applications. |
| 이유 1 | 언제 어디서나 음악을 들을 수 있음 | I can easily listen to music anytime and anywhere. |
| 이유 2 | 내가 좋아할 법한 음악을 추천함 | It can even analyze my playlist and recommend music I would like. |

## 일상생활

### 친구와 소통할 때 직접 만나서 대화하는 것과 문자하는 것 중 무엇을 더 선호하나요?

| | | |
|---|---|---|
| 핵심 응답 | 문자하는 것 | I prefer to communicate with my friends by texting. |
| 이유 | 더 자주 연락할 수 있음 | It allows me to communicate more often. |
| 예시 | 해외에 사는 친구와 쉽게 연락할 수 있음 | I can easily keep in touch with friends living abroad. |

### 다음 중 어떤 것을 친구에게 선물로 줄 건가요? • 상품권 • 악세사리 • 전자기기

| | | |
|---|---|---|
| 핵심 응답 | 상품권 | I would give my friends a gift voucher as a present. |
| 이유 1 | 그들이 원하는 것을 살 수 있음 | This allows them to buy whatever they want. |
| 이유 2 | 무엇을 살지 고민하는 시간을 줄여줌 | I wouldn't have to spend much time considering what I should buy. |

### 친구의 추천과 인터넷 후기 중 주로 어디서 필요한 정보를 얻나요?

| | | |
|---|---|---|
| 핵심 응답 | 친구의 추천 | I usually get the information I need from my friends' recommendations. |
| 이유 1 | 더 신뢰할 만함 | They are more trustworthy because they are based on actual experiences. |
| 이유 2 | 나에게 가장 적합한 제안을 해줌 | People who know me well tend to give the suggestions best suited to me. |

**Q 주로 무엇을 하기 위해 인터넷을 사용하나요? • 뉴스 읽기 • 온라인 쇼핑 • 게임하기**

| | | |
|---|---|---|
| 핵심 응답 | 온라인 쇼핑 | I most often use the Internet for shopping online. |
| 이유 1 | 간단하고 쉬움 | It's simple and easy because I can do it with just a few clicks. |
| 이유 2 | 편리함 | It's convenient since I don't have to visit many stores to compare prices. |

**Q 당신이 거주하는 지역에 무엇이 더 필요하다고 생각하나요?**

| | | |
|---|---|---|
| 핵심 응답 | 공원 | I think my area needs more public parks. |
| 이유 | 활동할 수 있는 좋은 장소를 제공함 | It provides a great place for people to get outside. |
| 예시 | 공원에서 다양한 활동을 할 수 있음 | People can use the park to walk their dogs, ride their bikes, or enjoy a picnic with friends. |

**Q 당신이 거주하는 지역이 쇼핑하기에 편리하다고 생각하나요?**

| | | |
|---|---|---|
| 핵심 응답 | 그렇다고 생각함 | Yes, I think my area is convenient for shopping. |
| 이유 | 동네에 다양한 상점이 있음 | There are a variety of shops in my neighborhood. |
| 예시 | 가까운 거리에 대형 백화점과 식품점이 있음 | There's a big department store and a grocery store within walking distance. |

## 제품(상점) / 서비스

### Q 물건을 살 때 가장 중요하게 생각하는 것은 무엇인가요? • 가격 • 브랜드 • 디자인

| | | |
|---|---|---|
| 핵심 응답 | 브랜드 | I consider the brand most when buying a product. |
| 이유 1 | 고품질의 상품을 제공함 | Well-known brands are more likely to offer high-quality goods. |
| 이유 2 | 더 좋은 고객 서비스를 제공함 | They often have better customer service. |

### Q 서비스를 이용할 때, 광고 없는 서비스를 위해 추가 비용을 지불할 의향이 있나요?

| | | |
|---|---|---|
| 핵심 응답 | 없음 | No, I would not pay an additional fee for a service with no advertisements. |
| 이유 1 | 돈을 너무 많이 쓰고 싶지 않음 | I don't want to spend too much money. |
| 이유 2 | 가끔 유용한 정보를 얻을 수 있음 | I can sometimes get useful information from advertisements. |

### Q 가게를 방문할 때 가장 많이 고려하는 것은 무엇인가요? • 다양한 제품 • 개장 시간 • 위치

| | | |
|---|---|---|
| 핵심 응답 | 다양한 제품 | I consider the variety of items the most when choosing what store to visit. |
| 이유 1 | 선택의 폭이 넓음 | There are more options to choose from so it's easier to find products I like. |
| 이유 2 | 시간을 절약할 수 있음 | It's time-saving because I don't need to visit many stores to get what I want. |

앞에서 배운 만능 템플릿과 핵심 표현을 사용하여 하늘색으로 표시된 우리말을 영어로 바꾸어 문장을 말해보세요. 그 후 음성을 들으며 두 번씩 따라 말해보세요.

1. 직접 경험한 것을 통해 배운 것이 보통 더 기억에 남습니다.

   What I learn first-hand is usually ____________________.

2. 저는 이동하는 것에 너무 많은 시간을 낭비하고 싶지 않습니다.

   I don't want to _____________ too much time on _____________.

3. 언제 어디서나 쉽게 음악을 들을 수 있습니다.

   I can easily listen to music ________________________.

4. 클릭 몇 번으로 할 수 있기 때문에 간단하고 쉽습니다.

   It is ________________________ because I can do it with just a few clicks.

질문을 듣고 빈칸을 채워 답변해보세요. 그 후 음성을 들으며 두 번씩 따라 말해보세요.

If you were to go on a vacation, would you go to a large city or to the countryside? Why?

5. ________________________________, I would go to ____________________.

   제가 만약 휴가를 간다면, 저는 대도시로 갈 것입니다.

6. __________________ they generally have better ________________________.

   그곳은 일반적으로 더 나은 대중교통 수단을 가지고 있기 때문입니다.

7. __________, they often have ______________ like a wide range of food, shops, and activities.

   또한, 그곳은 종종 음식, 가게, 그리고 활동들과 같이 즐길 수 있는 더 많은 것들을 가지고 있습니다.

모범답변·해석·해설 p.21

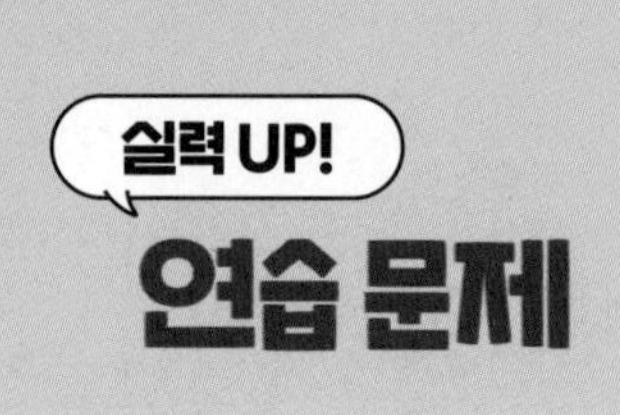

빈칸에 적혀 있는 우리말을 참고하여 앞에서 배운 만능 템플릿과 핵심 표현을 사용해 질문에 답변해보세요.

**1**

Imagine that a marketing firm is doing research in your area. You have agreed to participate in a telephone interview about exercise.

**Question 5** 15초

How often do you exercise, and who do you usually exercise with?

I exercise ___거의 매일___, and I usually exercise with ___같은 체육관 사람들___.

**Question 6** 15초

When was the last time you exercised, and what kind of exercise did you do?

____________ two days ago, and ____________ indoor cycling.

**Question 7** 30초

When exercising, do you prefer to do it alone or in a group? Why?

핵심 응답 ____________, ____________ do it in a group.

이유 ___~이기 때문이다___ it provides opportunities to ___새로운 사람들을 만나다___ and to ___새로운 친구들을 사귀다___.

추가 설명 ___또한___, I can feel a ___성취감___ by doing something ___함께___.

마무리 ___그러므로___, I think it is more ___즐거운___ to exercise in a group rather than exercising alone.

**2**

Imagine that you are talking to a friend on the telephone. You are talking about vacations.

### Question 5 15초

When was the last time you took a vacation, and where did you go to?

The last time I took a vacation was ___지난 여름___, and I went to ___방콕___.

### Question 6 15초

When you go on vacations, do you prefer to stay busy with activities or spend time relaxing in the hotel? Why?

___________, ___________ stay busy with activities. I like tying ___새로운 경험들___.

### Question 7 30초

Which of the following sources of information would you consider the most when planning a trip? Why?

- Travel agents
- Posts on travel blogs
- Recommendations from friends

핵심 응답 I would consider ___친구들의 추천___ the most when planning a trip.

이유 ___첫째로___, they are more ___신뢰할 수 있는___ because they are based on ___실제로 경험한 것___.

추가 설명 ___또한___, people who know me well tend to give the suggestions ___가장 적합한___ to me.

마무리 ___그러므로___, when I am planning a trip, I trust ___친구들의 추천___ the most.

모범답변·해석·해설 p.22

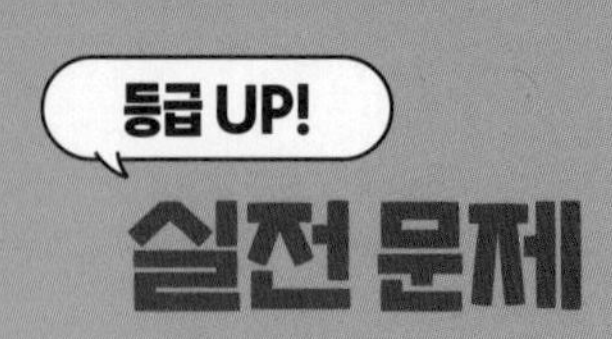

실제 시험을 응시하는 것처럼, 각 문제당 3초 동안 준비하여 Question 5, 6은 15초, Question 7은 30초 동안 질문에 답변해보세요.

**1**

**TOEIC Speaking**

Imagine that a community service center is conducting a survey in your area. You have agreed to participate in a telephone interview about the area where you live.

**Question 5.** How long have you lived in your area, and do you like living there?

| PREPARATION TIME | RESPONSE TIME |
|---|---|
| 00:00:03 | 00:00:15 |

**Question 6.** What kind of public transportation do you usually take in your area? Why?

| PREPARATION TIME | RESPONSE TIME |
|---|---|
| 00:00:03 | 00:00:15 |

**Question 7.** What do you think your area needs more of, and what are the reasons?

| PREPARATION TIME | RESPONSE TIME |
|---|---|
| 00:00:03 | 00:00:30 |

**2**

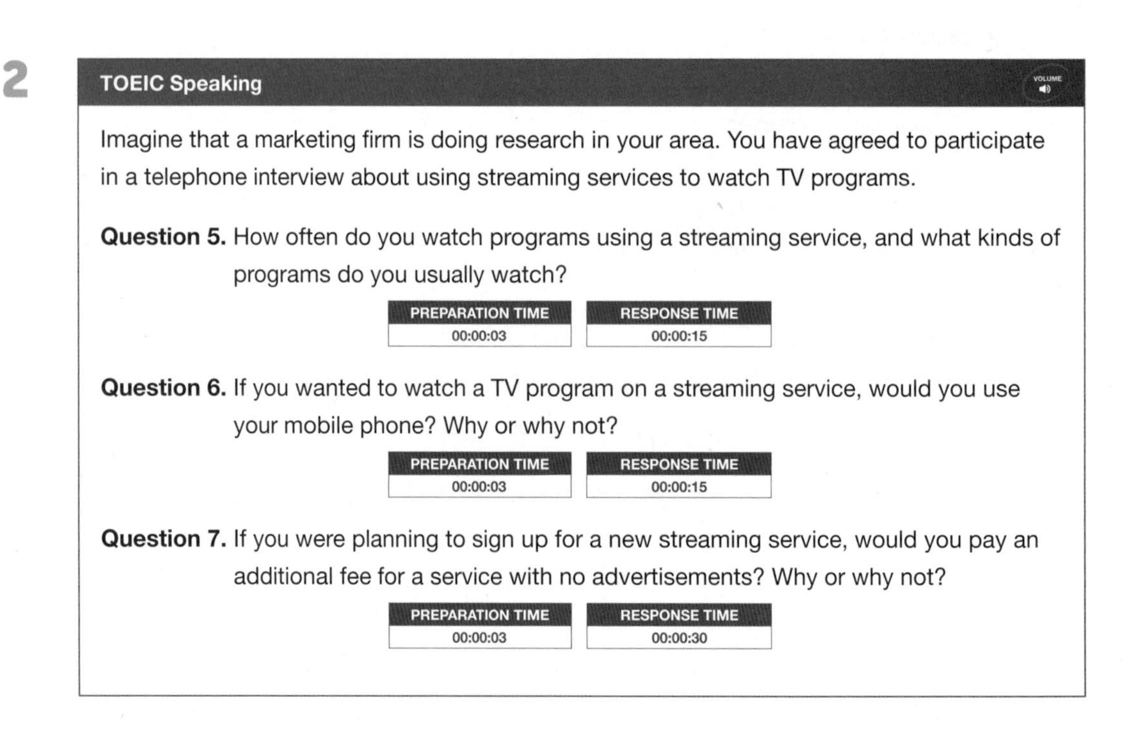

**TOEIC Speaking**

Imagine that a marketing firm is doing research in your area. You have agreed to participate in a telephone interview about using streaming services to watch TV programs.

**Question 5.** How often do you watch programs using a streaming service, and what kinds of programs do you usually watch?

| PREPARATION TIME | RESPONSE TIME |
|---|---|
| 00:00:03 | 00:00:15 |

**Question 6.** If you wanted to watch a TV program on a streaming service, would you use your mobile phone? Why or why not?

| PREPARATION TIME | RESPONSE TIME |
|---|---|
| 00:00:03 | 00:00:15 |

**Question 7.** If you were planning to sign up for a new streaming service, would you pay an additional fee for a service with no advertisements? Why or why not?

| PREPARATION TIME | RESPONSE TIME |
|---|---|
| 00:00:03 | 00:00:30 |

**3**

**TOEIC Speaking**

Imagine that someone is planning to open a new bakery in your area. You have agreed to participate in a telephone interview about bakeries.

**Question 5.** When was the last time you visited a bakery, and what did you buy?

| PREPARATION TIME | RESPONSE TIME |
| --- | --- |
| 00:00:03 | 00:00:15 |

**Question 6.** Would you like to see more bakeries in your area? Why or why not?

| PREPARATION TIME | RESPONSE TIME |
| --- | --- |
| 00:00:03 | 00:00:15 |

**Question 7.** If a new bakery opened in your neighborhood, which one of the following would most likely encourage you to visit it? Why?

- The location of the bakery
- The variety of baked goods it sells
- The opening time of the bakery

**4**

**TOEIC Speaking**

Imagine that a university professor is doing research in your area. You have agreed to participate in a telephone interview about using the Internet.

**Question 5.** Where do you usually use the Internet, and how much time do you spend on the Internet every day?

| PREPARATION TIME | RESPONSE TIME |
| --- | --- |
| 00:00:03 | 00:00:15 |

**Question 6.** Do you think you currently spend more time using the Internet than before? Why or why not?

| PREPARATION TIME | RESPONSE TIME |
| --- | --- |
| 00:00:03 | 00:00:15 |

**Question 7.** Which of the following do you most often use the Internet for?

- Playing video games
- Shopping online
- Searching for information

| PREPARATION TIME | RESPONSE TIME |
| --- | --- |
| 00:00:03 | 00:00:30 |

**5**

**TOEIC Speaking**

Imagine that a marketing firm is doing research in your area. You have agreed to participate in a telephone interview about using mobile phones to send text messages.

**Question 5.** How often do you send text messages, and who do you most often send them to?

| PREPARATION TIME | RESPONSE TIME |
| --- | --- |
| 00:00:03 | 00:00:15 |

**Question 6.** Would you send text messages to coworkers if you had to discuss something? Why or why not?

| PREPARATION TIME | RESPONSE TIME |
| --- | --- |
| 00:00:03 | 00:00:15 |

**Question 7.** What are the advantages of communicating with people using text messages instead of talking face-to-face?

| PREPARATION TIME | RESPONSE TIME |
| --- | --- |
| 00:00:03 | 00:00:30 |

**6**

**TOEIC Speaking**

Imagine that you are talking to a friend on the telephone. You are talking about going on a vacation together.

**Question 5.** Where did you most recently travel to, and when did you go there?

| PREPARATION TIME | RESPONSE TIME |
| --- | --- |
| 00:00:03 | 00:00:15 |

**Question 6.** What is your favorite activity to do while on vacation? Why?

| PREPARATION TIME | RESPONSE TIME |
| --- | --- |
| 00:00:03 | 00:00:15 |

**Question 7.** If you were planning to travel to a new place for the first time, which of the following would you most likely visit?

- A historic attraction
- A national park
- A famous museum

| PREPARATION TIME | RESPONSE TIME |
| --- | --- |
| 00:00:03 | 00:00:30 |

## 7

**TOEIC Speaking**

Imagine that a magazine is doing research in your area. You have agreed to participate in a telephone interview about purchasing gifts.

**Question 5.** When was the last time you bought a gift, and who was it for?

| PREPARATION TIME | RESPONSE TIME |
| --- | --- |
| 00:00:03 | 00:00:15 |

**Question 6.** If you had to buy a gift for a friend, would you buy it online rather than in a store? Why or why not?

**Question 7.** Which of the following would you most likely give your friends as a gift?

- Jewelry
- A home appliance
- A gift voucher

## 8

**TOEIC Speaking**

Imagine that a record label is doing research in your area. You have agreed to participate in a telephone interview about listening to music.

**Question 5.** What time of the day do you usually listen to music, and where do you listen to it?

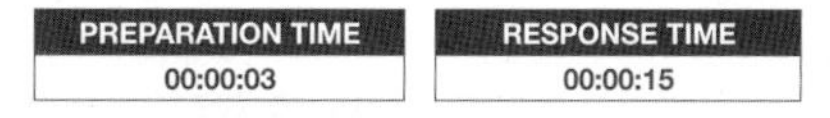


**Question 6.** What kind of music do you enjoy listening to? Why?

| PREPARATION TIME | RESPONSE TIME |
| --- | --- |
| 00:00:03 | 00:00:15 |

**Question 7.** What are the advantages of using music applications when listening to music?

| PREPARATION TIME | RESPONSE TIME |
| --- | --- |
| 00:00:03 | 00:00:30 |

모범답변·해석·해설 p.24

Q56&7_위기탈출표현

Q5-7에서는 질문을 듣고 적절한 답변이 바로 떠오르지 않아 준비 시간이 더 필요하거나, 핵심 응답을 뒷받침하는 이유가 떠오르지 않는 상황이 생길 수 있습니다. 이때, 당황하지 말고 위기탈출 표현을 사용해 자연스럽게 말해보세요!

### 준비 시간이 더 필요할 때

| | |
|---|---|
| **흥미로운 질문이네요** | It sounds like an interesting question. I just need a few more seconds to organize my thoughts. |
| **하나만 정하기 어렵네요** | All options have their pros and cons, so it's hard to choose one. |

### 이유가 떠오르지 않을 때

| | |
|---|---|
| **편리해요** | It's very convenient and I can do it anytime and anywhere. |
| **많은 시간을 쓰고 싶지 않아요** | There's a lot on my plate, so I don't want to waste too much time on it. |
| **다양한 정보를 얻을 수 있어요** | You can get information on almost every subject. |
| **더 재미있어요** | I find it more fun and interesting to do it this way. |
| **더 잘 집중할 수 있어요** | I can focus better this way since there is no distraction. |
| **믿을 수 있는 정보예요** | The information is credible because it's from a dependable source. |

# Q8-10

# 표 보고 질문에 답하기

## Respond to Questions Using Information Provided

자신감 UP! 만능 템플릿 & 핵심 공략

실력 UP! 연습 문제

등급 UP! 실전 문제

# Q8-10 한눈에 보기

## Q8-10 문제 정보

주어진 표를 관찰한 후 표를 보며 세 개의 문의 사항에 답하는 문제

| 문제 번호 | Questions 8, 9, 10 | 평가 기준 | □ 발음<br>□ 억양과 강세<br>□ 문법<br>□ 어휘<br>□ 일관성<br>□ 내용의 적절성<br>□ 내용의 완성도 |
|---|---|---|---|
| 문제 수 | 3문제 | | |
| 질문 음성 재생 횟수 | Q8, 9: 1회 / Q10: 2회 | | |
| 준비 시간 | 각 3초 | | |
| 답변 시간 | Q8, 9: 15초 / Q10: 30초 | | |

## 출제 경향

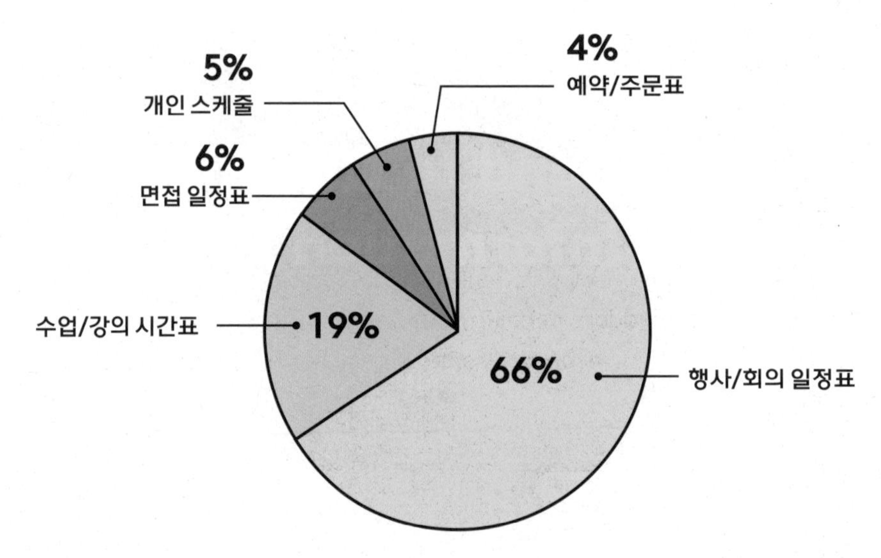


*토익스피킹 최신 100회 시험 출제 경향

## 표 종류 및 자주 나오는 내용

| 표 종류 | 자주 나오는 내용 |
|---|---|
| 행사/회의 일정표 | 콘퍼런스, 세미나, 직원 수련회와 같은 행사나 기업 또는 상점의 월례 직원 회의의 날짜, 장소, 식순 등의 정보를 제공하는 표 |
| 수업/강의 시간표 | 학교, 학원, 문화 회관 등에서 제공하는 수업이나 강의의 비용, 주제, 요일, 시간 및 강사 등의 정보를 제공하는 표 |
| 면접 일정표 | 은행, 호텔, 식당 등의 회사에 하루 동안 예정되어 있는 신입 또는 경력 직원 채용 면접의 일정을 보여주는 표 |
| 개인 스케줄 | 개인의 하루 동안의 업무 일정이나 출장 또는 여행 일정을 보여주는 표 |
| 예약/주문표 | 식당이나 호텔 등의 시설 이용을 위한 정보나 자동차나 보트 등의 장비 이용을 위한 예약 정보를 보여주는 표 |

## 학습방법

### 1. 답변에 자주 사용되는 표현을 익혀둡니다.

Q8-10에서는 "이 행사는 ~에 열릴 것입니다."와 같이 답변할 때 항상 사용되는 표현이 있고, 그 표현에 표에서 찾은 정보를 넣어 말하면 쉽게 답변할 수 있습니다. 따라서 질문에서 묻는 내용을 표에서 찾아 바로 답변할 수 있도록 답변에 자주 사용되는 표현을 익혀둡니다.

### 2. 표 종류별로 파악해야 할 내용과 빈출 질문을 익혀둡니다.

Q8-10에서는 표 종류별로 파악해야 할 정보와 자주 나오는 질문이 있습니다. 질문에서 묻는 정보를 빠르게 파악하여 답변할 수 있도록 표 종류별 형태와 파악할 내용, 그리고 빈출 질문을 익혀둡니다.

# 시험 진행 순서

## 디렉션

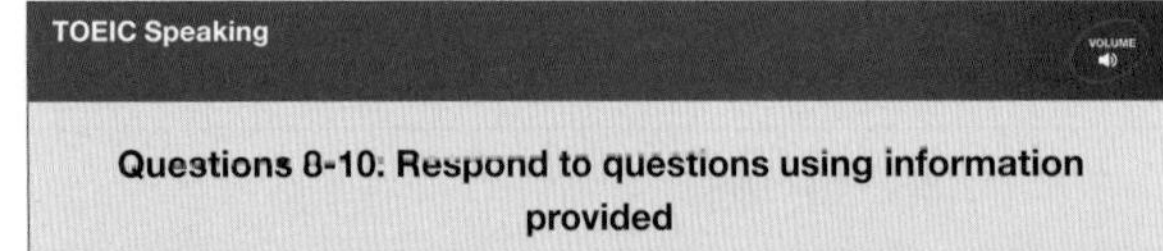

TOEIC Speaking

**Questions 8-10: Respond to questions using information provided**

**Directions:** In this part, you will be asked to refer to information on the screen in order to answer three questions. The information will be shown for 45 seconds before you hear the questions. After listening to each question, you will have three seconds to prepare your response. You will have 15 seconds to respond to Questions 8 and 9 and 30 seconds to respond to Question 10. You will hear Question 10 two times.

주어진 정보를 보고 세 개의 질문에 답하게 될 것이며, 질문 음성이 재생되기 전 45초 동안 정보를 볼 시간이 주어질 것이라는 내용과, 문제별로 3초의 준비 시간 후 8, 9번 문제에는 15초, 10번 문제에는 30초의 답변 시간이 주어질 것이고, 10번 질문은 두 번 들려준다는 디렉션이 음성과 함께 화면에 제시됩니다.

## 준비 시간(45초)

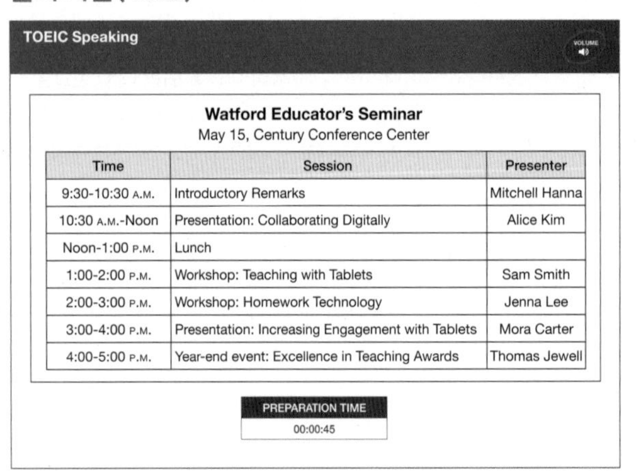

TOEIC Speaking

**Watford Educator's Seminar**
May 15, Century Conference Center

| Time | Session | Presenter |
|---|---|---|
| 9:30-10:30 A.M. | Introductory Remarks | Mitchell Hanna |
| 10:30 A.M.-Noon | Presentation: Collaborating Digitally | Alice Kim |
| Noon-1:00 P.M. | Lunch | |
| 1:00-2:00 P.M. | Workshop: Teaching with Tablets | Sam Smith |
| 2:00-3:00 P.M. | Workshop: Homework Technology | Jenna Lee |
| 3:00-4:00 P.M. | Presentation: Increasing Engagement with Tablets | Mora Carter |
| 4:00-5:00 P.M. | Year-end event: Excellence in Teaching Awards | Thomas Jewell |

PREPARATION TIME
00:00:45

표가 화면에 제시되고, 'Begin preparing now.'라는 음성이 나온 후 표를 관찰할 수 있는 45초의 준비 시간이 시작됩니다.

***시간 활용 Tip**
표는 10번 문제가 끝날 때까지 화면에서 사라지지 않으므로 메모하지 않고 눈으로만 표의 내용을 파악합니다. 표에 어떤 정보들이 있는지 전반적으로 파악하고 정보별 키워드를 기억해 둡니다.

## 상황 설명

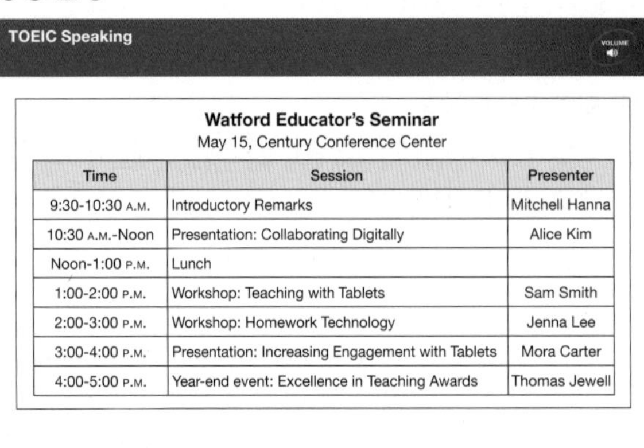

TOEIC Speaking

**Watford Educator's Seminar**
May 15, Century Conference Center

| Time | Session | Presenter |
|---|---|---|
| 9:30-10:30 A.M. | Introductory Remarks | Mitchell Hanna |
| 10:30 A.M.-Noon | Presentation: Collaborating Digitally | Alice Kim |
| Noon-1:00 P.M. | Lunch | |
| 1:00-2:00 P.M. | Workshop: Teaching with Tablets | Sam Smith |
| 2:00-3:00 P.M. | Workshop: Homework Technology | Jenna Lee |
| 3:00-4:00 P.M. | Presentation: Increasing Engagement with Tablets | Mora Carter |
| 4:00-5:00 P.M. | Year-end event: Excellence in Teaching Awards | Thomas Jewell |

준비 시간이 끝난 후, 화면에 표는 그대로 있는 상태에서 표에 대한 문의 사항이 있다는 내용의 상황 설명 음성이 나옵니다.

**예)** Hi, I'm attending the seminar this week, but I can't find my schedule online. So, I was hoping you could answer some questions for me.
안녕하세요, 이번 주에 세미나에 참석하는데, 일정표를 온라인에서 찾을 수가 없네요. 그래서, 몇 가지 질문에 대답해 주셨으면 해요.

## Question 8 준비 시간(3초) 및 답변 시간(15초)

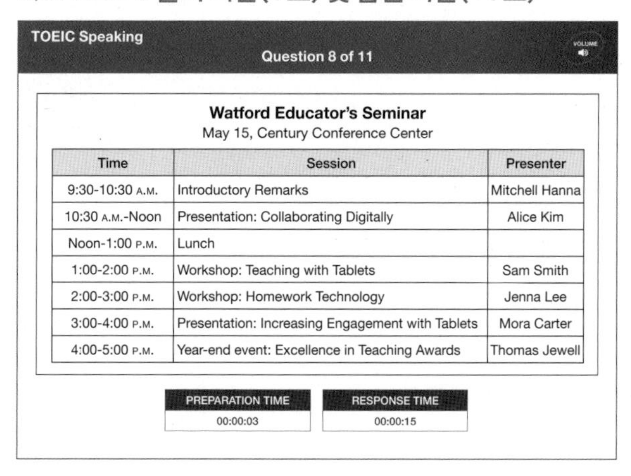


**Watford Educator's Seminar**
May 15, Century Conference Center

| Time | Session | Presenter |
|---|---|---|
| 9:30-10:30 A.M. | Introductory Remarks | Mitchell Hanna |
| 10:30 A.M.-Noon | Presentation: Collaborating Digitally | Alice Kim |
| Noon-1:00 P.M. | Lunch | |
| 1:00-2:00 P.M. | Workshop: Teaching with Tablets | Sam Smith |
| 2:00-3:00 P.M. | Workshop: Homework Technology | Jenna Lee |
| 3:00-4:00 P.M. | Presentation: Increasing Engagement with Tablets | Mora Carter |
| 4:00-5:00 P.M. | Year-end event: Excellence in Teaching Awards | Thomas Jewell |



상황 설명이 끝난 후 8번 질문이 음성으로만 제시됩니다. 질문 음성이 나온 다음 'Begin preparing now.'라는 음성과 함께 3초의 준비 시간이 시작됩니다. 준비 시간이 끝나고 'Begin speaking now.'라는 음성이 나온 후, 15초의 답변 시간이 시작됩니다.

## Question 9 준비 시간(3초) 및 답변 시간(15초)

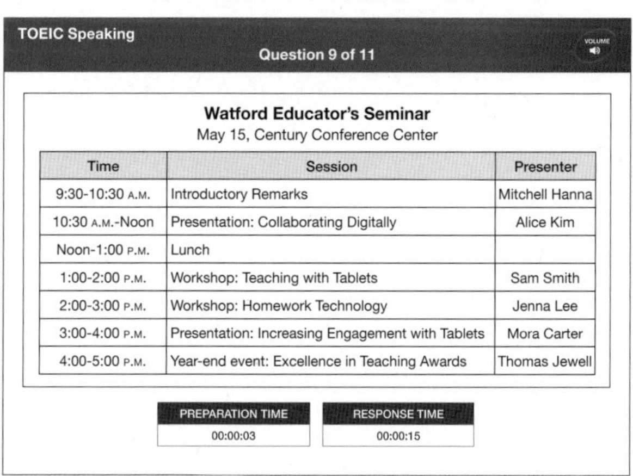


**Watford Educator's Seminar**
May 15, Century Conference Center

| Time | Session | Presenter |
|---|---|---|
| 9:30-10:30 A.M. | Introductory Remarks | Mitchell Hanna |
| 10:30 A.M.-Noon | Presentation: Collaborating Digitally | Alice Kim |
| Noon-1:00 P.M. | Lunch | |
| 1:00-2:00 P.M. | Workshop: Teaching with Tablets | Sam Smith |
| 2:00-3:00 P.M. | Workshop: Homework Technology | Jenna Lee |
| 3:00-4:00 P.M. | Presentation: Increasing Engagement with Tablets | Mora Carter |
| 4:00-5:00 P.M. | Year-end event: Excellence in Teaching Awards | Thomas Jewell |



8번 질문의 답변 시간이 끝난 후 9번 질문이 음성으로만 제시됩니다. 질문 음성이 나온 다음 'Begin preparing now.'라는 음성과 함께 3초의 준비 시간이 시작됩니다. 준비 시간이 끝나고 'Begin speaking now.'라는 음성이 나온 후, 15초의 답변 시간이 시작됩니다.

## Question 10 준비 시간(3초) 및 답변 시간(30초)

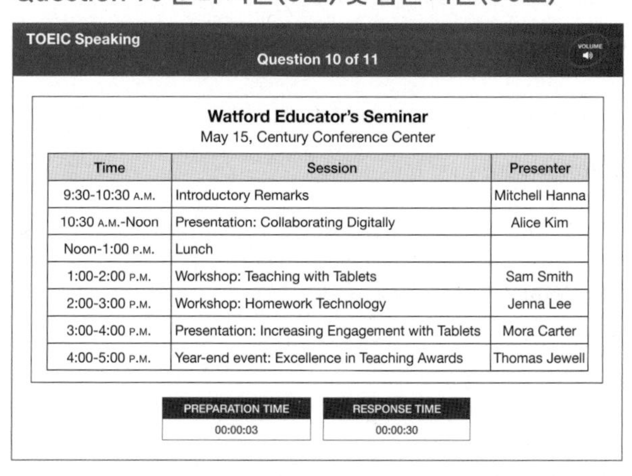


**Watford Educator's Seminar**
May 15, Century Conference Center

| Time | Session | Presenter |
|---|---|---|
| 9:30-10:30 A.M. | Introductory Remarks | Mitchell Hanna |
| 10:30 A.M.-Noon | Presentation: Collaborating Digitally | Alice Kim |
| Noon-1:00 P.M. | Lunch | |
| 1:00-2:00 P.M. | Workshop: Teaching with Tablets | Sam Smith |
| 2:00-3:00 P.M. | Workshop: Homework Technology | Jenna Lee |
| 3:00-4:00 P.M. | Presentation: Increasing Engagement with Tablets | Mora Carter |
| 4:00-5:00 P.M. | Year-end event: Excellence in Teaching Awards | Thomas Jewell |



9번 질문의 답변 시간이 끝난 후 10번 질문이 음성으로 두 번 제시됩니다. 첫 번째 질문 음성을 들려준 뒤 'Now listen again.' 디렉션이 나온 후 두 번째 질문 음성을 들려줍니다. 두 번째 질문 음성이 나온 후 'Begin preparing now.'라는 음성과 함께 3초의 준비 시간이 시작됩니다. 준비 시간이 끝나고 'Begin speaking now.'라는 음성이 나온 후, 30초의 답변 시간이 시작됩니다.

***준비 시간 활용 Tip**
첫 번째 질문 음성이 나올 때 질문의 내용을 파악하고 두 번째 질문 음성에서는 답변을 준비하는 것이 좋습니다.

자신감 UP!

# 만능 템플릿 & 핵심 공략

## Q8-10 | 만능 템플릿

**시간/날짜/장소**

[행사] will be held at/on/in [시간/날짜/장소]
(행사)는 ~에(서) 열릴 것입니다
*특정 시간(날짜)부터 다른 시간(날짜)까지의 기간을 말할 때는 'from ~ to ~(~부터 ~까지)'를 사용해 말합니다.

**시작/끝나는 시간**

[행사] will start/end at [시간]
(행사)는 ~에 시작할/끝날 것입니다

**비용**

[행사] will cost [비용]
(행사)의 비용은 ~일 것입니다

**진행자/주제**

[행사] will be given by [진행자]
(행사)는 ~에 의해 진행될 것입니다

또는

[행사] will be about [주제]
(행사)는 ~에 대한 것일 것입니다

**등록 장소/날짜**

You need to register at/by [장소/날짜]
당신은 ~에/까지 등록해야 합니다

**우려 사항 설명**

You do not have to worry about this. [표에서 찾은 내용]
당신은 이것에 대해 걱정하지 않아도 됩니다.

**틀린 정보 정정**

I'm sorry, but you have the wrong information. [표에서 찾은 내용]
죄송하지만, 당신은 잘못된 정보를 갖고 계십니다.

**특이 사항 설명**

I'm afraid it may not be suitable for you. [이유]
유감이지만 그것은 당신에게 맞지 않을 수 있을 것 같습니다.

**공통점이 있는 모든 항목 설명**

Of course! Let me give you the details. 물론이죠! 세부 사항을 알려드리도록 하겠습니다.
There will be two scheduled [공통점을 가진 항목] ~이 두 개 예정되어 있습니다
First of all, [첫 번째 항목] 첫째로, ~
Secondly, [두 번째 항목] 두 번째로, ~

템플릿 적용 예시 Q89&10_템플릿적용예시

**Watford Educator's Seminar**

Q8 May 15, Century Conference Center

| Time | Session | Presenter |
|---|---|---|
| 9:30-10:30 A.M. | Introductory Remarks | Mitchell Hanna |
| 10:30 A.M.-Noon | Presentation: Collaborating Digitally | Alice Kim |
| Noon-1:00 P.M. | Lunch | |
| Q10 1:00-2:00 P.M. | Q10 Workshop: Teaching with Tablets | Q10 Sam Smith |
| 2:00-3:00 P.M. | Workshop: Homework Technology | Jenna Lee |
| Q10 3:00-4:00 P.M. | Q10 Presentation: Increasing Engagement with Tablets | Q10 Mora Carter |
| Q9 4:00-5:00 P.M. | Year-end Event: Excellence in Teaching Awards | Thomas Jewell |

Hi, I'm attending the seminar this week, but I can't find the schedule online. So, I was hoping you could answer some questions for me.
안녕하세요, 이번 주에 세미나에 참석하는데, 일정표를 온라인에서 찾을 수가 없네요. 그래서, 몇 가지 질문에 대답해 주셨으면 해요.

**시간/날짜/장소**

**Q8** When and where will the seminar take place? 세미나는 언제 그리고 어디에서 열리나요?

The seminar **will be held on** May 15 **at** the Century Conference Center.

세미나는 5월 15일에 Century 콘퍼런스 센터에서 열릴 것입니다.

**우려 사항 설명**

**Q9** I have another meeting in the evening, so I think I have to leave the seminar at 5 P.M. Would I miss any sessions if I leave at 5 P.M.?
저녁에 다른 회의가 있어서, 오후 5시에 세미나를 떠나야 할 것 같아요. 제가 오후 5시에 떠나면 놓치는 세션이 있을까요?

**You do not have to worry about this.** Actually the seminar ends at 5 P.M.

당신은 이것에 대해 걱정하지 않아도 됩니다. 사실은 세미나가 오후 5시에 끝납니다.

**공통점이 있는 모든 항목 설명**

**Q10** I'm very interested in using tablets in my classes. Could you tell me all the details on the sessions about tablets?
저는 제 수업에서 태블릿을 사용하는 것에 관심이 많습니다. 태블릿과 관련된 세션에 대한 모든 세부 사항을 알려주실 수 있을까요?

**Of course! Let me give you the details. There will be two scheduled** sessions about using tablets in classes. **First of all,** a workshop on teaching with tablets will be given by Sam Smith from 1 to 2 P.M. **Secondly,** Mora Carter will give a presentation on increasing engagement with tablets from 3 to 4 P.M.

물론이죠! 세부 사항을 알려드리도록 하겠습니다. 수업에서 태블릿을 사용하는 것에 대한 대한 세션이 두 개 예정되어 있습니다. 첫째로, 태블릿을 이용해 가르치는 것에 대한 워크숍이 오후 1시부터 2시까지 Sam Smith에 의해 진행될 것입니다. 두 번째로, Mora Carter가 오후 3시부터 4시까지 태블릿으로 참여를 늘리는 것에 대해 발표할 것입니다.

# Q8-10 | 핵심 공략 - 표 종류별 형태 & 빈출 질문

표의 내용을 빠르게 파악하고, 질문을 들으면 묻는 내용을 표에서 바로 찾아 답변할 수 있도록 표 종류별 형태와 파악할 내용, 그리고 빈출 질문을 익혀두세요.

## 행사/회의 일정표

콘퍼런스, 세미나, 직원 수련회와 같은 행사나 기업 또는 상점의 월례 직원 회의의 날짜, 장소, 식순 등의 정보를 제공하는 표

**Leadership Association Conference**
리더십 협회 콘퍼런스

Millennium Hotel, Convention Hall A, July 13
Millennium 호텔, 컨벤션 홀 A, 7월 13일

Registration Fee: $120
등록비: 120달러

| Time 시간 | Session 세션 | Presenter 발표자 |
|---|---|---|
| 8:30-10:00 A.M. | Keynote Speech: The Essence of Communication<br>기조연설: 의사소통의 본질 | Danielle Wallace |
| 10:00 A.M.-Noon | Lecture: Giving Effective Feedback<br>강의: 효과적인 피드백 제공 | Jack Dulles |
| Noon-1:00 P.M. | Lunch Break (*Buffet provided)<br>점심 시간 (*뷔페 제공) | |
| 1:00-2:00 P.M. | Presentation: Decision-Making Strategies<br>발표: 의사 결정 전략 | Martin Kim |
| 2:00-3:00 P.M. | Workshop: Discovering Your Values<br>워크숍: 당신의 가치 발견 | Jack Dulles |
| 4:00-4:30 P.M. | Closing Remarks<br>폐회사 | Philip DeLillo |

**파악할 내용**

**전체 관련 정보**
- 행사나 회의의 종류
  콘퍼런스, 세미나, 축제, 연례 회의 등
- 열리는 장소, 날짜 및 시간
- 등록비

**세부 정보**
- 특정 세션의 세부 정보
  일정, 세션명, 발표자
- 오전 일정(점심 전)
- 오후 일정(점심 후)
- 점심 식사 관련 세부 사항
  제공 여부, 제공 장소, 제공 업체 등
- 같은 사람이 진행하는 일정
  여러 개의 일정을 진행하는 사람이 있는지 여부
- 같은 주제를 다루는 일정
  공통된 주제를 다루는 워크숍, 발표, 강연 등이 있는지 여부

**빈출 질문**

**Q8** 행사나 회의가 열리는 장소, 날짜 및 시간을 묻는 질문
예) 콘퍼런스는 언제, 어디에서 열리나요?

등록비를 묻는 질문
예) 콘퍼런스 등록비는 얼마인가요?

**Q8, 9** 특정 세션의 세부 정보를 묻는 질문
예) · 기조연설은 몇 시에 시작하고 누가 진행하나요?
· Martin Kim이 진행하는 강의는 오후 3시에 열리나요?

**Q9** 점심 식사 관련 세부 사항을 묻는 질문
예) 점심 식사는 각자 외부에서 먹는 것으로 들었는데, 맞나요?

**Q10** 같은 사람이 진행하는 일정을 묻는 질문
예) 작년 콘퍼런스에서 Jack Dulles의 세션이 매우 흥미로웠어요. 이번에 그가 진행하는 세션에 대해 모두 알려주세요.

## 수업/강의 시간표

학교, 학원, 문화 회관 등에서 제공하는 수업이나 강의의 비용, 주제, 요일, 시간 및 강사 등의 정보를 제공하는 표

**Lionsville College Arts Program Summer Class Schedule**
Lionsville 대학 미술 프로그램 여름 강의 시간표

June 18 - August 20
6월 18일-8월 20일

Class registration ends on June 15
6월 15일에 수강 신청 마감

Price: $100 per class
가격: 강의당 100달러

| Class 강의 | Day of the Week 요일 | Time 시간 | Instructor 강사 |
|---|---|---|---|
| Basic Brushwork 기초 화법 | Mondays 월요일 | 1:00-2:30 P.M. | Sharon Lang |
| Basic Watercolor Painting 기초 수채화 그리기 | Tuesdays 화요일 | 3:00-4:30 P.M. | Todd Smith |
| Intermediate Pop Art History 중급 팝아트의 역사 | Wednesdays 수요일 | 2:00-3:30 P.M. | Alison Kim |
| Advanced Oil Painting 심화 유화 그리기 | Thursdays 목요일 | 4:00-6:00 P.M. | Allen Parsons |
| Advanced Color Theory 심화 색채 이론 | Fridays 금요일 | 1:30-3:30 P.M. | Alison Kim |

**All necessary equipment will be provided during each class.*
*각 강의 동안 필요한 모든 용품은 제공될 것입니다.*

**파악할 내용**

**전체 관련 정보**

- 수업 및 강의의 종류
  미술, 음악, 피트니스 수업 등
- 열리는 날짜
- 등록 기한
- 수강료

**세부 정보**

- 강의별 일정
  강의 요일, 시간, 강사
- 수업의 난이도
- 같은 주제를 다루는 수업
- 같은 강사가 진행하는 수업

**기타 정보**

- 추가 정보 및 유의 사항
  준비 사항, 문의할 곳, 할인 정보 등

### 빈출 질문

**Q8, 9**

#### 수업이 열리는 날짜 및 수강료를 묻는 질문

예) · 수업은 며칠부터 시작하고, 각 수업의 수강료는 얼마인가요?
· 수업당 수강료가 80달러라고 들었는데, 맞나요?

#### 강의별 일정을 묻는 질문

예) · Todd Smith가 진행하는 수업은 언제 열리나요?
· 토요일 수업도 있다고 들었는데, 맞나요?

**Q9**

#### 등록 기한을 묻는 질문

예) 수강 신청은 6월 1일까지 하면 되나요?

#### 수업의 난이도를 묻는 질문

예) 유화를 한 번도 그려 본 적은 없지만 배워보고 싶어요. 제가 유화 그리기 수업을 들어도 괜찮을까요?

#### 추가 정보 및 유의 사항 관련 정보를 묻는 질문

예) 강의를 듣기 위해서는 필요한 용품을 스스로 준비해 가야 한다고 들었어요. 맞나요?

**Q10**

#### 같은 주제를 다루는 수업을 묻는 질문

예) 그림을 그리는 것에 집중된 수업을 듣고 싶은데, 프로그램에서 제공하는 그림 그리기 수업에는 어떤 것들이 있는지 모두 알려 주시겠어요?

#### 같은 강사가 진행하는 수업을 묻는 질문

예) 제 동료 중 한 명이 Alison Kim의 수업을 추천했는데, 그녀가 진행하는 수업들에 대해 모두 알려 주시겠어요?

## 면접 일정표

은행, 호텔, 식당 등에 하루 동안 예정되어 있는 신입 또는 경력 직원 채용 면접의 일정을 보여주는 표

**Interview Schedule of Golden Horizon Bank**
Golden Horizon 은행 면접 일정

January 22, Meeting Room A
1월 22일, 회의실 A

| Time<br>시간 | Applicant<br>지원자 | Position Sought<br>희망 직무 | Current Workplace<br>현재 직장 |
|---|---|---|---|
| 9:00 A.M. | Hannah Jackson | Loan Officer<br>대출 담당자 | All Citizens Bank<br>All Citizens 은행 |
| 10:00 A.M. | Donna Monroe | Financial Advisor<br>재정 자문가 | Crown Bank<br>Crown 은행 |
| 11:30 A.M. | Jerry Stephens | Assistant Manager<br>과장 | United Bank<br>United 은행 |
| ~~1:30 P.M.~~ | ~~Lisa Wilson~~<br>*canceled*<br>*취소됨* | ~~Loan Officer~~<br>대출 담당자 | ~~Grand Bank~~<br>Grand 은행 |
| 2:30 P.M. | Meghan Baker | Financial Advisor<br>재정 자문가 | Crown Bank<br>Crown 은행 |
| 3:30 P.M. | Carl Thomas | Accountant<br>회계사 | Treasury Bank<br>Treasury 은행 |

**파악할 내용**

**전체 관련 정보**

- 회사 이름
- 면접 날짜, 장소

**세부 정보**

- 첫 번째 면접 일정
- 면접 시간별 지원자 정보
  이름 및 지원한 직무, 최근 근무지
- 취소되거나 변경된 일정
- 같은 직무에 지원한 지원자
- 현재 직장이 같은 지원자

### 빈출 질문

**Q8** **면접 날짜, 장소를 묻는 질문**

예) 면접은 며칠에 어디에서 열리나요?

**첫 번째 면접 일정을 묻는 질문**

예) 첫 번째 면접은 몇 시에 시작하고, 첫 번째 면접의 지원자는 누구인가요?

**Q9** **취소되거나 변경된 일정을 묻는 질문**

예) · Lisa Wilson의 면접이 오후에 예정되어 있었던 거 같은데, 맞나요?
· 이번에 대출 담당자 직무 면접이 두 개 예정되어 있다고 알고 있는데, 맞나요?

**Q10** **같은 직무에 지원한 지원자의 정보를 묻는 질문**

예) 저는 이번에 재정 자문가 채용에 특히 관심이 있어요. 재정 자문가 직무 면접 대상자들에 대한 자세한 내용을 알려주시겠어요?

**현재 직장이 같은 지원자의 정보를 묻는 질문**

예) 이전에 Crown 은행에서 근무했던 사람들 중 괜찮은 지원자들이 많았던 것으로 기억해요. 이번에 면접 볼 지원자들 중 Crown 은행에서 온 분들에 대한 모든 세부 정보를 알려주시겠어요?

## 개인 스케줄

개인의 하루 동안의 업무 일정이나 출장 또는 여행 일정을 보여주는 표

Brunswick Corporation
Brunswick 기업

**Helen Clark's Schedule for May 20, Friday**
5월 20일 금요일 Helen Clark의 일정

| | |
|---|---|
| 9:00-9:30 A.M. | Account Briefing<br>회계 브리핑 |
| 9:30-10:30 A.M. | Department Meeting: Evaluation of Customer Service<br>부서 회의: 고객 서비스 평가 |
| 10:30-11:30 A.M. | Conference: Annual Corporate Event Planning<br>콘퍼런스: 연간 기업 행사 기획 |
| 11:30 A.M.-<br>1:00 P.M. | Lunch *(Vienna Café with CS Manager)*<br>점심 식사 *(Vienna 카페에서 고객지원부장과)* |
| 1:00-2:00 P.M. | Meeting with Account Managers<br>회계부장과의 회의 |
| 2:00-4:00 P.M. | Conference: Program for Customer Service<br>콘퍼런스: 고객 서비스를 위한 프로그램 |
| 4:00-5:00 P.M. | Posting Job Openings: Assistant Positions<br>구인 공고 게시: 보조 직무 |



### 빈출 질문

**Q8 첫 번째 일정을 묻는 질문**

예) 첫 번째 일정은 몇 시에 시작하고 무엇을 하나요?

**Q9 오전/오후 일정을 묻는 질문**

예) · 부서 회의가 점심 식사 직전에 진행되는 것으로 알고 있는데, 맞나요?
· 점심 식사 이후에 마케팅부장들과의 회의가 있다고 알고 있는데, 맞나요?

**점심 식사 일정에 대해 묻는 질문**

예) · 점심을 구내식당에서 먹기로 했던 것 같은데, 맞나요?
· 점심은 회계부장과 먹는 것으로 예정되어 있던 것 같은데, 확인해 주실 수 있나요?

**Q10 공통된 특징을 갖는 일정에 대해 묻는 질문**

예) · 당일에 참석해야 하는 모든 콘퍼런스에 대한 세부 사항을 알려주시겠어요?
· 제 스케줄에서 고객 서비스와 관련된 모든 세부 일정을 알려주시겠어요?

## 예약/주문표

식당이나 호텔 등의 시설 이용을 위한 정보나 자동차나 보트 등의 장비 이용을 위한 예약 정보를 보여주는 표

**Caribbean Luxury Resort: Activities Guide**
Caribbean 호화 리조트: 활동 안내

324 Vesta Road, Orange, California
Vesta로 324번지, Orange, 캘리포니아주

| Activities<br>활동 | Price per person<br>1인당 가격 | Notes<br>비고 |
|---|---|---|
| Horseback Riding<br>승마 | $80<br>80달러 | Safe for children<br>어린이들에게 안전함 |
| Snorkeling<br>스노클링 | $50<br>50달러 | Equipment rental fee included<br>장비 대여료 포함 |
| Meditation<br>명상 | $20<br>20달러 | Class size limited to 15 people<br>수업 크기는 15명으로 제한됨 |
| Cave Exploration<br>동굴 탐험 | $20<br>20달러 | Maps provided free of charge<br>지도는 무료로 제공됨 |
| Kayaking<br>카약 | $20<br>20달러 | May be cancelled due to weather<br>날씨로 인해 취소될 수 있음 |
| Daytime Camping<br>주간 캠핑 | $30<br>30달러 | Sports activities prepared for children<br>어린이들을 위한 스포츠 활동들이 준비됨 |

**파악할 내용**

**전체 관련 정보**

- 시설 기본 정보
  시설의 종류, 주소

**세부 정보**

- 시설에서 제공하는 서비스 및 제품 종류
  리조트 활동, 호텔 예약, 장비 대여 여부
- 이용 요금
- 기타 세부 사항
  제품/서비스/활동 이용에 대한 부가 설명
- 공통된 특징을 가지고 있는 활동
  같은 종류의 활동, 또는 준비 사항이 같거나 유의 사항이 유사한 활동

**빈출 질문**

**Q8 시설의 기본 정보를 묻는 질문**
예) 리조트는 어디에 위치해 있나요?

**Q8, 9 이용 요금을 묻는 질문**
예) · 스노클링을 하려면 얼마가 드나요?
· 제가 듣기로는 승마는 1인당 30달러를 지불해야 한다던데, 맞나요?

**Q9 제품/서비스/활동 이용에 대한 기타 세부 사항을 묻는 질문**
예) · 동굴 탐험을 할 때 지도는 별도로 구매해야 한다고 들었는데, 맞나요?
· 제가 리조트를 이용하는 날에 비가 올 수도 있다고 하는데 카약을 할 수 있을까요?

**Q10 공통된 특징을 가지고 있는 활동을 묻는 질문**
예) 아이들과 함께할 수 있는 활동들이 있다고 들었는데, 모두 알려주실 수 있나요?

앞에서 배운 만능 템플릿과 핵심 공략을 사용하여 하늘색으로 된 우리말을 영어로 바꾸어 문장을 말해보세요. 그 후 음성을 들으며 두 번씩 따라 말해보세요.

1. 세미나는 Millennium 호텔에서 열릴 것입니다.

   The seminar ______________________ Millennium Hotel.

2. 콘퍼런스는 12월 20일에 열릴 것입니다.

   The conference will be held ______________________.

3. 수업은 오전 10시에 시작할 것입니다.

   The class ______________________ 10 A.M.

4. 콘퍼런스 등록 비용은 50달러일 것입니다.

   The conference registration ______________ 50 dollars.

5. 기조연설은 Sue Lee에 의해 진행될 것입니다.

   The keynote speech _________________________ Sue Lee.

표의 내용을 파악한 뒤 질문을 듣고 빈칸을 채워 답변해보세요. 그 후 음성을 들으며 두 번씩 따라 말해 보세요.

**_Digital Marketing Seminar_**

September 10, Riverside Hotel

| Time | Session | Presenter |
|---|---|---|
| 11:00 A.M.-Noon | Presentation: Digital Marketing Trends | Ray Kingsford |
| Noon-1:30 P.M. | Lunch *(Provided)* | |
| 1:30-3:00 P.M. | Lecture: Social Media Marketing | Stacey Harris |

6. When and where will this seminar be held?

   The seminar will be held on ____________________ at ____________________.

   세미나는 9월 10일에 Riverside 호텔에서 열릴 것입니다.

7. I heard that lunch is not provided. Is that correct?

   I'm sorry, but you have the wrong information. Lunch __________________.

   죄송하지만, 당신은 잘못된 정보를 갖고 계십니다. 점심 식사는 제공될 것입니다.

모범답변·해석·해설 p.32

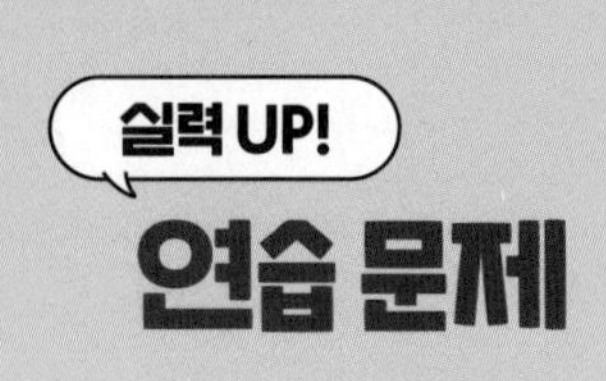

준비 시간 동안 표의 내용을 파악하고, 빈칸에 적혀 있는 우리말을 참고하여 앞에서 배운 만능 템플릿과 핵심 공략을 사용해 질문에 답변해보세요.

## 1

**Triforce Software Corporate Retreat**
Watley Convention Hall
Monday, February 18

| | |
|---|---|
| 8:30-10:00 A.M. | Corporate News Update *(by Maria Voss)* |
| 10:00 A.M.-Noon | Presentation: Resolving Customer Complaints *(presented by Todd Blunt)* |
| Noon-2:00 P.M. | Lunch Buffet *(catered by Angel's Grill)* |
| 2:00-3:30 P.M. | Presentation: Communication Skills *(presented by Steven Willis)* |
| 3:30-4:30 P.M. | Brainstorming Long-Term Team Goals |
| 4:30-6:00 P.M. | Trust-Building Activities |
| 6:00-7:00 P.M. | Best Employee Awards *(by Jeanne Roberts)* |

### Question 8 15초

What time does the first event start, and who is leading it?

The first event, corporate news update, __~에 시작할 것입니다__ 8:30 A.M., and it will be given __Maria Voss에 의해__.

### Question 9 15초

I heard we will be going out to eat at a local restaurant for lunch. Is this correct?

I'm sorry, but you have the __잘못된 정보__. A lunch buffet will be __Angel's Grill에 의해 제공__.

### Question 10 30초

I heard there are going to be some presentations held at the retreat. Can you give me all the details on the presentations given at the retreat?

Of course! Let me give you the details. There will be two scheduled __발표__ at the retreat. __첫째로__, a __발표__ on resolving customer complaints __Todd Blunt에 의해 진행될 것__ from __오전 10시__ to __정오__. __두 번째로__, Steven Willis will give a __발표__ on __의사소통 기술__ from 2 to 3:30 P.M.

## 2

**Portsmouth Hotel**
**Job Interview Schedule**
Tuesday, November 9
Location: Meeting Room 1

| Time | Applicant | Desired Position | Current Employer |
|---|---|---|---|
| 9:00 A.M. | Michael Ross | Front Desk Clerk | Sunnyview Restaurant |
| ~~10:00 A.M.~~ | ~~Sarah Helms~~ *Canceled* | ~~Operations Manager~~ | ~~Rainbow Hotel~~ |
| 11:00 A.M. | Carl James | Housekeeping Coordinator | PMC Towers |
| 1:00 P.M. | Jackie Conroy | Reservations Associate | Baymont Hotel |
| 2:00 P.M. | Donald Brady | Front Desk Clerk | Terrance Hotel |
| 3:00 P.M. | Laura Scott | Assistant Manager | Baymont Hotel |

### Question 8 15초

Where will the interviews take place, and what time will the first one start?

The interviews will be held in 1번 회의실, and the first one will start at 오전 9시.

### Question 9 15초

I understand I will be interviewing an applicant for operations manager position, right?

I'm sorry, but you have the wrong information. The interview at 오전 10시 with Sarah Helms from Rainbow 호텔 for the position was 취소됨.

### Question 10 30초

I think we had some promising candidates from Baymont Hotel in the past. Could you give me all the details for any interviews with candidates currently employed by the Baymont Hotel?

Of course! Let me give you the details. There will be two scheduled 지원자들과의 면접 currently employed at the Baymont 호텔. 첫째로, you will interview Jackie Conroy, who is applying for a 예약 보조 position at 오후 1시. 두 번째로, you will meet Laura Scott for an 부지배인 position at 오후 3시.

모범답변·해석·해설 p.33

실제 시험을 응시하는 것처럼, 45초 동안 표를 관찰한 후 각 문제당 3초 동안 준비하여 Question 8, 9는 15초 동안, Question 10은 30초 동안 질문에 답변해 보세요. Question 10은 질문을 두 번 들려줍니다.

**1**

**TOEIC Speaking**

**Ironwood Community Center**

Group Fitness Courses
November Schedule

Members: $30 per class　　Non-members: $50 per class

| Class | Day of the Week | Time | Instructor |
|---|---|---|---|
| Yoga | Mondays | 4:30-5:30 P.M. | Isabel |
| Spinning | Tuesdays | 6:00-7:00 P.M. | Claire |
| Jazz Dance | Wednesdays | 9:00-10:00 A.M. | Jason |
| Pilates | Wednesdays | 6:00-7:00 P.M. | Ben |
| Aerobics | Thursdays | 10:00-11:00 A.M. | Scott |
| Zumba | Saturdays | 1:00-2:30 P.M. | Emma |

** Lockers are provided free of charge for members only.*

PREPARATION TIME 00:00:45

PREPARATION TIME 00:00:03 | RESPONSE TIME 00:00:15

PREPARATION TIME 00:00:03 | RESPONSE TIME 00:00:15

PREPARATION TIME 00:00:03 | RESPONSE TIME 00:00:30

2

**TOEIC Speaking**

## Economic Theory Seminar

March 15

Bennett Lecture Hall, Midland University

| Time | Topic of Lectures | Presenter |
|---|---|---|
| 8:30-9:30 A.M. | Supply Network Formation | Dr. Hannah Teller |
| 9:30-10:30 A.M. | Understanding the Value of Data | Dr. Emma Kim |
| 10:30-11:30 A.M. | Monopoly Regulation | Dr. David Gonzalez |
| 11:30 A.M.-12:30 P.M. | Statistical Method Exploration | Dr. Lynn Rakus |
| 12:30-1:30 P.M. | Lunch | |
| 1:30-2:30 P.M. | Data and Analytics | Dr. Jack Roberts |
| 2:30-3:30 P.M. | The True Power of Markets | Dr. Rachel Harada |

Registration fee: $75 in advance / $85 on-site

PREPARATION TIME 00:00:45

PREPARATION TIME 00:00:03 | RESPONSE TIME 00:00:15

PREPARATION TIME 00:00:03 | RESPONSE TIME 00:00:15

PREPARATION TIME 00:00:03 | RESPONSE TIME 00:00:30

3

TOEIC Speaking

Rogan Electronics

**Monthly Company Meeting**
**January 19**

| Time | Presentation Topic | Speaker |
| --- | --- | --- |
| 8:00-8:45 A.M. | Store Performance and Upcoming Targets | Ned Jones |
| 8:45-9:30 A.M. | New Products for Demonstration:<br>• Dalton Stereo System<br>• Wayfair Cleaning Robot | Annie Douglas |
| 9:30-10:00 A.M. | IT Services Update | Tim Goldman |
| 10:00-11:00 A.M. | Online Buying Trends | Claire Henry |

PREPARATION TIME
00:00:45

PREPARATION TIME 00:00:03 | RESPONSE TIME 00:00:15

PREPARATION TIME 00:00:03 | RESPONSE TIME 00:00:15

PREPARATION TIME 00:00:03 | RESPONSE TIME 00:00:30

4

**TOEIC Speaking**

## Randall Creative Writing Course Schedule

Courses are held on Fridays, 6:00-8:00 P.M.

| Courses | Difficulty Level | Fee |
|---|---|---|
| Finding Inspiration | Easy | $20 |
| Developing Characters | Easy | $20 |
| Drafting Dialogue | Intermediate | $30 |
| Short Story Writing | Intermediate | $30 |
| Finding Your Writing Voice | Advanced | $50 |
| Revision and Critiquing | Advanced | $50 |
| Novel Writing | Advanced | $50 |

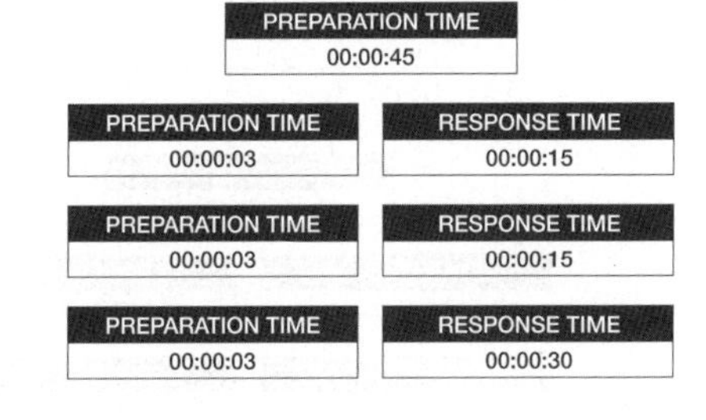

5

TOEIC Speaking

## Social Media Marketing Conference

Roswell Convention Center

One day: $75 Both days: $120

| April 21 | | |
|---|---|---|
| 9 A.M. | Welcoming Remarks | Angela Watson |
| 10 A.M. | Lecture: Focus Group Data | Emily Sanders |
| 11 A.M. | Workshop: Using Social Media Marketing | Mary Brady |
| Noon | Lunch | |
| 1:30 P.M. | Discussion: Trusted Brands | Ryan Kennedy |
| **April 22** | | |
| 9 A.M. | Lecture: Copywriting Tips | Mina Hines |
| 10 A.M. | Lecture: Identifying Target Customers | George Starkey |
| 12:30 P.M. | Lunch | |
| 2 P.M. | Discussion: Creating Viral Content | Emily Sanders |
| 3 P.M. | Workshop: Product Launch Advertising | Anthony King |

PREPARATION TIME 00:00:45

PREPARATION TIME 00:00:03 RESPONSE TIME 00:00:15

PREPARATION TIME 00:00:03 RESPONSE TIME 00:00:15

PREPARATION TIME 00:00:03 RESPONSE TIME 00:00:30

6

**TOEIC Speaking**

## *Sunny Shores Resort*

Activities Available from 9 A.M.-6 P.M.

Sign-ups: Can Be Completed at Resort Front Desk

| Activity Type | Price per Person | Note |
| --- | --- | --- |
| Hike to Ebony Falls | $20 | Swimming by the Falls |
| Beach Horse Riding | $100 | Picnic Included |
| Snorkeling | $50 | Boat Rides |
| Wakeboarding | $70 | Equipment Rentals Required |
| Cooking Class | $50 | Held in Resort Guest Kitchens |
| Hike to Coastal Temple | $20 | Additional Temple Entrance Fee |
| Kayaking | $70 | Mornings Only |

PREPARATION TIME 00:00:45

| PREPARATION TIME | RESPONSE TIME |
| --- | --- |
| 00:00:03 | 00:00:15 |
| 00:00:03 | 00:00:15 |
| 00:00:03 | 00:00:30 |

7

TOEIC Speaking

**San Antonio Language Institute**

550 Smith Street
Spanish Class Schedule: June 1-30
Price: $130 per class

| Time | Day of the Week | Class |
|---|---|---|
| 2:00-4:00 P.M. | Mondays | Introduction to Spanish |
| 4:00-6:00 P.M. | Mondays | Spanish Grammar Basics |
| 3:00-5:00 P.M. | Tuesdays | Conversational Spanish |
| 2:00-4:00 P.M. | Wednesdays | Business Spanish |
| 4:30-6:30 P.M. | Thursdays | Spanish Language and Culture |
| 3:30-5:30 P.M. | Fridays | Academic Writing in Spanish |

**Registration Ends on May 31*

PREPARATION TIME 00:00:45

PREPARATION TIME 00:00:03 | RESPONSE TIME 00:00:15

PREPARATION TIME 00:00:03 | RESPONSE TIME 00:00:15

PREPARATION TIME 00:00:03 | RESPONSE TIME 00:00:30

8

TOEIC Speaking

## 3-day Tour to New York City

**Thursday, April 8**

| | |
|---|---|
| 10:30 A.M.-Noon | Times Square Bus Tour |
| Noon-2:00 P.M. | Break |
| 2:00-4:00 P.M. | Walk to Empire State Building |

**Friday, April 9**

| | |
|---|---|
| 10:00 A.M.-1:00 P.M. | Soho Walking Tour |
| 1:00-5:00 P.M. | Cruise Ride *(Lunch provided)* |
| 5:00-7:00 P.M. | Dinner: New York Pizza on Hudson |

**Saturday, April 10**

| | |
|---|---|
| 10:00-11:30 A.M. | Central Park Bike Tour |
| 11:30 A.M.-5:30 P.M. | Free Time |
| 5:30-7:00 P.M. | Dinner: Oliver's Steakhouse *(Live Piano Music)* |

*The meals included are listed above!*

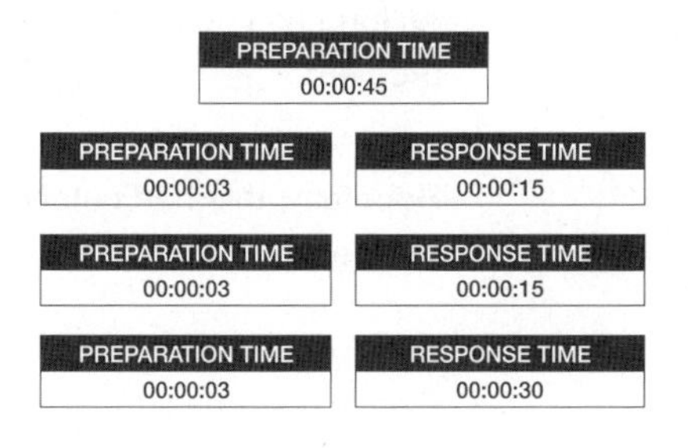


모범답변·해석·해설 p.37

Q89&10_위기탈출표현

Q8-10에서는 표에서 답변에 필요한 정보를 찾기 위해 준비 시간이 더 필요하거나 답변 시간이 남는 상황이 생길 수 있습니다. 이때, 당황하지 말고 위기탈출 표현을 사용해 자연스럽게 말해보세요!

### 준비 시간이 더 필요할 때

| | |
|---|---|
| **잠시만 기다려 주세요** | Hold on for a second please. |
| **정보를 찾는 데 시간이 좀 걸리네요** | I'm sorry, but it may take a while to find the information you're asking for. |
| **~에 대해 물어보신 건가요?** | You've asked for information on ~, right? |

### 답변 시간이 남을 때

| | |
|---|---|
| **꼭 기억하세요** | Make sure you remember this. |
| **이것만 알고 있으면 돼요** | As long as you keep this in mind, you won't have any problem. |
| **도움이 되었으면 해요** | Hopefully, this has helped you get all the information you need. |
| **늦지 마세요** | Please don't be late. |

# Q11

# 의견 제시하기

## Express an Opinion

자신감 UP! 만능 템플릿 & 핵심 표현

실력 UP! 연습 문제

등급 UP! 실전 문제

# Q11 한눈에 보기

## Q11 문제 정보

특정 주제에 대한 질문에 자신의 의견을 밝힌 후 그에 대한 이유와 근거를 말하는 문제

| 문제 번호 | Question 11 | 평가 기준 | □ 발음<br>□ 억양과 강세<br>□ 문법<br>□ 어휘<br>□ 일관성<br>□ 내용의 적절성<br>□ 내용의 완성도 |
|---|---|---|---|
| 문제 수 | 1문제 | | |
| 질문 음성 재생 횟수 | 1회 | | |
| 준비 시간 | 45초 | | |
| 답변 시간 | 60초 | | |

## 출제 경향

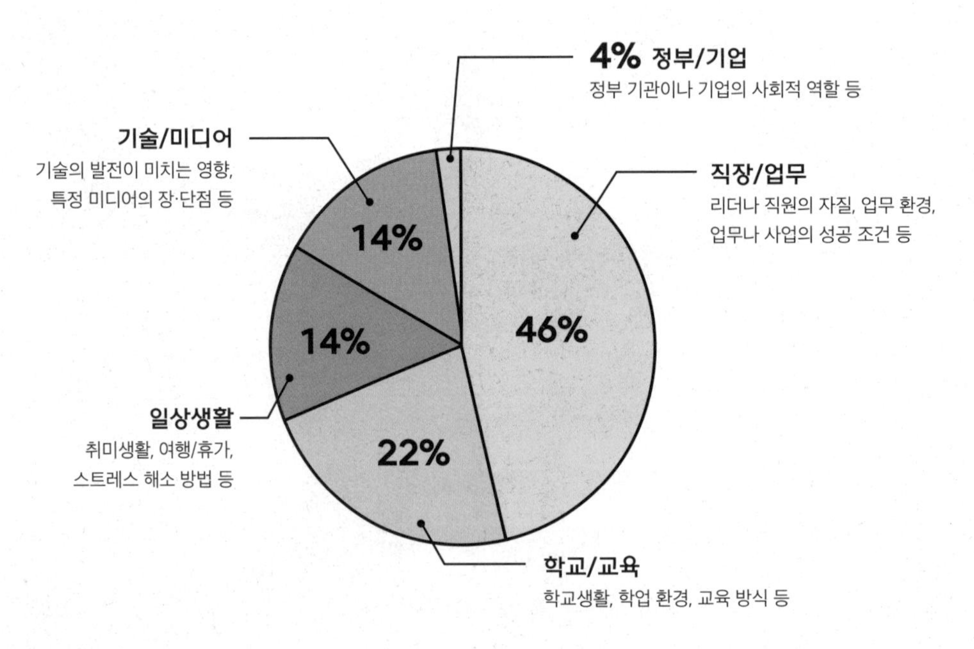


*토익스피킹 최신 100회 시험 출제 경향

## 질문의 종류 및 자주 나오는 내용

| 질문의 종류 | 자주 나오는 내용 |
|---|---|
| 찬반형 질문 | 제시된 진술에 찬성하는지, 반대하는지를 묻는 질문이 나옵니다.<br>예 Do you agree or disagree with the following statement?<br>*High school students should spend more time learning computer skills than studying arts.*<br>다음의 진술에 찬성하나요, 반대하나요?<br>*고등학생들은 예술을 공부하는 것보다 컴퓨터 기술을 배우는 데 더 많은 시간을 써야 한다.* |
| 선택형 질문 | 세 가지 중 가장 중요하게 생각하는 것이나, 두 가지 중 더 선호하는 것을 묻는 질문이 나옵니다.<br>예 Which of the following do you think is the most important quality of an employee?<br>• Patience • Good manners • Positive mindset<br>다음 중 직원의 가장 중요한 자질은 무엇이라고 생각하나요? • 인내심 • 좋은 매너 • 긍정적인 사고 |
| 장·단점 질문 | 어떤 것의 장점이나 단점이 무엇인지를 묻는 질문이 나옵니다.<br>예 What are the advantages of working in a group as opposed to working alone?<br>혼자 일하는 것에 비해 단체로 일하는 것의 장점은 무엇인가요? |

## 학습방법

### 1. 답변에 자주 사용되는 표현을 익혀둡니다.

Q11에서는 "저는 다음의 이유로 ~라는 진술에 찬성합니다.", "우선, ~이기 때문입니다."와 같이 답변할 때 항상 사용되는 표현이 있고, 그 표현에 나의 의견과 이에 대한 이유나 근거를 넣어 말하면 논리적으로 질문에 답변할 수 있습니다. 따라서, 질문에 대한 나의 답변을 논리적으로 말할 수 있도록 답변에 자주 사용되는 표현을 익혀둡니다.

### 2. 주제별로 자주 나오는 질문과 답변 아이디어를 익혀둡니다.

Q11에서는 자주 출제되는 질문의 주제와 주제별로 자주 나오는 질문들이 있습니다. 따라서, 질문을 들으면 이에 대한 적절한 답변 아이디어가 빠르게 떠오를 수 있도록 주제별로 자주 출제되는 질문과 그에 대한 답변 아이디어를 익혀둡니다.

## 시험 진행 순서

### 디렉션

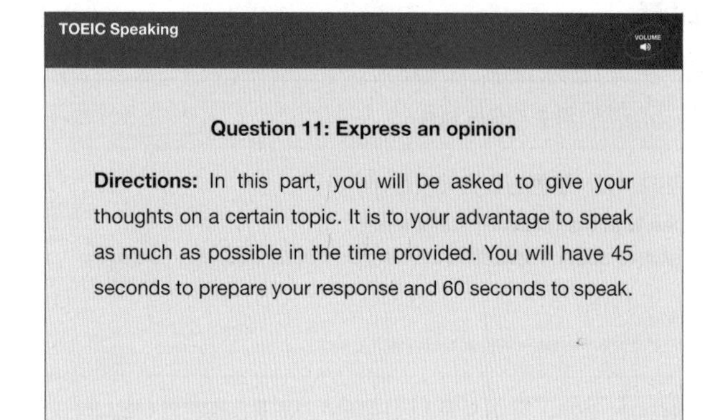


특정 주제에 대한 의견을 말하게 될 것이며, 45초의 준비 시간과 60초의 답변 시간이 주어질 것이라는 디렉션이 음성과 함께 화면에 제시됩니다.

### 질문 제시

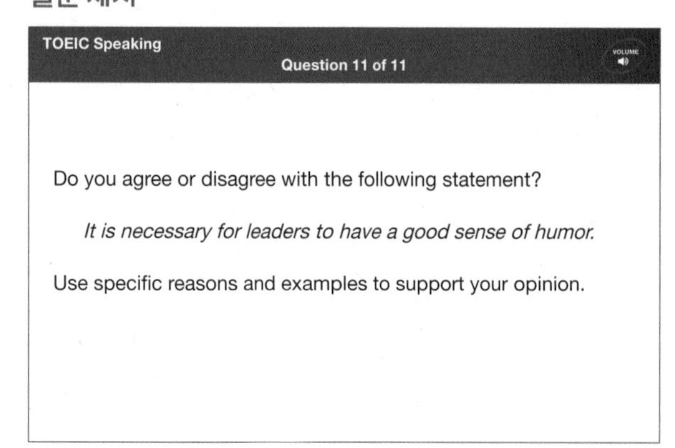


디렉션이 끝난 후, 질문이 음성과 함께 화면에 제시됩니다.

## 준비 시간(45초)

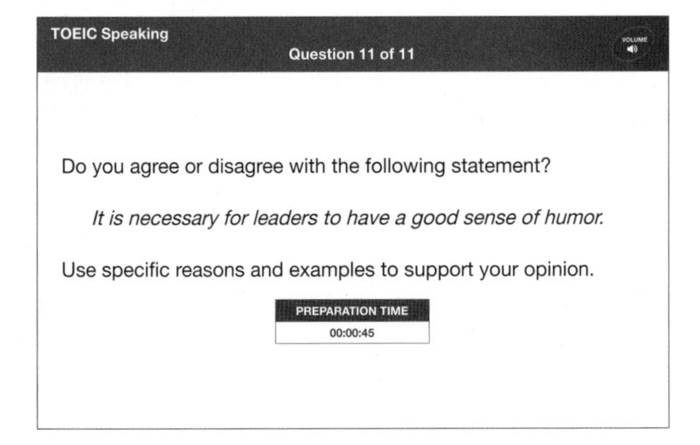


질문 음성이 끝나고, 'Begin preparing now.'라는 음성이 나온 후 바로 45초의 준비 시간이 시작됩니다.

*** 시간 활용 Tip**

말할 거리가 더 많이 떠오르는 것을 나의 의견으로 정하고, Scratch Paper에 키워드로 답변 아이디어를 적습니다.

**예)**

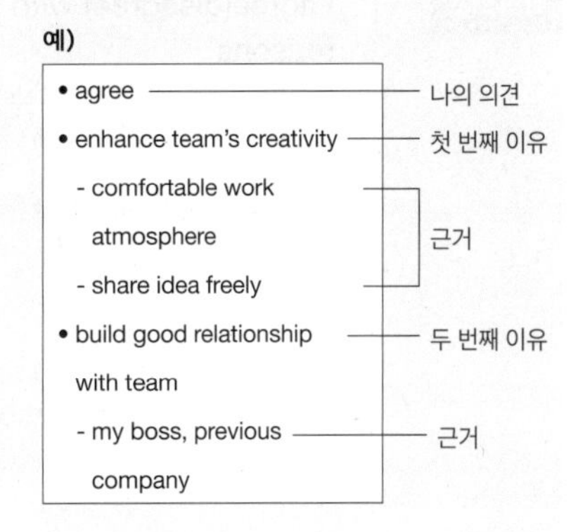


## 답변 시간(60초)

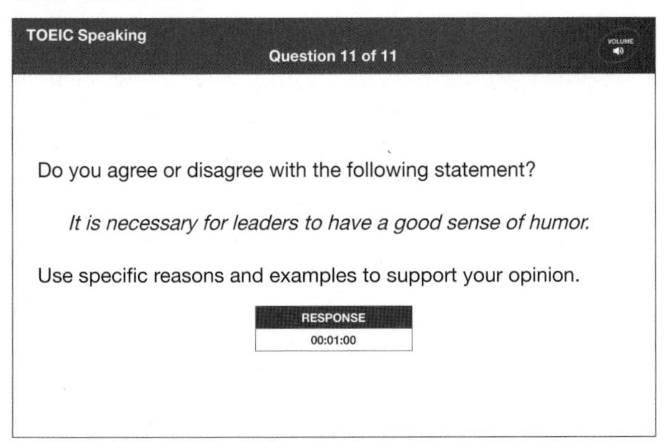


준비 시간이 끝나고, 'Begin speaking now.'라는 음성이 나온 후 60초의 답변 시간이 시작됩니다.

자신감 UP!

# 만능 템플릿 & 핵심 표현

## Q11 | 만능 템플릿

**나의 의견**

[찬반형 질문일 때]

I agree(disagree) with the statement that [질문 표현] for the following reasons.

저는 다음의 이유로 ~라는 진술에 찬성합니다(반대합니다).

[선택형 질문일 때]

I prefer/believe that [질문 표현] for the following reasons.

저는 다음의 이유로 ~을 선호합니다/~라고 생각합니다.

[장·단점 질문일 때]

I think that there are many advantages(disadvantages) to [질문 표현] for the following reasons.

저는 다음의 이유로 ~에 많은 장점(단점)이 있다고 생각합니다.

**첫 번째 이유**

First of all, this is because [첫 번째 이유]

우선, ~이기 때문입니다

**근거**

To be specific, [첫 번째 이유에 대한 구체적인 설명]

구체적으로 말하면, ~

또는

For example, [첫 번째 이유와 관련된 예시/경험]

예를 들어, ~

**두 번째 이유**

Another reason is that [두 번째 이유]

다른 이유는 ~라는 것입니다

**근거**

Specifically speaking, [두 번째 이유에 대한 구체적인 설명]

자세히 말하면, ~

또는

For instance, [두 번째 이유와 관련된 예시/경험]

예를 들어, ~

**마무리**

For these reasons, I think/prefer [나의 의견]

이러한 이유로, 저는 ~라고 생각합니다/~을 선호합니다

템플릿 적용 예시 Q11_템플릿적용예시

Do you agree or disagree with the following statement?

*It is necessary for team leaders to have a good sense of humor.*

Use specific reasons and examples to support your opinion.

나의 의견 I agree with the statement that it is necessary for team leaders to have a good sense of humor for the following reasons.

첫 번째 이유 First of all, this is because team leaders can enhance their team's creativity by using humor.

근거 To be specific, humor creates a comfortable work atmosphere where people can ask questions and share ideas freely.

두 번째 이유 Another reason is that this will allow team leaders to build good relationships with their team members.

근거 For instance, I enjoyed working with my humorous boss at my previous company, and we achieved excellent results through our great team work.

마무리 For these reasons, I think it is important for team leaders to have a good sense of humor.

**해석** | 다음 진술에 찬성하나요, 반대하나요?
*팀 리더들은 훌륭한 유머 감각을 가져야 한다.*
당신의 의견을 뒷받침하기 위해 구체적인 이유와 예시를 사용하세요.

저는 다음의 이유로 팀 리더들은 좋은 유머 감각을 가져야 한다는 진술에 찬성합니다. 우선, 그것은 리더들이 유머를 사용함으로써 팀의 창의력을 증진시킬 수 있기 때문입니다. 구체적으로 말하면, 유머는 사람들이 질문하고 의견을 자유롭게 공유할 수 있는 편안한 근무 분위기를 조성합니다. 다른 이유는 이것이 팀 리더들이 그들의 팀원들과 좋은 관계를 구축할 수 있게 해주는 것입니다. 예를 들어, 저는 이전 회사에서 유머러스한 상사와 함께 일해서 즐거웠고, 우리는 훌륭한 팀워크를 통해 뛰어난 결과를 얻을 수 있었습니다. 이러한 이유로, 저는 팀 리더들이 좋은 유머 감각을 가지는 것은 중요하다고 생각합니다.

## Q11 | 핵심표현 - 답변 아이디어

Q11_핵심표현

질문을 들으면 바로 질문에 적절한 나의 의견과 그에 대한 이유 및 근거가 떠오를 수 있도록 주제별로 자주 나오는 질문과 그에 대한 답변 아이디어를 익혀두세요.

### 직장/업무

**Q 문제 해결 능력이 리더의 가장 중요한 자질이라는 의견에 찬성하나요?**

| | | |
|---|---|---|
| 나의 의견 | 찬성함 | I agree with the statement that problem-solving skills are the most important ability for a leader. |
| 첫 번째 이유 | 리더들은 매일 문제에 직면함 | Leaders face problems on a daily basis. |
| 근거 | 예기치 못한 상황에 유연하고 신속하게 대처하는 것은 중요함 | Responding flexibly and quickly to unexpected situations is a crucial part of their job description. |
| 두 번째 이유 | 팀원들의 부담을 줄여줌 | A leader with good problem-solving skills can make team members feel less burdened. |
| 근거 | 팀원들이 실수한 경우 리더가 해결 방법을 알려줄 수 있음 | They can tell team members how to solve problems when they make mistakes. |

**Q 팀으로 일하는 것의 장점은 무엇인가요?**

| | | |
|---|---|---|
| 나의 의견 | 많은 장점이 있음 | I think there are many advantages to working in a team. |
| 첫 번째 이유 | 더 나은 결과로 이어짐 | Working in a team tends to lead to better results. |
| 근거 | 서로의 단점을 보완해서 더 나은 성과를 낼 수 있음 | Team members can make up for each other's shortcomings, resulting in better performance. |
| 두 번째 이유 | 팀원들로부터 도움을 받을 수 있음 | By working in a team, people can receive support from team members. |
| 근거 | 업무에 대한 조언이나 도움을 요청할 수 있음 | They can ask other team members for advice or assistance with assignments. |

## Q 다음 중 프로젝트의 성공에 있어서 가장 중요한 요소는 무엇인가요?
• 능력 있는 팀원 • 잘 짜인 계획 • 충분한 보상

| | | |
|---|---|---|
| 나의 의견 | 잘 짜인 계획 | I believe that a well-organized plan is the most important factor in a project's success. |
| 첫 번째 이유 | 더 효율적으로 일할 수 있음 | It helps team members work more efficiently. |
| 근거 | 주의를 뺏기지 않고 일에 집중할 수 있음 | They can concentrate on what needs to get done instead of being distracted. |
| 두 번째 이유 | 시행착오를 줄여줌 | It helps reduce unexpected trial and error. |
| 근거 | 문제 상황을 예측하고 대안을 미리 준비할 수 있음 | When planning, teams can predict problematic situations and prepare alternatives for them in advance. |

## Q 다음 중 직원들이 갖춰야 할 가장 중요한 자질은 무엇인가요?
• 좋은 매너 • 인내심 • 긍정적인 사고

| | | |
|---|---|---|
| 나의 의견 | 긍정적인 사고 | I believe that a positive mindset is the most important quality for an employee to have. |
| 첫 번째 이유 | 좋은 근무 환경을 만들어줌 | It helps to make a good work environment. |
| 근거 | 긍정적인 사람들은 주변의 사람들을 기분 좋게 해줌 | Positive people can put other people around them in a good mood. |
| 두 번째 이유 | 일하면서 겪는 어려움을 잘 이겨냄 | Positive people are better at getting through challenges they face at work. |
| 근거 | 정신적으로 더 강하고 쉽게 포기하지 않음 | They tend to be mentally stronger and less likely to give up so readily. |

## Q 팀의 리더로 일하는 것의 단점은 무엇인가요?

| | | |
|---|---|---|
| 나의 의견 | 여러 단점이 있음 | I think there are many disadvantages to working as a team leader. |
| 첫 번째 이유 | 많은 책임이 요구됨 | Being a team leader requires a lot of responsibility. |
| 근거 | 일이 잘못되면 가장 먼저 비난받는 경향이 있음 | They are likely to be the first ones to be blamed if something goes wrong. |
| 두 번째 이유 | 많은 시간이 듦 | It's much more time-consuming. |
| 근거 | 자신의 업무 외에도 추가로 해야 하는 일이 많음 | Leaders have to spend much time on extra work as well as their own assignments. |

## Q 급여가 직업을 선택하는 가장 중요한 기준이어야 한다는 의견에 찬성하나요?

| | | |
|---|---|---|
| 나의 의견 | 반대함 | I disagree with the statement that salary is the most important consideration when choosing a job. |
| 첫 번째 이유 | 업무가 적성에 맞는지가 더 중요함 | Whether I have an aptitude for the job is more important to me. |
| 근거 | 전공이나 관심사와 관련된 일을 하면 더 즐길 수 있음 | If I could do work that is more related to my major or interest, I would be more likely to enjoy it. |
| 두 번째 이유 | 돈을 버는 것이 회사에 다니는 유일한 이유는 아님 | Making money is not the only reason I go to work. |
| 근거 | 직장에서 인정받지 못한다면 급여가 높아도 행복하지 않을 것임 | If I can't gain recognition at work, I won't be happy even with a high salary. |

## 학교/교육

### Q 학생들에게 있어서 야외 활동을 하는 것은 중요하다는 의견에 찬성하나요?

| | | |
|---|---|---|
| 나의 의견 | 찬성함 | I agree with the statement that it is important for students to spend time outside. |
| 첫 번째 이유 | 학생들의 건강을 향상함 | Taking part in outdoor activities improves students' health. |
| 근거 | 걷고 뛰는 것과 같은 많은 운동을 하게 됨 | Spending time outside usually involves doing a lot of exercises like walking and running. |
| 두 번째 이유 | 스트레스를 덜 느끼게 해줌 | Outdoor activities can make students feel less stressed. |
| 근거 | 등산할 때 긴장을 풀고 학교에 대한 걱정을 덜 하게 됨 | Hiking in the mountains helped me to relax and worry less about school. |

### Q 학생들이 예체능 수업을 듣는 것은 중요하다는 의견에 찬성하나요?

| | | |
|---|---|---|
| 나의 의견 | 찬성함 | I agree with the statement that it is important for students to take arts and P.E. classes. |
| 첫 번째 이유 | 창의력을 향상하는 데 도움이 됨 | These classes can help enhance creativity. |
| 근거 | 상상력을 사용하고 감정을 표현할 수 있게 해줌 | They give students a chance to use their imaginations and express their feelings. |
| 두 번째 이유 | 새로운 관심사를 찾을 수 있음 | These classes provide an opportunity to develop new interests. |
| 근거 | 학생 시절에 미술 수업을 통해 그림 그리기를 즐겨한다는 것을 깨달음 | Art classes I took as a student showed me that I really enjoy drawing. |

Q 다음 중 학습 효과를 높이는 가장 좋은 방법은 무엇인가요?
• 1대1 학습 제공 • 수업 시간 연장 • 디지털 기기 활용

| | | |
|---|---|---|
| 나의 의견 | 1대1 학습 제공 | I believe that providing one-on-one teaching is the best way to improve the quality of education. |
| 첫 번째 이유 | 자신의 속도에 맞춰 공부할 수 있음 | It allows students to learn at their own speed. |
| 근거 | 남들보다 뒤처지는 것에 대해 걱정하지 않아도 됨 | They don't have to worry about falling behind. |
| 두 번째 이유 | 선생님의 도움을 받기 더 쉬움 | With one-on-one teaching, it is easier for students to get help from the teacher. |
| 근거 | 선생님과 단둘이 있으면 더 편하게 질문할 수 있음 | Students will feel more comfortable asking questions if they are alone with a teacher. |

Q 현장 학습을 할 때, 박물관을 방문하는 것과 스포츠 경기를 관람하는 것 중 어느 것이 학생들에게 더 도움이 된다고 생각하나요?

| | | |
|---|---|---|
| 나의 의견 | 박물관을 방문하는 것 | I believe that visiting a museum will provide more benefits to students. |
| 첫 번째 이유 | 교과 과목을 더 재미있게 배울 수 있음 | It is an entertaining way to learn school subjects. |
| 근거 | 재미있는 교육 프로그램들을 제공함 | They provide fun educational programs like tours and videos. |
| 두 번째 이유 | 교실에서 배울 수 없는 것을 배울 기회를 줌 | It gives students a chance to learn things they cannot learn in the classroom. |
| 근거 | 직접 보고 느끼면서 더 많은 것을 배울 수 있음 | They can learn more by engaging in visual and hands-on learning. |

### Q 학교는 학생들에게 자판기를 제공해야 한다는 의견에 찬성하나요?

| | | |
|---|---|---|
| 나의 의견 | 찬성함 | I agree with the statement that schools should provide students with vending machines. |
| 첫 번째 이유 | 건강에 좋은 간식을 제공하기 위해 자판기를 사용할 수 있음 | Schools can use vending machines to offer healthy snacks. |
| 근거 | 자판기로 영양가 있는 음식을 제공할 수 있음 | They can provide nutritious foods like milk, yogurt, and fresh fruits through the machines. |
| 두 번째 이유 | 학교를 위한 추가 수입원을 창출할 수 있음 | The machines can create an additional revenue stream for schools. |
| 근거 | 학교 시설을 개선하는 데 수익을 사용할 수 있음 | The profit can be used to improve school facilities and provide better supplies in classes. |

## 일상생활

### Q 정보를 얻는 방법으로 책을 읽는 것과 인터넷으로 검색하는 것 중 무엇이 더 좋다고 생각하나요?

| | | |
|---|---|---|
| 나의 의견 | 인터넷으로 검색하는 것 | I prefer to find information I need by searching on the Internet. |
| 첫 번째 이유 | 다양한 정보를 빠르게 구할 수 있음 | I can get a wealth of information quickly. |
| 근거 | 단 몇 분 만에 원하는 정보를 찾을 수 있음 | It takes only a few minutes to find hundreds of websites with the information I need. |
| 두 번째 이유 | 언제 어디서든 정보를 찾아볼 수 있음 | Information online is accessible anytime, anywhere. |
| 근거 | 늦은 밤이나 이른 아침에 궁금한 것이 있더라도 답을 찾을 수 있음 | Even if I have a question late at night or early in the morning, I can find the answers online. |

### Q 음악 감상이 스트레스를 해소하는 가장 좋은 방법이라는 의견에 찬성하나요?

| | | |
|---|---|---|
| 나의 의견 | 찬성함 | I agree with the statement that listening to music is the best way to relieve stress. |
| 첫 번째 이유 | 차분하고 편안하게 만들어 줄 수 있음 | It can make you feel calm and peaceful. |
| 근거 | 클래식 음악은 내 마음을 편안하게 해줌 | Classical music helps me to relax my mind whenever I feel stressed. |
| 두 번째 이유 | 주의를 다른 데로 돌릴 수 있음 | Listening to music can be a good distraction. |
| 근거 | 음악에 집중하게 해서 문제로부터 주의를 분산시킬 수 있음 | Focusing on the music can distract people from thinking about their problems. |

### Q 여행을 간다면 유명한 관광 명소와 잘 알려지지 않은 장소 중 어디를 더 가고 싶나요?

| | | |
|---|---|---|
| 나의 의견 | 유명한 관광 명소 | I prefer to go to famous tourist spots when I go on a trip. |
| 첫 번째 이유 | 볼거리와 놀거리가 더 많음 | They tend to have more things to see and do. |
| 근거 | 유명한 박물관, 미술관, 공연들이 있음 | They are likely to have more famous museums, galleries, and shows. |
| 두 번째 이유 | 정보가 많아서 더 쉽게 여행 계획을 세울 수 있음 | It's easier to plan the trip since there is more information about the place. |
| 근거 | 나는 파리 여행 계획을 세울 때 많은 온라인 후기를 찾을 수 있었음 | It was very easy to plan my trip to Paris because there were many reviews online about the city. |

## 기술/미디어

### Q 휴대폰이 다른 발명품보다 사람들의 생활에 많은 영향을 미쳤다는 의견에 찬성하나요?

| | | |
|---|---|---|
| 나의 의견 | 찬성함 | I agree with the statement that cell phones have had more impact on our lives than other inventions. |
| 첫 번째 이유 | 다른 사람들과 더 쉽게 연락할 수 있게 해줌 | Cell phones make it easier for people to stay in contact. |
| 근거 | 해외에 사는 사람들과도 쉽게 실시간으로 소통할 수 있음 | With the help of cell phones, communication can happen easily and in real-time, even with people who live abroad. |
| 두 번째 이유 | 일상생활에 유용한 많은 기능을 가지고 있음 | It has many functions useful in day-to-day life. |
| 근거 | 은행 업무 및 길 찾기와 같은 많은 일상 업무를 수행하는 데 사용될 수 있음 | It can be used to perform many daily tasks like banking and navigating. |

### Q 신문이 뉴스를 접하는 가장 좋은 방법이라는 의견에 찬성하나요?

| | | |
|---|---|---|
| 나의 의견 | 찬성함 | I agree with the statement that reading a newspaper is the best way to get news. |
| 첫 번째 이유 | 신뢰할 수 있음 | Newspapers are one of the most trusted news sources. |
| 근거 | 전문 기자들이 작성해서 더 신뢰할 수 있다고 생각함 | They are mostly written by professional journalists, so people tend to think they are more reliable. |
| 두 번째 이유 | 깊이 있고 자세한 정보를 얻을 수 있음 | People can get in-depth and detailed stories from newspapers. |
| 근거 | 다른 의견에 대한 인용문이나 견해와 같은 구체적인 정보를 제공함 | They often include details like quotes and ideas from people with different opinions. |

## 정부/기업

### Q 스포츠 프로그램을 정부와 기업 중 누가 지원해야 한다고 생각하나요?

| | | |
|---|---|---|
| 나의 의견 | 정부 | I believe that the government should be responsible for funding sports programs. |
| 첫 번째 이유 | 수익성과 관계없이 계속 진행되도록 보장함 | It will ensure that the programs continue no matter their profitability. |
| 근거 | 기업은 수익성이 없다면 지원하지 않기로 결정할 수도 있음 | Private companies might decide not to fund unprofitable programs. |
| 두 번째 이유 | 더 많은 사람들이 즐길 수 있음 | More people can enjoy them this way. |
| 근거 | 저렴한 가격으로 이용할 수 있어서 많은 사람들이 참여할 수 있음 | Government-funded programs are mostly offered at a cheap price, so many people can take part. |

### Q 정부는 친환경 정책을 시행하기 위해 더 많은 투자를 해야 한다는 의견에 찬성하나요?

| | | |
|---|---|---|
| 나의 의견 | 찬성함 | I agree with the statement that the government should invest more in eco-friendly policies. |
| 첫 번째 이유 | 오염 수준이 치솟고 있음 | Pollution levels are skyrocketing these days. |
| 근거 | 현재 시행되고 있는 정책으로는 부족함 | Actions in place are not enough. |
| 두 번째 이유 | 최상의 생활 조건을 제공하는 것은 정부의 의무임 | It is the government's duty to provide the best living conditions. |
| 근거 | 모든 시민들이 이 투자로부터 이득을 볼 수 있음 | The investments will benefit every citizen. |

앞에서 배운 만능 템플릿과 핵심 표현을 사용하여 하늘색으로 된 우리말을 영어로 바꾸어 문장을 말해보세요. 그 후 음성을 들으며 두 번씩 따라 말해보세요.

**1.** 저는 다음의 이유로 문제 해결 능력이 리더에게 가장 중요한 자질이라는 진술에 찬성합니다.

_______________ problem-solving skills are the most important skills of a leader ____________.

**2.** 우선, 그것은 우리를 차분하고 편안하게 만들어주기 때문입니다.

___________, _________________ it can make you feel calm and peaceful.

**3.** 자세히 말하면, 그들은 직접 보고 느끼면서 더 많은 것을 배울 수 있습니다.

________________________, they can learn more by engaging in visual and hands-on learning.

**4.** 다른 이유는 자판기가 학교에 추가적인 수입원을 창출해준다는 것입니다.

___________________ vending machines can create an additional revenue stream for schools.

**5.** 우선, 미술이나 음악을 공부하는 것은 창의력을 향상하는 데 도움이 되기 때문입니다.

First of all, this is because studying arts or music can help ____________________.

질문을 듣고 빈칸을 채워 답변해보세요. 그 후 음성을 들으며 두 번씩 따라 말해 보세요.

Do you agree or disagree with the following statement?
*Salary should be the most important consideration when choosing a job.*

**6.** I ____________ with the statement that _________________________ for the following reasons.

저는 다음의 이유로 급여가 직업을 선택하는 가장 중요한 고려 사항이 되어야 한다는 진술에 반대합니다.

**7.** First of all, this is because whether I ____________________ for the job is more important to me.

우선, 저에게 있어서 업무가 적성에 맞는지가 더 중요하기 때문입니다.

모범답변·해석·해설 p.49

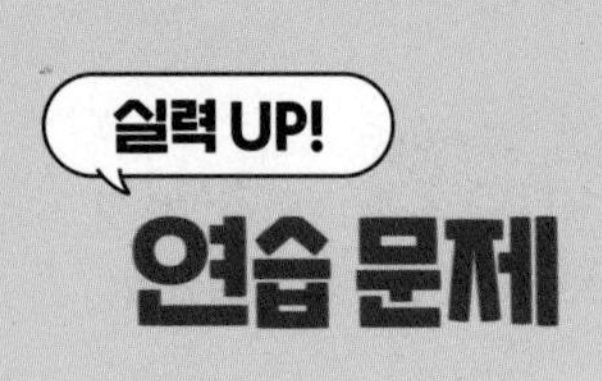

준비 시간 동안 괄호 안의 우리말을 참고해 영어로 의견, 이유 및 근거를 떠올리고 앞에서 배운 만능 템플릿과 핵심 표현을 사용해 질문에 답변해보세요.

**1**

Do you prefer to search on the Internet or to read books when you want to find out more about a new hobby?

Use specific reasons and examples to support your opinion.

**준비 시간** 45초 동안 괄호 안의 우리말을 참고해 영어로 의견, 이유 및 근거를 떠올리기

- 나의 의견 (인터넷으로 검색하는 것)
- 첫 번째 이유 (다양한 정보를 빠르게 구할 수 있음)
- 근거 (단 몇 분 만에 원하는 정보가 있는 수백 개의 웹사이트를 찾을 수 있음)
- 두 번째 이유 (언제 어디서나 이용 가능함)
- 근거 (늦은 밤이나 이른 아침에 질문이 있더라도 답을 찾을 수 있음)

**답변 시간** 60초 동안 떠올린 의견, 이유 및 근거를 템플릿에 넣어 말하기

| | |
|---|---|
| 나의 의견 | I prefer to ______________ when I want to find out more about a new hobby for the following reasons. |
| 첫 번째 이유 | First of all, this is because I can ______________ quickly. |
| 근거 | For example, it takes only ____________ to find hundreds of websites with the ____________ I need. |
| 두 번째 이유 | Another reason is that the information on the Internet is accessible ______________. |
| 근거 | For instance, even if I have a question ______ at night or ______ in the morning, I can ______ the answers ______. |
| 마무리 | For these reasons, I prefer to get information about a hobby by ______ ______________. |

## 2

Do you agree or disagree with the following statement?

*It is important for students to spend time participating in outdoor activities.*

Use specific reasons and examples to support your opinion.

### 준비 시간 45초 동안 괄호 안의 우리말을 참고해 영어로 의견, 이유 및 근거를 떠올리기

- 나의 의견 (찬성함) ____
- 첫 번째 이유 (학생들의 건강을 향상함) ____
- 근거 (밖에서 시간을 보내는 것은 걷고 뛰는 것과 같은 많은 운동을 포함함) ____
- 두 번째 이유 (스트레스를 덜 느끼게 해줌) ____
- 근거 (등산할 때 긴장을 풀고 걱정을 덜 하게 됨) ____

### 답변 시간 60초 동안 떠올린 의견, 이유 및 근거를 템플릿에 넣어 말하기

| | |
|---|---|
| 나의 의견 | I ________ with the statement that ____________________ ____________________ for the following reasons. |
| 첫 번째 이유 | First of all, this is because taking part in outdoor activities ________ ________. |
| 근거 | To be specific, spending time ________ usually involves doing a lot of exercises like ________. |
| 두 번째 이유 | Another reason is that outdoor activities can make students ________ ________. |
| 근거 | For instance, ________ in the mountains helped me to ________ and ________ about school. |
| 마무리 | For these reasons, I think that students should be encouraged to become involved in ________. |

모범답변·해석·해설 p.50

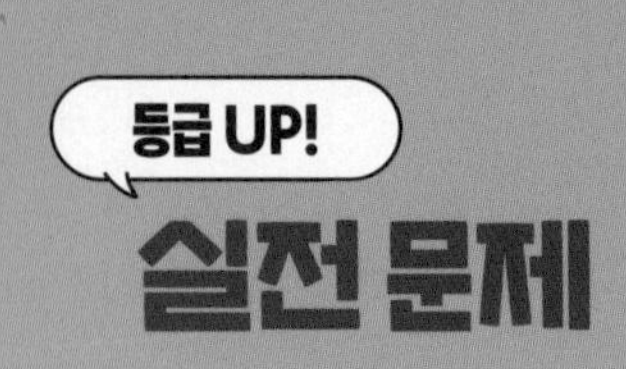

실제로 시험에 응시하는 것처럼, 45초 동안 준비하여 60초 동안 질문에 답변해보세요.

**1**

**TOEIC Speaking**

Which ability do you think is more important for a team leader to have: problem-solving skills or time management skills? Why?

Use specific reasons and examples to support your opinion.

| PREPARATION TIME | RESPONSE TIME |
|---|---|
| 00:00:45 | 00:01:00 |

**2**

**TOEIC Speaking**

Which of the following do you think is the best way to get news?

- Reading news websites
- Reading newspapers
- Watching TV news programs

Choose ONE of the options, and use specific reasons and details to support your opinion.

| PREPARATION TIME | RESPONSE TIME |
|---|---|
| 00:00:45 | 00:01:00 |

**3**

**TOEIC Speaking**

What do you think are the advantages of taking art or music classes in high school?

Use specific reasons and examples to support your opinion.

| PREPARATION TIME | RESPONSE TIME |
| --- | --- |
| 00:00:45 | 00:01:00 |

**4**

**TOEIC Speaking**

Who do you think should be responsible for funding sports programs: the government or private companies? Why?

Use specific reasons and examples to support your opinion.

| PREPARATION TIME | RESPONSE TIME |
| --- | --- |
| 00:00:45 | 00:01:00 |

5

**TOEIC Speaking**

Do you agree or disagree with the statement below? Why or why not?

*There are more advantages to working in a team than working alone.*

Use specific reasons and examples to support your opinion.

| PREPARATION TIME | RESPONSE TIME |
| --- | --- |
| 00:00:45 | 00:01:00 |

6

**TOEIC Speaking**

Some people believe that listening to music is the best form of stress relief. Do you agree or disagree with this statement? Why or Why not?

Use specific reasons and examples to support your opinion.

| PREPARATION TIME | RESPONSE TIME |
| --- | --- |
| 00:00:45 | 00:01:00 |

7

**TOEIC Speaking**

Which of the following do you think is the biggest factor in a project's success?

- A good team leader
- A well-organized plan
- Access to cutting-edge technology

Choose ONE of the options, and use specific reasons and details to support your opinion.

| PREPARATION TIME | RESPONSE TIME |
| --- | --- |
| 00:00:45 | 00:01:00 |

8

**TOEIC Speaking**

Do you agree or disagree with the following statement? Why or why not?

*The invention of cell phones has had a bigger impact on our lives than the invention of cars.*

Use specific reasons and examples to support your opinion.

| PREPARATION TIME | RESPONSE TIME |
| --- | --- |
| 00:00:45 | 00:01:00 |

모범답변·해석·해설 p.52

Q11_위기탈출표현

Q11에서는 답변 중 갑자기 할 말이 떠오르지 않아서 잠시 생각할 시간이 필요하거나 답변 시간이 남는 상황이 생길 수 있습니다. 이때, 당황하지 말고 위기탈출 표현으로 자연스럽게 말해보세요!

### 갑자기 할 말이 떠오르지 않을 때

| | |
|---|---|
| 쉬운 말로 풀어서 설명할게요 | I'm not sure how to put it. Let me try to explain it in simple terms. |
| 영어로 표현하기 어렵네요 | I have so many ideas about this, so it takes a while to put them in English. |
| 다시 요점으로 돌아갈게요 | I realize I've sort of gone off the topic. Let me get back to the point. |

### 답변 시간이 남을 때

| | |
|---|---|
| 이런 상황에 놓인 적이 없어요 | Honestly, I've never been in this kind of situation, so it was hard for me to answer the question. |
| 다른 선택지에 대해 이야기하는 것도 재미있었을 것 같아요 | Now that I think about it, it would also have been fun to talk about other options. |
| 흥미로운 주제였어요 | Never thought I'd say this, but it was really interesting to talk about this topic. |
| 반대 의견도 많겠지만 제 의견을 고수할게요 | Although there are many people who believe the opposite is true, I stand by my response. |

# Actual Test

Actual Test 1

Actual Test 2

Actual Test 3

QR 랜덤 테스트

**잠깐!** 테스트 전 확인 사항

□ 휴대 전화의 전원을 껐습니다.
□ 시간을 체크할 시계가 준비되었습니다.
□ 답변을 녹음할 녹음기가 준비되었습니다.
□ 메모를 위한 종이가 준비되었습니다.

**모두 완료되었으면 실제 시험을 본다는 생각으로 테스트를 시작합니다.**

# Actual Test 1

TOEIC Speaking

CONTINUE 

## Speaking Test Directions

The TOEIC Speaking Test comprises 11 questions and evaluates a wide range of speaking skills. The entire test will take approximately 20 minutes to complete.

**Questions 1-2 <Read a text aloud>**
- Evaluation criteria: pronunciation, intonation, and stress

**Questions 3-4 <Describe a picture>**
- Evaluation criteria: all of the above, plus grammar, vocabulary, and cohesion

**Questions 5-7 <Respond to questions>**
- Evaluation criteria: all of the above, plus relevance of content, and completeness of content

**Questions 8-10 <Respond to questions using information provided>**
- Evaluation criteria: all of the above

**Question 11 <Express an opinion>**
- Evaluation criteria: all of the above

For each question, the amount of time given for preparation and speaking will be clearly stated.

It is to your advantage to speak as much as possible in the allotted time. It is also important to speak clearly and to follow the directions carefully.

Click on **Continue** to go on.

**TOEIC Speaking**

## Questions 1-2: Read a text aloud

**Directions:** In this part, you will be asked to read aloud the text on the screen. You will have 45 seconds to prepare. Then you will have 45 seconds to read the text out loud.

**TOEIC Speaking**

**Question 1 of 11**

And now your weather update. It looks like our long, cold winter is finally over! The five-day forecast shows much warmer temperatures. However, it's not all sunny weather. On Thursday night, there is a strong chance of rain. Expect a major storm, with strong winds, lightning, and even hail.

| PREPARATION TIME | RESPONSE TIME |
| --- | --- |
| 00:00:45 | 00:00:45 |

**TOEIC Speaking**

**Question 2 of 11**

Attention, everyone. The company will be hosting a fundraiser charity event this Saturday at the Logan Center. Your donations will benefit arts, sports, and education programs for local children. If you'd like to participate, you can buy a ticket for ten dollars. We hope to see you there.

| PREPARATION TIME | RESPONSE TIME |
| --- | --- |
| 00:00:45 | 00:00:45 |

TOEIC Speaking

## Questions 3-4: Describe a picture

**Directions:** In this part, you will be asked to describe the picture on the screen in as much detail as possible. You will have 45 seconds to prepare your response. Then you will have 30 seconds to talk about the picture.

TOEIC Speaking

Question 3 of 11

| PREPARATION TIME | RESPONSE TIME |
| --- | --- |
| 00:00:45 | 00:00:30 |

TOEIC Speaking
Question 4 of 11
VOLUME
PREPARATION TIME
00:00:45
RESPONSE TIME
00:00:30

TOEIC Speaking

VOLUME

## Questions 5-7: Respond to questions

**Directions:** In this part, you will be asked to answer three questions. After listening to each question, you will have three seconds to prepare your response. You will have 15 seconds to respond to Questions 5 and 6 and 30 seconds to respond to Question 7.

TOEIC Speaking

VOLUME

Imagine that a film company is doing research in your area. You have agreed to participate in a telephone interview about watching movies.

**TOEIC Speaking**

**Question 5 of 11**

Imagine that a film company is doing research in your area. You have agreed to participate in a telephone interview about watching movies.

**When was the last time you watched a movie, and what genre of movie was it?**

**TOEIC Speaking**

**Question 6 of 11**

Imagine that a film company is doing research in your area. You have agreed to participate in a telephone interview about watching movies.

**Do you usually watch movies at home or at a movie theater? Why?**

RESPONSE TIME
00:00:15

**TOEIC Speaking**

**Question 7 of 11**

Imagine that a film company is doing research in your area. You have agreed to participate in a telephone interview about watching movies.

**Which of the following do you consider the most when choosing a movie to watch?**

- **Online reviews**
- **The director and cast**
- **The trailer**

PREPARATION TIME
00:00:03

RESPONSE TIME
00:00:30

TOEIC Speaking

## Questions 8-10: Respond to questions using information provided

**Directions:** In this part, you will be asked to refer to information on the screen in order to answer three questions. The information will be shown for 45 seconds before you hear the questions. After listening to each question, you will have three seconds to prepare your response. You will have 15 seconds to respond to Questions 8 and 9 and 30 seconds to respond to Question 10. You will hear Question 10 two times.

TOEIC Speaking

Questions 8-10 of 11

### Wintervale Video Game Developers Conference

**June 19**

**Carey Exhibition Center**

| Time | Session / Topic | Presenter |
|---|---|---|
| 9:00-10:00 A.M. | Keynote Presentation: Tips for Independent Developers | Julie White |
| 10:00-11:30 A.M. | Lecture: Scheduling and Workflow | Michael Morris |
| 11:30 A.M.-12:30 P.M. | Lunch Break | |
| 12:30-1:30 P.M. | Game Demonstration: *Bio Journey* | Anna Jensen |
| 1:30-3:30 P.M. | Workshop: Lighting Effects | Sharon Walton |
| 3:30-5:30 P.M. | Presentation: Creating VR Games | Michael Morris |
| 5:30-6:00 P.M. | Closing Remarks: Rewarding Innovation | Alex Ma |

PREPARATION TIME 00:00:45

PREPARATION TIME 00:00:03 | RESPONSE TIME 00:00:15

PREPARATION TIME 00:00:03 | RESPONSE TIME 00:00:15

PREPARATION TIME 00:00:03 | RESPONSE TIME 00:00:30

TOEIC Speaking

## Question 11: Express an opinion

**Directions:** In this part, you will be asked to give your thoughts on a certain topic. It is to your advantage to speak as much as possible in the time provided. You will have 45 seconds to prepare your response and 60 seconds to speak.



TOEIC Speaking

Question 11 of 11

Which quality do you think is more important for employees to have in the workplace: a positive mindset or a lot of patience? Why?

Use specific reasons and examples to support your opinion.

| PREPARATION TIME | RESPONSE TIME |
| --- | --- |
| 00:00:45 | 00:01:00 |

모범답변·해석·해설 p.60

# Actual Test 2

TOEIC Speaking

CONTINUE

## Speaking Test Directions

The TOEIC Speaking Test comprises 11 questions and evaluates a wide range of speaking skills. The entire test will take approximately 20 minutes to complete.

**Questions 1-2 <Read a text aloud>**

- Evaluation criteria: pronunciation, intonation, and stress

**Questions 3-4 <Describe a picture>**

- Evaluation criteria: all of the above, plus grammar, vocabulary, and cohesion

**Questions 5-7 <Respond to questions>**

- Evaluation criteria: all of the above, plus relevance of content, and completeness of content

**Questions 8-10 <Respond to questions using information provided>**

- Evaluation criteria: all of the above

**Question 11 <Express an opinion>**

- Evaluation criteria: all of the above

For each question, the amount of time given for preparation and speaking will be clearly stated.

It is to your advantage to speak as much as possible in the allotted time. It is also important to speak clearly and to follow the directions carefully.

Click on **Continue** to go on.

TOEIC Speaking

## Questions 1-2: Read a text aloud

**Directions:** In this part, you will be asked to read aloud the text on the screen. You will have 45 seconds to prepare. Then you will have 45 seconds to read the text out loud.

TOEIC Speaking

Question 1 of 11

Hello, and welcome to Newport Sunset Sails! This evening's cruise will begin momentarily, but first, I'd like to go over a few rules with everyone quickly. Please keep purses, jackets, and phones away from the sides of the boat to avoid losing any belongings. In addition, running is not allowed while the boat is in motion because it is dangerous. Thank you!

| PREPARATION TIME | RESPONSE TIME |
| --- | --- |
| 00:00:45 | 00:00:45 |

TOEIC Speaking

Question 2 of 11

This summer, the Wilber Community Center will be offering educational seminars every Saturday. Seminar topics will include woodworking, computer programming, and personal finance. All courses are free, but seating will be limited. If you'd like to sign up, visit our Web site or ask in person at the community center.

| PREPARATION TIME | RESPONSE TIME |
| --- | --- |
| 00:00:45 | 00:00:45 |

TOEIC Speaking

## Questions 3-4: Describe a picture

**Directions:** In this part, you will be asked to describe the picture on the screen in as much detail as possible. You will have 45 seconds to prepare your response. Then you will have 30 seconds to talk about the picture.

TOEIC Speaking
Question 4 of 11
VOLUME
PREPARATION TIME
00:00:45
RESPONSE TIME
00:00:30

TOEIC Speaking

VOLUME

## Questions 5-7: Respond to questions

**Directions:** In this part, you will be asked to answer three questions. After listening to each question, you will have three seconds to prepare your response. You will have 15 seconds to respond to Questions 5 and 6 and 30 seconds to respond to Question 7.

TOEIC Speaking

VOLUME

Imagine that a marketing firm is doing research in your area. You have agreed to participate in a telephone interview about cars.

**TOEIC Speaking**

**Question 5 of 11**

Imagine that a marketing firm is doing research in your area. You have agreed to participate in a telephone interview about cars.

**How often do you drive your car, and who do you usually go driving with?**

RESPONSE TIME
00:00:15

**TOEIC Speaking**

**Question 6 of 11**

Imagine that a marketing firm is doing research in your area. You have agreed to participate in a telephone interview about cars.

**If you bought a new car, how long do you think you would keep it for? Why?**

RESPONSE TIME
00:00:15

**TOEIC Speaking**

**Question 7 of 11**

Imagine that a marketing firm is doing research in your area. You have agreed to participate in a telephone interview about cars.

**When buying a car, which of the following would you consider the most?**

- **The design of the model**
- **The popularity of the brand**
- **The features of the product**

PREPARATION TIME
00:00:03

RESPONSE TIME
00:00:30

TOEIC Speaking

## Questions 8-10: Respond to questions using information provided

**Directions:** In this part, you will be asked to refer to information on the screen in order to answer three questions. The information will be shown for 45 seconds before you hear the questions. After listening to each question, you will have three seconds to prepare your response. You will have 15 seconds to respond to Questions 8 and 9 and 30 seconds to respond to Question 10. You will hear Question 10 two times.

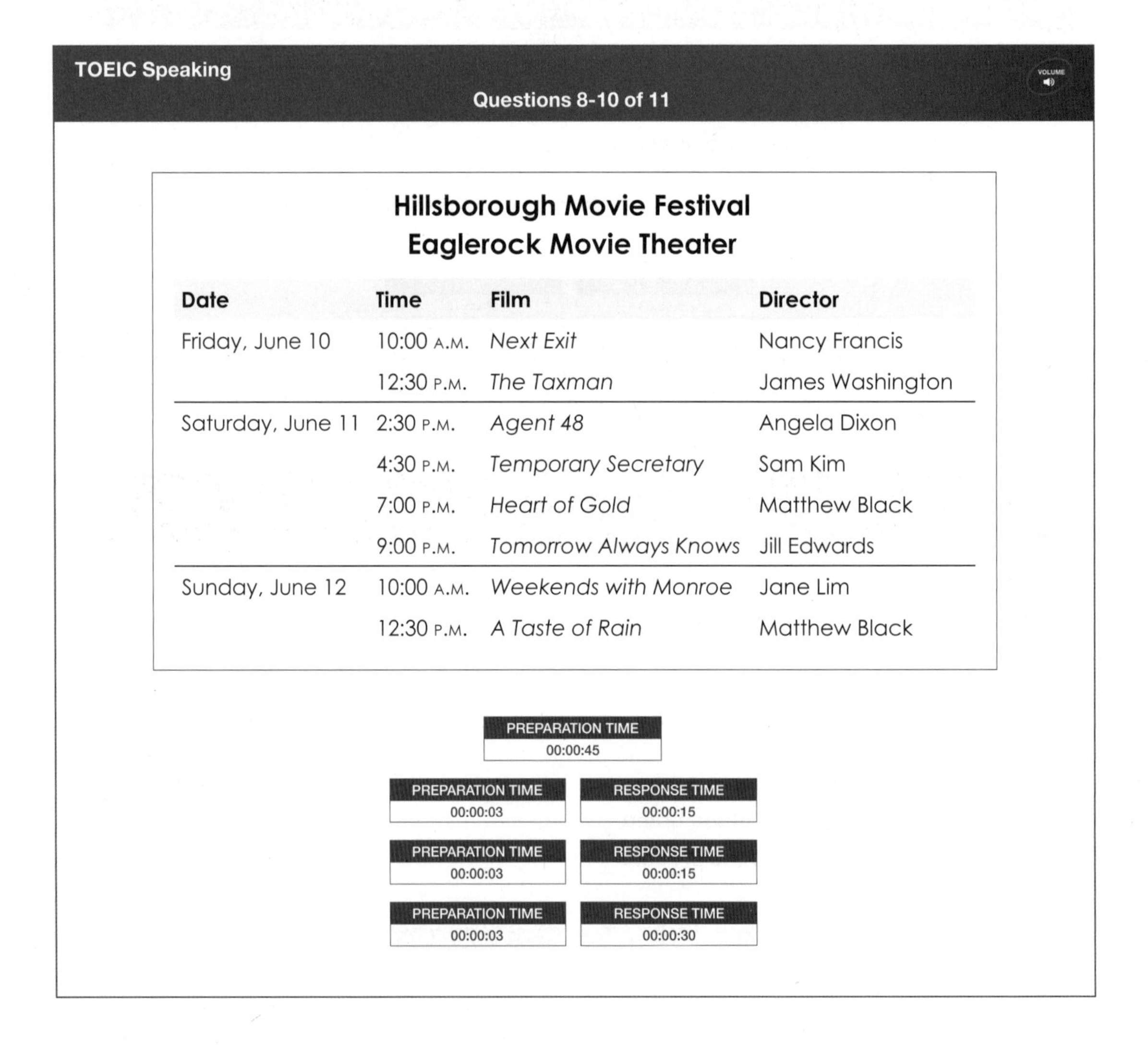

TOEIC Speaking

Questions 8-10 of 11

**Hillsborough Movie Festival**
**Eaglerock Movie Theater**

| Date | Time | Film | Director |
|---|---|---|---|
| Friday, June 10 | 10:00 A.M. | *Next Exit* | Nancy Francis |
| | 12:30 P.M. | *The Taxman* | James Washington |
| Saturday, June 11 | 2:30 P.M. | *Agent 48* | Angela Dixon |
| | 4:30 P.M. | *Temporary Secretary* | Sam Kim |
| | 7:00 P.M. | *Heart of Gold* | Matthew Black |
| | 9:00 P.M. | *Tomorrow Always Knows* | Jill Edwards |
| Sunday, June 12 | 10:00 A.M. | *Weekends with Monroe* | Jane Lim |
| | 12:30 P.M. | *A Taste of Rain* | Matthew Black |

PREPARATION TIME 00:00:45

PREPARATION TIME 00:00:03 | RESPONSE TIME 00:00:15

PREPARATION TIME 00:00:03 | RESPONSE TIME 00:00:15

PREPARATION TIME 00:00:03 | RESPONSE TIME 00:00:30

**TOEIC Speaking**

## Question 11: Express an opinion

**Directions:** In this part, you will be asked to give your thoughts on a certain topic. It is to your advantage to speak as much as possible in the time provided. You will have 45 seconds to prepare your response and 60 seconds to speak.





**TOEIC Speaking**

**Question 11 of 11**

Do you agree or disagree with the following statement?

*Providing one-on-one teaching is the best way for schools to improve the quality of their students' education.*

Use specific reasons and examples to support your opinion.

| PREPARATION TIME | RESPONSE TIME |
| --- | --- |
| 00:00:45 | 00:01:00 |

모범답변·해석·해설 p.67

# Actual Test 3

음성 바로 듣기

TOEIC Speaking

CONTINUE

## Speaking Test Directions

The TOEIC Speaking Test comprises 11 questions and evaluates a wide range of speaking skills. The entire test will take approximately 20 minutes to complete.

**Questions 1-2 <Read a text aloud>**
- Evaluation criteria: pronunciation, intonation, and stress

**Questions 3-4 <Describe a picture>**
- Evaluation criteria: all of the above, plus grammar, vocabulary, and cohesion

**Questions 5-7 <Respond to questions>**
- Evaluation criteria: all of the above, plus relevance of content, and completeness of content

**Questions 8-10 <Respond to questions using information provided>**
- Evaluation criteria: all of the above

**Question 11 <Express an opinion>**
- Evaluation criteria: all of the above

For each question, the amount of time given for preparation and speaking will be clearly stated.

It is to your advantage to speak as much as possible in the allotted time. It is also important to speak clearly and to follow the directions carefully.

Click on **Continue** to go on.

TOEIC Speaking

VOLUME

**Directions:** In this part, you will be asked to read aloud the text on the screen. You will have 45 seconds to prepare. Then you will have 45 seconds to read the text out loud.

TOEIC Speaking

Question 1 of 11

VOLUME

This is Local News Today reporting from the Lakeview annual art fair! Lakeview, home to a large artist community, has been inviting artists to showcase their work every year. The fair's many booths display and sell art pieces such as pottery, paintings, and photographs. This year, the town has also prepared classes where you can make your own pieces.

| PREPARATION TIME | RESPONSE TIME |
| --- | --- |
| 00:00:45 | 00:00:45 |

TOEIC Speaking

Question 2 of 11

VOLUME

Thank you for listening to Easy Housekeeping, a podcast about how to organize your home. Today, we'll be talking about sorting out the tools, food, and tableware in your kitchen. If you focus on one area of the kitchen at a time, you're less likely to lose something in the mess. Organizing might take time, but it's worth it!

| PREPARATION TIME | RESPONSE TIME |
| --- | --- |
| 00:00:45 | 00:00:45 |

TOEIC Speaking

## Questions 3-4: Describe a picture

**Directions:** In this part, you will be asked to describe the picture on the screen in as much detail as possible. You will have 45 seconds to prepare your response. Then you will have 30 seconds to talk about the picture.

TOEIC Speaking

Question 3 of 11

| PREPARATION TIME | RESPONSE TIME |
|---|---|
| 00:00:45 | 00:00:30 |

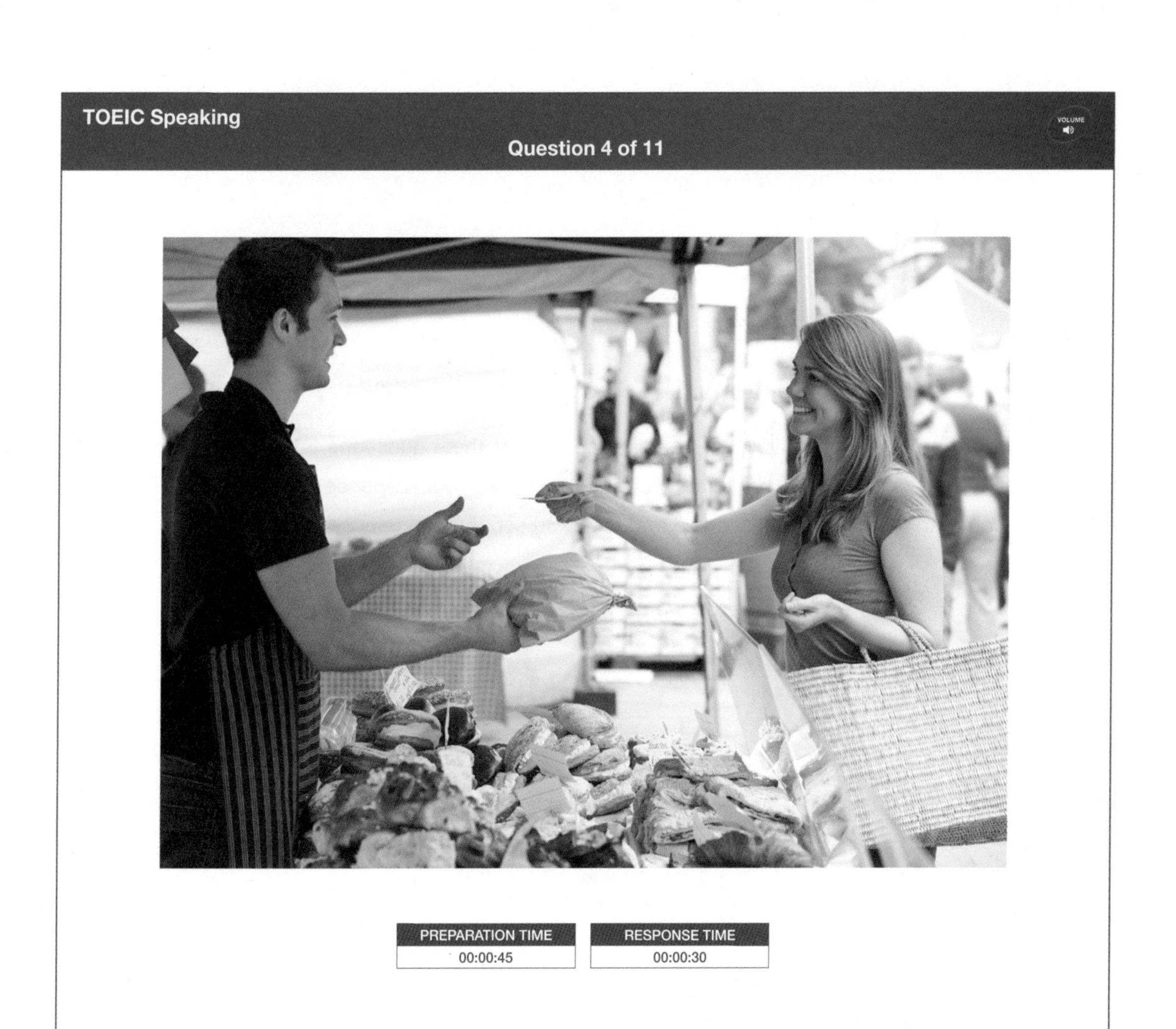
TOEIC Speaking
Question 4 of 11
VOLUME
PREPARATION TIME
00:00:45
RESPONSE TIME
00:00:30

TOEIC Speaking

VOLUME

## Questions 5-7: Respond to questions

**Directions:** In this part, you will be asked to answer three questions. After listening to each question, you will have three seconds to prepare your response. You will have 15 seconds to respond to Questions 5 and 6 and 30 seconds to respond to Question 7.

TOEIC Speaking

VOLUME

Imagine that you are having a telephone conversation with a friend. You are talking about parties.

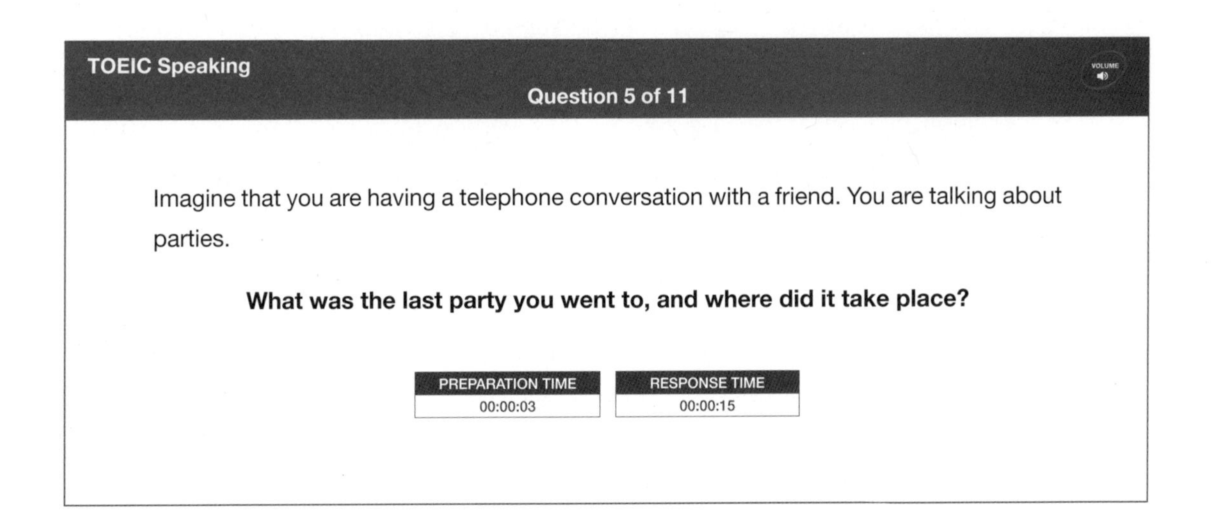
TOEIC Speaking
Question 5 of 11
VOLUME
Imagine that you are having a telephone conversation with a friend. You are talking about parties.
What was the last party you went to, and where did it take place?
PREPARATION TIME
00:00:03
RESPONSE TIME
00:00:15

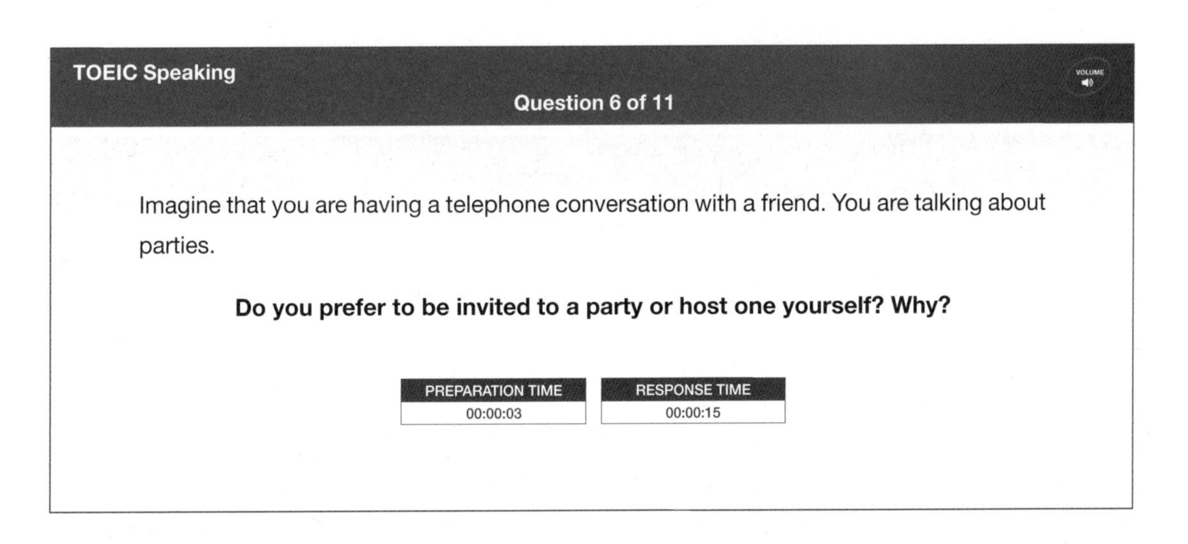
TOEIC Speaking
Question 6 of 11
VOLUME
Imagine that you are having a telephone conversation with a friend. You are talking about parties.
Do you prefer to be invited to a party or host one yourself? Why?
PREPARATION TIME
00:00:03
RESPONSE TIME
00:00:15

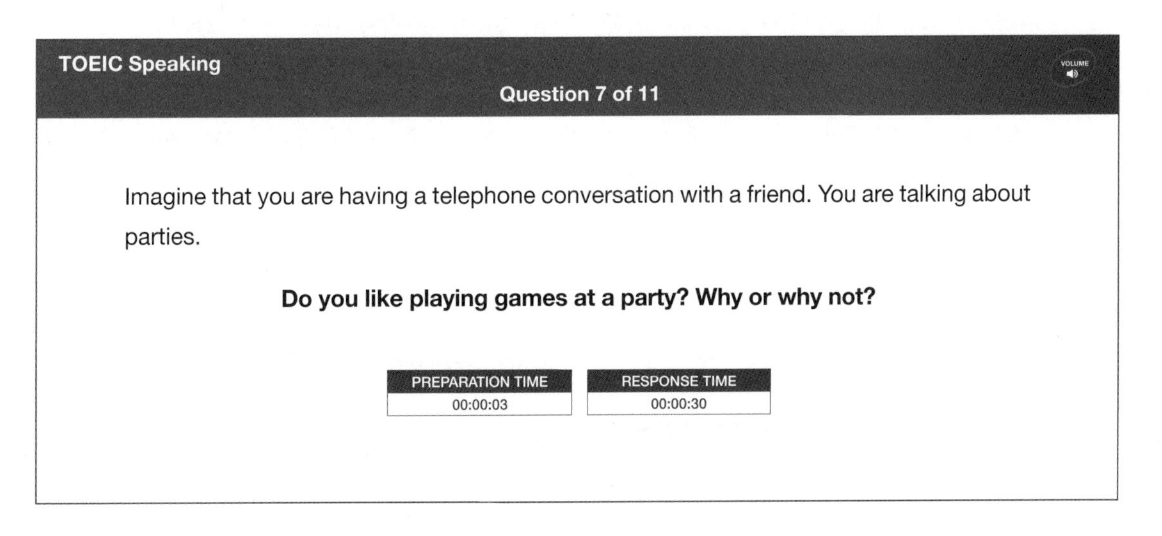
TOEIC Speaking
Question 7 of 11
VOLUME
Imagine that you are having a telephone conversation with a friend. You are talking about parties.
Do you like playing games at a party? Why or why not?
PREPARATION TIME
00:00:03
RESPONSE TIME
00:00:30

TOEIC Speaking

## Questions 8-10: Respond to questions using information provided

**Directions:** In this part, you will be asked to refer to information on the screen in order to answer three questions. The information will be shown for 45 seconds before you hear the questions. After listening to each question, you will have three seconds to prepare your response. You will have 15 seconds to respond to Questions 8 and 9 and 30 seconds to respond to Question 10. You will hear Question 10 two times.

TOEIC Speaking

Questions 8-10 of 11

**The Palm Resort**

Schedule of Job Interviews
Friday, July 10
Location: Oakwood Convention Hall

| Time | Applicant Name | Desired Position | Current Employer |
|---|---|---|---|
| 10:00 A.M. | Gina Harper | Guest Services Agent | Coronado Hotel |
| 11:00 A.M. | Kevin Lewis | Restaurant Supervisor | Red Brick Restaurant Group |
| 1:00 P.M. | Sarah Johnson | Guest Relations Officer | Adventures Travel Agents |
| ~~2:00 P.M.~~ | ~~Mike Garcia~~ *canceled* | ~~Front Desk Manager~~ | ~~Destiny Vacation Rentals~~ |
| 3:00 P.M. | Tim Patel | Restaurant Supervisor | Dean's Catering Company |
| 4:00 P.M. | Kate Davis | Spa Manager | Mountain Summit Spa |
| 5:00 P.M. | Lisa Anderson | Receptionist | The Downtowner Inn |

PREPARATION TIME 00:00:45

PREPARATION TIME 00:00:03 | RESPONSE TIME 00:00:15

PREPARATION TIME 00:00:03 | RESPONSE TIME 00:00:15

PREPARATION TIME 00:00:03 | RESPONSE TIME 00:00:30

TOEIC Speaking

## Question 11: Express an opinion

**Directions:** In this part, you will be asked to give your thoughts on a certain topic. It is to your advantage to speak as much as possible in the time provided. You will have 45 seconds to prepare your response and 60 seconds to speak.

TOEIC Speaking

Question 11 of 11

Some people argue that elementary schools should provide students with vending machines that sell snacks and drinks. Do you agree or disagree with this statement? Why or Why not?

Use specific reasons and examples to support your opinion.

| PREPARATION TIME | RESPONSE TIME |
| --- | --- |
| 00:00:45 | 00:01:00 |



모범답변·해석·해설 p.73

교재에 수록된 문제를 실전처럼 풀어보는

# QR 랜덤 테스트

## 프로그램 이용 방법

### 실제 시험처럼 풀어보기

실제 토익스피킹 시험과 동일한 화면에서 Q1~11까지 총 11문제로 구성된 모의고사 문제를 풀어볼 수 있습니다. QR 코드를 스캔할 때마다 교재 내 문제들로 새롭게 조합된 모의고사 1회분이 나옵니다. 또한, 각 문제에 대한 모범답변이 제공되므로 문제를 풀어본 후 자신의 답변을 모범답변과 비교하여 실력 점검 및 실전 대비가 가능합니다.

### 문제 번호별로 풀어보기

원하는 문제 번호의 문제만 따로 풀어보며 취약한 부분을 집중적으로 복습할 수 있습니다. 문제는 본 교재에 수록된 문제들 중 무작위로 출제되며, 모든 문제에 모범답변이 제공되므로 모범답변을 들어보며 개선이 필요한 부분을 찾고, 반복해서 연습하며 확실하게 실력을 키울 수 있습니다.

## 프로그램 화면 안내

### 듣기 음량 테스트 및 녹음 테스트

- 본격적인 문제 풀이에 앞서, 음량을 조절합니다.
- 음량 조절을 마치면 녹음 테스트 화면이 제시됩니다.
- 화면의 지시에 따라 녹음 테스트를 진행하고 녹음이 잘 되는지 확인합니다.

### 시험 진행

- 실제 시험을 친다는 생각으로 제시되는 디렉션을 따라 문제를 풀어봅니다.

### 답변 듣고 복습하기

- 나의 답변과 모범답변을 비교하며 들어봅니다.
- 모범답변·해석·해설에서 모범답변과 해석, 그리고 답변 TIP을 확인합니다.

# QR 랜덤 테스트 풀어보기

**TOEIC Speaking**

## 실제 시험처럼 풀어보기

실제 시험처럼 Q1~11까지 총 11문제로 구성된 모의고사를 풀어볼 수 있습니다. 문제는 본 교재에 수록된 문제들이 무작위로 조합되어 출제됩니다.

Q1-11

## 문제 번호별로 풀어보기

원하는 문제 번호의 문제만 따로 풀어보며 취약한 부분을 집중적으로 복습할 수 있습니다. 문제는 본 교재에 수록된 문제들 중 무작위로 출제됩니다.

Q1-2 풀어보기

Q3-4 풀어보기

Q5-7 풀어보기

Q8-10 풀어보기

Q11 풀어보기

# MEMO

# MEMO

# MEMO

# 만능 템플릿과 위기탈출 표현으로 해커스 토익 스피킹 5일 완성

**초판 4쇄 발행 2024년 7월 22일**
초판 1쇄 발행 2022년 9월 8일

| | |
|---|---|
| **지은이** | 해커스 어학연구소 |
| **펴낸곳** | ㈜해커스 어학연구소 |
| **펴낸이** | 해커스 어학연구소 출판팀 |
| **주소** | 서울특별시 서초구 강남대로61길 23 ㈜해커스 어학연구소 |
| **고객센터** | 02-537-5000 |
| **교재 관련 문의** | publishing@hackers.com |
| **동영상강의** | HackersIngang.com |
| **ISBN** | 978-89-6542-496-3 (13740) |
| **Serial Number** | 01-04-01 |

만능 템플릿과 위기탈출 표현으로

# 해커스 토익 스피킹 5일 완성

# 모범답변 · 해석 · 해설

# 만능 템플릿과 위기탈출 표현으로 해커스 토익 스피킹 5일 완성

# 모범답변 · 해석 · 해설

해커스 어학연구소

# Q1-2 지문 읽기

## 자신감 UP! 만능 전략 & 핵심 공략

### Check up  Q1&2_Checkup

p.23

**1.** [방송]

Welcome to **Kevin's Kitchen.**↘ // Today, / we'll be making **pepper pasta.**↘ // All you **need** is some **spaghetti,**↗ / **fresh** black **pepper,**↗ / and **parmesan cheese.**↘ // After **boiling** the **pasta,** / you'll **mix** all the **ingredients** together in a pan.↘ // When we **come back** from the **commercial** break, / I'll **show** you my **technique.**↘ //

Kevin의 주방에 오신 걸 환영합니다. 오늘 우리는 후추 파스타를 만들 것입니다. 스파게티, 신선한 검은 후추, 그리고 파마산 치즈만 있으면 됩니다. 파스타를 끓이고 나면 모든 재료를 팬에 넣고 섞을 것입니다. 광고 후 다시 돌아오면 제 기술을 보여드리겠습니다.

어휘 pepper[pépər] 후추 boil[bɔil] (물이나 액체를) 끓이다 ingredient[ingrí:diənt] 재료, 성분 commercial[kəmə́:rʃəl] 광고 technique[tekní:k] 기술, 기법

**2.** [광고]

**Dreezy Flexy Sports** is having a **yearly** winter **sale** beginning **next week.**↘ // **Customers** can purchase **sports clothes,**↗ / **shoes,**↗ / and **equipment** / for up to **fifty** percent off.↘ // If you're interested in more **special offers,**↗ / **sign up** for our **membership** at the **register.**↘ // We hope to see you **soon!**↗ //

Dreezy Flexy 스포츠는 다음 주부터 연례 겨울 할인 행사를 시작할 것입니다. 고객들은 스포츠 의류, 신발, 그리고 장비를 최대 50퍼센트 할인된 가격에 구매할 수 있습니다. 더 많은 특별 혜택에 관심이 있으시다면 등록소에서 회원 가입해 주십시오. 저희는 여러분과 곧 뵙기를 바랍니다!

어휘 yearly[jíərli] 연례의, 연간의 purchase[pə́:rtʃəs] 구매하다, 구입하다 register[rédʒistər] 등록소, 등록기

## 3. [안내/공지]

| | |
|---|---|
| On behalf of the **entire Bayview Orchestra**, / I want to welcome you. // In a moment, / we'll **begin** the performance. // Our **program** tonight will **include** pieces by **German**, / **Italian**, / and **French** composers. // I'll introduce each briefly, / but please read the distributed brochure if you want **more** details. // | Bayview 오케스트라 전체를 대표하여 여러분을 환영합니다. 잠시 후에 공연을 시작하겠습니다. 오늘 밤 우리의 프로그램은 독일, 이탈리아, 그리고 프랑스 작곡가의 곡들을 포함할 것입니다. 제가 각각을 간략하게 소개하겠지만, 더 자세한 내용을 알고 싶으시면 나눠드린 안내 책자를 읽어주시길 바랍니다. |

**어휘** on behalf of ~을 대표하여, ~을 대신하여 briefly[brí:fli] 간략하게, 간단히 distribute[distríbju:t] 나눠주다, 배포하다 brochure[brouʃúər] 안내 책자

## 4. [소개]

| | |
|---|---|
| Coming up **next**, / we will be introducing Dr. **Christina Jones** on The **Night Show**. // **Christina** is a well-known **professor**, / **economist**, / and **author**. // During the **interview**, / she'll **discuss** the **economy** of the **past** / and its **possible future**. // Dr. **Jones**, / it's a **pleasure** to have you here! // | 다음은 Christina Jones 박사님을 The Night 쇼에서 소개할 것입니다. Christina는 유명한 교수, 경제학자, 그리고 작가입니다. 인터뷰 동안, 그녀는 과거의 경제와 그것의 가능성 있는 미래에 대해 논의할 것입니다. Jones 박사님, 이곳에서 뵙게 되어서 기쁩니다! |

**어휘** well-known[wèlnóun] 유명한, 잘 알려진 economist[ikɑ́:nəmist] 경제학자, 경제 전문가 discuss[diskʌ́s] 논의하다 economy[ikɑ́:nəmi] 경제 pleasure[pléʒər] 기쁨, 반가움

## 5. [자동 응답 메시지]

| | |
|---|---|
| You've reached **Michelle's Salon**. // Unfortunately, / **no one** is here to **take** your **call**. // Our business hours are **Tuesday** through **Sunday**, / **ten** A.M. to **eight** P.M. // If you'd like to **schedule** a **haircut**, / **coloring**, / or **styling**, / please do so through our **Web site**. // **Otherwise**, / please **leave** a **message** after the beep. // | Michelle의 미용실에 연결되셨습니다. 유감스럽게도 현재 이곳에 전화를 받을 수 있는 사람이 없습니다. 저희 영업시간은 화요일부터 일요일 오전 10시부터 오후 8시까지입니다. 커트, 염색, 또는 스타일링을 예약하고 싶으시다면 저희 웹사이트를 통해 해주시길 바랍니다. 그 외에는, 신호음이 울린 후 메시지를 남겨주십시오. |

**어휘** unfortunately[ʌnfɔ́:rtʃənətli] 유감스럽게도, 안타깝게도 schedule[skédʒu:l] 예약하다, 일정을 잡다

## 1 방송

**준비 시간** 45초 동안 강하게 읽어야 하는 단어, 억양, 끊어 읽기 단위를 파악하며 천천히 읽기

**답변 시간** 45초 동안 준비 시간에 파악한 강하게 읽어야 하는 단어, 억양, 끊어 읽기를 바탕으로 지문을 자연스럽게 읽기

Here is this morning's **traffic** report.↘ // Due to last night's **heavy rain**, / the **roads** along **Crystal Creek** are now **flooded**.↘ // **Lilac Lane**,↗ / **Court Street**,↗ / and **Miller Avenue** / will be **blocked** off until further notice.↘ // This might cause **delays** later in the **morning** / with **limited** travel **options**.↘ // If you're heading **downtown** this **morning**,↗ / we **encourage** you to **leave early**.↘ //

오늘 아침 교통 정보입니다. 어젯밤 폭우로 인해 Crystal Creek을 따라 있는 도로가 침수됐습니다. Lilac로, Court가, 그리고 Miller가는 추후 공지가 있을 때까지 차단됩니다. 이로 인해 이동 옵션이 제한되어 이후 아침에 교통 지체를 일으킬 수 있습니다. 오늘 아침 시내로 가시는 분들은 일찍 출발하시길 권합니다.

어휘 traffic report 교통 정보, 교통 방송 flood[flʌd] 침수되다, 홍수 block off (도로나 출입구를) 차단하다, 막다 delay[diléi] (교통) 지체, 지연 downtown[dàuntáun] 시내, 도심지 encourage[inkɔ́:ridʒ] 권하다, 장려하다

답변 TIP
- 실시간 교통 정보를 알리는 방송 지문이므로 폭우로 인해 도로가 침수되어 Lilac로, Court가, 그리고 Miller가는 추후 공지가 있을 때까지 차단된다는 정보를 강조해 읽으세요.
- Lilac Lane, Court Street, and Miller Avenue ~와 같이 세 가지 요소가 나열된 후 문장이 끝나지 않고 이어지는 경우, 마지막 요소를 완전히 내려 읽지 말고 이어지는 내용을 자연스럽게 읽으세요.

## 2 광고

**준비 시간** 45초 동안 강하게 읽어야 하는 단어, 억양, 끊어 읽기 단위를 파악하며 천천히 읽기

**답변 시간** 45초 동안 준비 시간에 파악한 강하게 읽어야 하는 단어, 억양, 끊어 읽기를 바탕으로 지문을 자연스럽게 읽기

Are you looking for **great Italian** food?↗ // Then **come** to **Mario's Bistro**, / the **newest** fine dining **restaurant** in **Mapleton**.↘ // To **celebrate** our opening, / we're holding an **event** with free **appetizers**,↗ / live **music**,↗ / and a prize **drawing**.↘ // To book your **reservation**, / please **visit** our **Web site**.↘ //

맛있는 이탈리안 음식을 찾고 있나요? 그렇다면 Mapleton의 최신 고급 식당인 Mario의 식당으로 오세요. 개업을 기념하기 위해 무료 애피타이저, 라이브 음악, 경품 추첨 이벤트를 진행합니다. 예약하시려면 저희 웹사이트를 방문하십시오.

어휘 bistro[bístrou] (작은) 식당 fine dining restaurant 고급 식당 celebrate[séləbrèit] 기념하다 drawing[drɔ:iŋ] 추첨, 제비뽑기 reservation[rèzərvéiʃən] 예약

답변 TIP
- 광고 지문이므로 식당 개업을 기념하기 위해 무료 애피타이저, 라이브 음악, 경품 추첨 이벤트를 진행한다는 혜택과 예약하기 위해서는 식당 웹사이트를 방문하라는 정보를 강조해 읽으세요.
- opening[óupəniŋ]의 'o'는 '오'가 아닌 '오우'로 발음하세요.

## 1 광고

Need new **camping equipment**? // If so, / you should **stop** by **Woodland Home** opening this **Friday**. // Here, / you can **find** **camping gear** such as **sleeping bags**, / **lanterns**, / and **camp** **burners** all in **one place**. // If you **come** this **week**, / you'll **receive** a **thermos cup** as a **free gift**. // **Woodland Home** is located in the **Glad Mall**, / **west** of the **uptown district**. //

새로운 야영 장비가 필요하시나요? 그렇다면, 이번 주 금요일에 개업하는 Woodland Home을 방문하세요. 여기에서 당신은 침낭, 손전등, 그리고 야영용 버너와 같은 야영 장비를 한 곳에서 모두 찾을 수 있습니다. 이번 주에 오시면, 사은품으로 보온컵을 받으실 수 있습니다. Woodland Home은 시 외곽 지구의 서쪽, Glad 몰에 위치해 있습니다.

어휘 equipment[ikwípmənt] 장비, 용품 gear[giər] 장비 sleeping bag 침낭 thermos[θɔ́:rməs] 보온(병) uptown[ʌ̀ptáun] 시 외곽의, 도심을 벗어난

답변 TIP
- 야영 장비 판매점을 홍보하는 광고 지문이므로 이번 주 금요일에 개업하는 Woodland Home에서 침낭, 손전등, 야영용 버너와 같은 야영 장비를 살 수 있다는 정보와 이번 주에 방문할 경우 사은품을 받을 수 있다는 혜택을 강조해 읽으세요.
- thermos cup에서 thermos[θɔ́:rməs] 발음을 정확히 하면서, 두 단어를 연결해서 한 단어처럼 발음하세요.

## 2 안내/공지

**Attention**, / passengers. // This is an **express train** bound for **Eaton** Street **Station**. // If you need a **local train**, / please **get off** at this **stop**. // It'll be coming in a **few minutes**. // Our **next stop** is **Baker** **Square**. // You can **transfer** to the **Orange**, / **Blue**, / and **Pink lines** there. //

승객 여러분들은 주목해 주시기 바랍니다. 우리는 Eaton가 역행의 급행열차입니다. 일반열차를 타실 분들은 이번 정류장에서 내리시기 바랍니다. 그것은 몇 분 후에 올 것입니다. 우리의 다음 정류장은 Baker 광장입니다. 그곳에서 주황, 파랑, 분홍 노선으로 갈아타실 수 있습니다.

어휘 passenger[pǽsəndʒər] 승객 express train 급행열차 bound for ~행의 local train 일반(완행)열차 square[skweər] 광장, 정사각형 transfer[trænsfə́:r] 갈아타다, 이동하다

답변 TIP
- 열차 이용에 관한 유의 사항을 안내하는 안내/공지 지문이므로 이번 열차는 급행열차이며 일반열차 이용을 원하는 승객은 이번 정류장에서 내려야 한다는 것과 다음 역에서 주황, 파랑, 분홍 노선으로 갈아탈 수 있다는 정보를 강조해 읽으세요.
- street[stri:t], please[pli:z]에 포함된 장모음(ee, ea)은 길게 읽으세요.

## 3 소개

Hi, / everyone. // It's my pleasure to **introduce** you all to our **new** vice **president** of **marketing**, / **Tara Connelly**. // **Before** joining us, / **Ms. Connelly** worked on **successful online**, / **print**, / and **TV advertising** campaigns for **leading** firms. // Since she has over **twenty years** of experience in this field, / I'm **confident** she will play a **significant** role in the **development** of our **company**. // Please **give** her a **warm welcome**. //

여러분 안녕하세요. 여러분 모두에게 새로운 마케팅 부사장 Tara Connelly를 소개하게 되어 기쁩니다. Connelly 씨는 저희와 함께하기 전에 일류 기업들의 성공적인 온라인, 출판, 그리고 TV 광고 캠페인을 진행했습니다. 그녀는 이 분야에서 20년이 넘는 경력을 가지고 있기 때문에 저는 그녀가 우리 회사의 발전에 중요한 역할을 할 것이라고 확신합니다. 그녀에게 따뜻한 환영 부탁합니다.

**어휘** vice president 부사장 advertising[ǽdvərtàiziŋ] 광고 leading[líːdiŋ] 일류의, 뛰어난 firm[fəːrm] 기업, 회사 field[fiːld] 분야, 현장 significant[signífikənt] 중요한, 의미 있는

**답변 TIP**
- 회사의 새로운 임원을 소개하는 소개 지문이므로 Tara Connelly라는 인물의 이름, 그녀가 20년 이상 일류 기업들의 온라인, 출판, TV 광고 캠페인을 진행했던 이력을 특히 강조해 읽으세요.
- pleasure[pléʒər]에서 혼동하기 쉬운 'l'과 'r' 발음에 주의하며 읽으세요.

## 4 안내/공지

The **Greenview** Children's **Museum** reopens **tomorrow** after months of renovations. // New exhibits include the **Space Center**, / **Dinosaur World**, / and a **TV studio**. // These will offer **fun**, / educational **activities** for children. // In addition, / the **museum** will extend its **weekend hours**. // You can now **visit** from **ten** A.M. to **seven** P.M. on **Saturdays** and **Sundays**. //

Greenview 어린이 박물관이 수개월간의 보수공사 끝에 내일 다시 문을 엽니다. 새로운 전시에는 우주 센터, 공룡 세계, 그리고 TV 스튜디오가 있습니다. 이것들은 어린이들에게 즐겁고 교육적인 활동을 제공할 것입니다. 또한, 박물관은 주말 개장 시간을 연장할 예정입니다. 이제 토요일과 일요일 오전 10시부터 오후 7시까지 방문하실 수 있습니다.

**어휘** reopen[rìːóupən] 다시 문을 열다, 재개하다 renovation[rènəvéiʃən] 보수(공사), 수리 exhibit[igzíbit] 전시 offer[ɔ́ːfər] 제공하다 extend[iksténd] 연장하다, 늘리다

**답변 TIP**
- 박물관의 재개장 소식을 알리는 안내/공지 지문이므로 Greenview 어린이 박물관이 우주 센터, 공룡 세계, TV 스튜디오를 새롭게 전시한다는 것과 주말 개장 시간을 오전 10시부터 오후 7시까지로 연장한다는 전달 사항을 강조해 읽으세요.
- 묵음 'h'가 포함된 단어 exhibit[igzíbit]의 발음에 주의하여 읽으세요.

## 5 자동 응답 메시지

**Thank you** for calling **Broadstreet Computer Repair.** // **We** offer **expert service** for all brands of **laptops,** / **PCs,** / and **tablets.** // If you're calling to **inquire** about a **recent order,** / please have your **order confirmation number** ready / and **press "one".** // If you **wish** to **request** a **home visit,** / please **press "two".** // For **other** inquiries, / please **hold.** //

Broadstreet 컴퓨터 수리점에 전화해 주셔서 감사합니다. 저희는 모든 브랜드의 노트북, PC 및 태블릿에 대해 전문적인 서비스를 제공합니다. 만약 최근 주문 건에 관해 문의하기 위해 전화하셨다면, 주문 확인 번호를 준비해 주시고 "1번"을 눌러주세요. 만약 가정 방문 신청을 원하신다면 "2번"을 눌러주세요. 기타 문의는 기다려 주시기 바랍니다.

어휘 expert[ékspəːrt] 전문적인, 숙련된 inquire[inkwáiər] 문의하다 confirmation[kɑ̀ːnfərméiʃən] 확인 inquiry[inkwáiəri] 문의

답변TIP · 전화 용건별 번호를 안내하는 자동 응답 메시지 지문이므로 Broadstreet Computer Repair라는 수리점 이름과 제공하는 서비스, 용건별 연결 번호에 대한 안내 내용을 강조해 읽으세요.
· inquiry는 [inkwáiəri] 또는 [ínkwəri]로 발음해서 읽으세요.

## 6 광고

The **winter** months are hard on **automobiles.** // That's **why** you should come to **Adam's Car Wash.** // Our staff will clean **everything,** / including your vehicle's **windows,** / **seats,** / and **exterior.** // Just **sit back** and **enjoy** our comfortable lobby / while **we** do the work. // So, / you **don't** need to wait for **warm weather.** // Visit **Adam's Car Wash** today! //

겨울철은 자동차에 가혹합니다. 그래서 Adam의 세차장에 오셔야 합니다. 저희 직원은 차량의 창문, 좌석, 그리고 외부 등 모든 것을 청소해 드릴 것입니다. 저희가 일하는 동안 그냥 앉아서 저희의 편안한 로비를 즐기세요. 그러니, 여러분은 따뜻한 날씨를 기다릴 필요가 없습니다. 오늘 Adam의 세차장을 방문하세요!

어휘 automobile[ɔ́ːtəməbìːl] 자동차 vehicle[víːikl] 차량, 자동차 exterior[ikstíəriər] 외부, 외면 comfortable[kʌ́mfərtəbəl] 편안한 while[hwail] ~하는 동안

답변TIP · 세차장을 홍보하는 광고 지문이므로 Adam's Car Wash라는 세차장 이름과 업체가 제공하는 서비스, 세차하는 동안 로비에서 편안히 기다릴 수 있다는 서비스의 장점을 강조해 읽으세요.
· staff[stæf], lobby[lɑ́ːbi]와 같은 외래어를 정확한 영어식 발음으로 읽으세요.

## 7 방송

Now for your traffic report.↓ // If you're driving through the south side of the city,↑ / expect long delays this afternoon.↓ // This is due to the Framington bicycle race closing down several major streets.↓ // The event should be over by five P.M.↓ // Until then, / taking the subway will be the best way to avoid traffic congestion.↓ //

이제 교통 정보입니다. 도시의 남쪽을 통과하려면 오늘 오후 긴 교통 지체를 예상하십시오. 이것은 Framington 자전거 경주가 다수의 주요 도로를 폐쇄했기 때문입니다. 행사는 오후 5시쯤에는 끝날 것입니다. 그때까지, 지하철을 타는 것이 교통 혼잡을 피하는 가장 좋은 방법이 될 것입니다.

어휘 close down 폐쇄하다, 폐점하다 major[méidʒər] 주요한 over[óuvər] 끝이 나서, ~ 이상 avoid[əvɔ́id] 피하다, 방지하다 congestion[kəndʒéstʃən] 혼잡

답변 TIP
· 교통 정보를 전하는 방송 지문이므로 자전거 경주로 인한 도로의 폐쇄와 이로 인해 교통 지체가 있다는 전달 내용을 강조해 읽으세요.
· 'th' 발음이 포함된 through[θru:], south[sauθ]의 발음에 주의하여 읽으세요.

## 8 소개

Our first guest on Tonight's the Night is John Powers.↓ // Mr. Powers is a prominent businessman,↑ / charity organizer,↑ / and author.↓ // I'm going to ask him about his exciting new start-up today.↓ // It's a really promising project.↓ // If you want to hear more about it,↑ / please stay tuned.↓ // We'll be right back with Mr. Powers / after the commercial break.↓ //

Tonight's the Night의 첫 번째 게스트는 John Powers입니다. Powers 씨는 유명한 사업가이자 자선 단체 기획자이고 작가입니다. 저는 오늘 그의 흥미로운 새 신생 기업에 대해 물어보려고 합니다. 이것은 매우 유망한 프로젝트입니다. 이것에 대해 더 듣고 싶으시다면 채널을 고정해 주시기 바랍니다. 광고 후에 Powers 씨와 함께 곧 돌아오겠습니다.

어휘 prominent[prɑ́:mənənt] 유명한, 실력 있는 businessman[bíznəsmæ̀n] 사업가, 기업가 charity[tʃǽrəti] 자선 단체 organizer[ɔ́:rgənàizər] 기획자, 주최자 start-up[stɑ́:rtʌp] 신생 기업 promising[prɑ́:misiŋ] 유망한, 촉망되는 commercial break 광고, 광고 방송 시간

답변 TIP
· 방송의 게스트를 소개하는 소개 지문이므로, John Powers라는 인물 이름과 그는 유명한 사업가, 자선 단체 기획자, 작가이고, 그의 새로운 프로젝트에 대한 내용을 소개할 것임을 강조해 읽으세요.
· start-up[stɑ́:rtʌp], project[prɑ́:dʒekt]와 같은 외래어를 정확한 영어식 발음으로 읽으세요.

# Q3-4 사진 묘사하기

## 자신감 UP! 만능 템플릿 & 핵심 표현

### Check up Q3&4_Checkup

p.43

1. This picture was taken on the street.
   이 사진은 거리에서 찍혔습니다.

2. What I notice first is some people sitting around a table.
   처음에 보이는 것은 식탁 주변에 앉아있는 몇몇의 사람들입니다.

3. On the left side of the picture, there are cars parked along the street.
   사진의 왼쪽에는, 길가에 주차된 차들이 있습니다.

4. Next to them, I can see people riding bicycles.
   그것들 옆에는, 자전거를 타고 있는 사람들이 보입니다.

5. In the background, I also notice some food stands under parasols.
   배경에는, 파라솔 아래에 있는 몇 개의 가판대 또한 보입니다.

6. Overall, it appears to be busy.
   전반적으로, 분주한 것처럼 보입니다.

7. This picture was taken in a café.
   이 사진은 카페에서 찍혔습니다.

8. What I notice first is two people facing each other.
   처음에 보이는 것은 서로를 마주 보고 있는 두 사람입니다.

## 1 여러 사람이 중심인 사진

### 준비 시간 45초 동안 사진을 관찰하고 괄호 안의 우리말을 참고해 영어로 표현을 떠올리기

- 사진이 찍힌 장소 (가게에서) in a store
- 가장 눈에 띄는 대상 (옷걸이에 걸린 옷을 보고 있는 여자) a woman looking at clothes hanging on hangers
- 그 외에 보이는 것 (사진의 중앙, 많은 물건이 진열된 탁자) middle, a table with many items displayed
  (그것의 옆, 스카프를 손에 들고 있는 여자) next to it, a woman holding a scarf in her hand
  (배경, 쇼핑을 하고 있는 몇몇의 고객들과 다양한 물건들이 놓여 있는 나무 선반) background, some customers shopping, a wooden shelf with a variety of items placed on it
- 느낌 및 의견 (옷 가게의 전형적인 광경) a typical scene at a dress shop

### 답변 시간 30초 동안 떠올린 표현을 템플릿에 넣어 말하기

| | | |
|---|---|---|
| 사진이 찍힌 장소 | This picture was taken in a store. | 이 사진은 가게에서 찍혔습니다. |
| 가장 눈에 띄는 대상 | What I notice first is a woman looking at clothes hanging on hangers. | 처음에 보이는 것은 옷걸이에 걸린 옷을 보고 있는 여자입니다. |
| 그 외에 보이는 것 | In the middle of the picture, there is a table with many items displayed. Next to it, I can see a woman holding a scarf in her hand. In the background, I also notice some customers shopping and a wooden shelf with a variety of items placed on it. | 사진의 중앙에는, 많은 물건이 진열된 탁자가 있습니다. 그것의 옆에는, 스카프를 손에 들고 있는 여자가 보입니다. 배경에는, 쇼핑을 하고 있는 몇몇의 고객들과 다양한 물건들이 놓여 있는 나무 선반 또한 보입니다. |
| 느낌 및 의견 | Overall, it appears to be a typical scene at a dress shop. | 전반적으로, 옷 가게의 전형적인 광경인 것처럼 보입니다. |

## 2 여러 사람이 중심인 사진

### 준비 시간 45초 동안 사진을 관찰하고 괄호 안의 우리말을 참고해 영어로 표현을 떠올리기

| | |
|---|---|
| • 사진이 찍힌 장소 | (제과점에서) in a bakery |
| • 가장 눈에 띄는 대상 | (무엇을 살지 선택하고 있는 두 사람) two people choosing what to buy |
| • 그 외에 보이는 것 | (그들의 앞, 제과 제품으로 차 있는 진열장) in front of them, a display case filled with baked goods |
| | (그것의 뒤, 초록색 모자를 쓰고 앞치마를 두른 두 명의 점원) |
| | behind it, two servers wearing green hats and aprons |
| | (배경, 형형색색의 그림이 그려진 벽) background, a wall painted with colorful pictures |
| • 느낌 및 의견 | (행복한) happy |

### 답변 시간 30초 동안 떠올린 표현을 템플릿에 넣어 말하기

| | | |
|---|---|---|
| 사진이 찍힌 장소 | This picture was taken in a bakery. | 이 사진은 제과점에서 찍혔습니다. |
| 가장 눈에 띄는 대상 | What I notice first is two people choosing what to buy. | 처음에 보이는 것은 무엇을 살지 선택하고 있는 두 사람입니다. |
| 그 외에 보이는 것 | In front of them, I can see a display case filled with baked goods. Behind it, I can see two servers wearing green hats and aprons. In the background, I also notice a wall painted with colorful pictures. | 그들의 앞에는, 제과 제품으로 차 있는 진열장이 보입니다. 그것의 뒤로는, 초록색 모자를 쓰고 앞치마를 두른 두 명의 점원이 보입니다. 배경에는, 형형색색의 그림이 그려진 벽 또한 보입니다. |
| 느낌 및 의견 | Generally, it seems like the people are happy. | 전반적으로, 사람들이 행복한 것처럼 보입니다. |

## 등급 UP! 실전문제 Q3&4_실전문제(모범답변) p.46

### 1 소수의 사람이 중심인 사진

답변 표현

사진이 찍힌 장소
- in a restaurant

가장 눈에 띄는 대상
- two people facing each other
- both holding a glass in their hands

그 외에 보이는 것
- behind the table, a server holding dishes of food
- middle, some glasses and a bread basket on the table
- background, a wooden pillar with a shelf in front

느낌 및 의견
- having a good time

| | | |
|---|---|---|
| 사진이 찍힌 장소 | This picture was taken in a restaurant. | 이 사진은 식당에서 찍혔습니다. |
| 가장 눈에 띄는 대상 | What I notice first is two people facing each other. They are both holding a glass in their hands. | 처음에 보이는 것은 서로를 마주 보고 있는 두 사람입니다. 그들은 둘 다 손에 유리잔을 들고 있습니다. |
| 그 외에 보이는 것 | Behind the table, I can see a server holding dishes of food. In the middle of the picture, there are some glasses and a bread basket on the table. In the background, I also notice a wooden pillar with a shelf in front. | 탁자의 뒤에는, 음식이 담긴 접시를 들고 있는 종업원이 보입니다. 사진의 중앙에는, 몇 개의 유리잔과 빵 바구니가 탁자에 있습니다. 배경에는, 앞에 선반이 있는 나무 기둥 또한 보입니다. |
| 느낌 및 의견 | Generally, it seems like the people are having a good time. | 전반적으로, 사람들이 즐거운 시간을 보내고 있는 것처럼 보입니다. |

어휘 pillar[pílər] 기둥

답변 TIP 음식을 나르는 종업원의 모습을 묘사하고 싶은 경우, a server holding dishes of food(음식이 담긴 접시를 들고 있는 종업원), 또는 a waiter serving food to some customers(손님들에게 음식을 제공하고 있는 종업원)와 같이 말할 수 있어요.

## 2 여러 사람이 중심인 사진

**답변 표현**

사진이 찍힌 장소
- in a park

가장 눈에 띄는 대상
- a woman, jogging along a walkway
- wearing shorts and a sleeveless shirt

그 외에 보이는 것
- behind the woman, some people riding bicycles
- left side, two people taking a walk
- one of them, pushing a stroller
- background, a lot of tall trees

느낌 및 의견
- having a nice day at the park

| | | |
|---|---|---|
| 사진이 찍힌 장소 | This picture was taken in a park. | 이 사진은 공원에서 찍혔습니다. |
| 가장 눈에 띄는 대상 | What I notice first is a woman jogging along a walkway. She is wearing shorts and a sleeveless shirt. | 처음에 보이는 것은 보도를 따라 조깅을 하고 있는 여자입니다. 그녀는 반바지와 민소매 티셔츠를 입고 있습니다. |
| 그 외에 보이는 것 | Behind the woman, I can see some people riding bicycles. On the left side of the picture, there are two people taking a walk. One of them is pushing a stroller. In the background, I also notice a lot of tall trees. | 그 여자의 뒤에는, 자전거를 타고 있는 사람들이 보입니다. 사진의 좌측에는, 산책하고 있는 두 사람이 있습니다. 그들 중 한 명은 유모차를 밀고 있습니다. 배경에는, 많은 큰 나무 또한 보입니다. |
| 느낌 및 의견 | Generally, it seems like the people are having a nice day at the park. | 전반적으로, 사람들이 공원에서 즐거운 하루를 보내고 있는 것처럼 보입니다. |

어휘 walkway[wɔ́:kwèi] (옥외 지면보다 높게 만든) 보도, 통로 stroller[stróulər] 유모차

**답변 TIP** 공원에서 찍은 사진의 경우, having a nice day(즐거운 하루를 보내고 있는), enjoy the weather(날씨를 즐기고 있는)와 같은 표현을 사용하여 사진의 전반적인 분위기를 묘사할 수 있어요.

## 3 여러 사람이 중심인 사진

**답변 표현**

사진이 찍힌 장소
- in a classroom

가장 눈에 띄는 대상
- a man, standing in front of a group of people
- wearing a blue shirt and jeans

그 외에 보이는 것
- in front of him, a person has raised her hand
- both sides, others looking at her
- background, a lecture podium and a large white board

느낌 및 의견
- focusing on the class

| | | |
|---|---|---|
| 사진이 찍힌 장소 | This picture was taken in a classroom. | 이 사진은 교실에서 찍혔습니다. |
| 가장 눈에 띄는 대상 | What I notice first is a man standing in front of a group of people. He is wearing a blue shirt and jeans. | 처음에 보이는 것은 한 무리의 사람들 앞에 서 있는 남자입니다. 그는 파란색 셔츠와 청바지를 입고 있습니다. |
| 그 외에 보이는 것 | In front of him, I can see a person has raised her hand. On both sides of the picture, there are others looking at her. In the background, I also notice a lecture podium and a large whiteboard. | 그의 앞에는, 손을 들고 있는 사람이 보입니다. 사진의 양쪽에는, 그녀를 쳐다보고 있는 다른 사람들이 있습니다. 배경에는, 강연대와 큰 화이트보드 또한 보입니다. |
| 느낌 및 의견 | Generally, it seems like the people are focusing on the class. | 전반적으로, 사람들이 수업에 집중하고 있는 것처럼 보입니다. |

**어휘** podium[póudiəm] (연설자·지휘자 등이 올라서는) 대, 단 focus[fóukəs] 집중하다

**답변 TIP** 집중하는 모습을 묘사하고 싶은 경우, focusing on / concentrating on / paying attention to와 같이 말할 수 있어요.

## 4 소수의 사람이 중심인 사진

**답변 표현**

사진이 찍힌 장소
· outside of a house

가장 눈에 띄는 대상
· a man, repairing something with tools
· wearing jeans and a long-sleeved shirt

그 외에 보이는 것
· left side of him, a toolbox placed in the doorway
· background, some houses on the other side of the fence, and leaves scattered on the ground

느낌 및 의견
· peaceful

| | | |
|---|---|---|
| 사진이 찍힌 장소 | This picture was taken outside of a house. | 이 사진은 집 밖에서 찍혔습니다. |
| 가장 눈에 띄는 대상 | What I notice first is a man repairing something with tools. He is wearing jeans and a long-sleeved shirt. | 처음에 보이는 것은 도구로 무언가를 수리하고 있는 남자입니다. 그는 청바지에 긴팔 셔츠를 입고 있습니다. |
| 그 외에 보이는 것 | On the left side of him, I can see a toolbox placed in the doorway. In the background, I also notice some houses on the other side of the fence, and leaves scattered on the ground. | 그의 왼쪽에는, 문간에 놓인 도구함이 보입니다. 배경에는, 담장 너머 반대편에 있는 집들과 땅에 흩어져 있는 나뭇잎 또한 보입니다. |
| 느낌 및 의견 | Overall, it appears to be peaceful. | 전반적으로, 평화로운 것처럼 보입니다. |

어휘 repair[ripέər] 수리하다, 수리 toolbox[tú:lbɔ̀ks] 도구함, 공구 상자 doorway[dɔ́:rwèi] 문간, 출입구 fence[fens] 담장, 울타리 scatter[skǽtər] 흩어지다

답변 TIP 사람이 한 명만 등장하는 사진의 경우, peaceful(평화로운), quiet(조용한)과 같은 표현을 사용해서 전반적인 분위기를 묘사할 수 있어요.

## 5 여러 사람이 중심인 사진

답변 표현

사진이 찍힌 장소
· in a reception area

가장 눈에 띄는 대상
· a woman, wearing a dark-blue business suit
· handing something to the person in front of her

그 외에 보이는 것
· in front of her, two people with their arms placed on top of the counter
· right side, a woman talking on the phone
· background, some doors and plants on the right

느낌 및 의견
· a well-organized environment

| | 답변 | 해석 |
|---|---|---|
| 사진이 찍힌 장소 | This picture was taken in a reception area. | 이 사진은 접수처에서 찍혔습니다. |
| 가장 눈에 띄는 대상 | What I notice first is a woman wearing a dark-blue business suit. She is handing something to the person in front of her. | 처음에 보이는 것은 짙은 남색의 정장을 입고 있는 여자입니다. 그녀는 자기 앞에 있는 사람에게 무언가를 건네고 있습니다. |
| 그 외에 보이는 것 | In front of her, I can see two people with their arms placed on top of the counter. On the right side of the picture, there is a woman talking on the phone. In the background, I also notice some doors and plants on the right. | 그녀의 앞에는, 카운터 위에 팔을 올리고 있는 두 사람이 보입니다. 사진의 우측에는, 전화 통화를 하고 있는 여자가 있습니다. 배경에는, 몇 개의 문과 오른쪽에 식물들 또한 보입니다. |
| 느낌 및 의견 | Overall, it appears to be a well-organized environment. | 전반적으로, 잘 정리된 환경인 것처럼 보입니다. |

어휘 reception area 접수처, 리셉션

답변 TIP 진한 색상을 묘사하고 싶은 경우, 색상 앞에 dark를 붙여 dark-blue(짙은 남색), dark-gray(짙은 회색)와 같이 말할 수 있어요.

## 6 여러 사람이 중심인 사진

**답변 표현**

사진이 찍힌 장소
- outdoors

가장 눈에 띄는 대상
- a blue bicycle, parked in front of a building

그 외에 보이는 것
- behind it, an awning hanging on the side of a building
- right side, a group of people having a meal under a parasol
- background, a few buildings with many windows

느낌 및 의견
- a slow day

| | | |
|---|---|---|
| 사진이 찍힌 장소 | This picture was taken outdoors. | 이 사진은 실외에서 찍혔습니다. |
| 가장 눈에 띄는 대상 | What I notice first is a blue bicycle parked in front of a building. | 처음에 보이는 것은 건물 앞에 세워져 있는 파란색 자전거입니다. |
| 그 외에 보이는 것 | Behind it, I can see an awning hanging on the side of a building. On the right side of the picture, there is a group of people having a meal under a parasol. In the background, I also notice a few buildings with many windows. | 그것의 뒤에는, 한쪽에 천막이 걸린 건물이 보입니다. 사진의 우측에는, 파라솔 아래에서 식사하는 한 무리의 사람들이 있습니다. 배경에는, 창문이 많은 몇 개의 건물 또한 보입니다. |
| 느낌 및 의견 | Overall, it appears to be a slow day. | 전반적으로, 한가로운 하루인 것처럼 보입니다. |

**어휘** awning[ɔ́:niŋ] 천막, 비막이 meal[mi:l] 식사

**답변 TIP** 두드러지게 눈에 띄는 대상이 없는 사진의 경우, 사진의 한쪽에서 시작해 다른 쪽으로 가며 보이는 것들을 묘사하거나, 사진의 가운데에서 시작해 주변으로 가며 보이는 것들을 묘사하며 답변할 수 있어요.

## 7 소수의 사람이 중심인 사진

**답변 표현**

사진이 찍힌 장소
- in an open field

가장 눈에 띄는 대상
- a woman, riding a horse
- wearing a black cap and sunglasses

그 외에 보이는 것
- in front of her, another woman holding a stick and leading the horse
- in a white shirt and black pants
- background, a hill covered with grass and some trees

느낌 및 의견
- a beautiful day

| | | |
|---|---|---|
| 사진이 찍힌 장소 | This picture was taken in an open field. | 이 사진은 들판에서 찍혔습니다. |
| 가장 눈에 띄는 대상 | What I notice first is a woman riding a horse. She is wearing a black cap and sunglasses. | 처음에 보이는 것은 말을 타고 있는 여자입니다. 그녀는 검은색 모자와 선글라스를 쓰고 있습니다. |
| 그 외에 보이는 것 | In front of her, I can see another woman holding a stick and leading the horse. She is in a white shirt and black pants. In the background, I also notice a hill covered with grass and some trees. | 그녀의 앞에는, 막대기를 들고 말을 끌고 있는 다른 여자가 보입니다. 그녀는 흰색 셔츠와 검은색 바지를 입고 있습니다. 배경에는, 풀로 뒤덮인 언덕과 나무들 또한 보입니다. |
| 느낌 및 의견 | Overall, it appears to be a beautiful day. | 전반적으로, 화창한 날인 것처럼 보입니다. |

어휘 open field 들판 lead [li:d] (앞장서서) 이끌다, (손·고삐 등을 잡고) 데리고 가다

답변 TIP 사진 속 사람들의 의상을 묘사하고 싶은 경우, 현재분사 wearing 또는 전치사 in/with를 사용해서 a woman wearing a black cap(검은색 모자를 쓰고 있는 여자), a woman in a white shirt(흰색 셔츠를 입고 있는 여자)와 같이 말할 수 있어요.

## 8 여러 사람이 중심인 사진

**답변 표현**

사진이 찍힌 장소
- in a lounge

가장 눈에 띄는 대상
- a group of people, sitting around a table
- the man and woman in front, with their legs crossed, facing each other
- the other man, working on his laptop

그 외에 보이는 것
- middle, a table with a laptop and some documents on it
- background, a large glass window and a plant placed in front of it

느낌 및 의견
- having a business meeting

| | | |
|---|---|---|
| 사진이 찍힌 장소 | This picture was taken in a lounge. | 이 사진은 라운지에서 찍혔습니다. |
| 가장 눈에 띄는 대상 | What I notice first is a group of people sitting around a table. The man and woman in front with their legs crossed are facing each other. The other man is working on his laptop. | 처음에 보이는 것은 탁자 주위에 둘러앉아 있는 한 무리의 사람들입니다. 앞쪽에 다리를 꼬고 있는 남자와 여자가 서로를 마주 보고 있습니다. 다른 남자는 그의 노트북으로 일하고 있습니다. |
| 그 외에 보이는 것 | In the middle of the picture, there is a table with a laptop and some documents on it. In the background, I also notice a large glass window and a plant placed in front of it. | 사진의 중앙에는, 노트북과 몇몇 서류가 있는 탁자가 있습니다. 배경에는, 커다란 유리창과 그 앞에 놓인 식물도 보입니다. |
| 느낌 및 의견 | Generally, it seems like the people are having a business meeting. | 전반적으로, 사람들이 업무 회의를 하고 있는 것처럼 보입니다. |

**답변 TIP** 다리를 꼬거나 팔짱을 낀 모습을 묘사하고 싶은 경우, cross를 사용하여 with her/his legs crossed(그녀/그의 다리를 꼬고 있는), with her/his arms crossed(그녀/그의 팔짱을 끼고 있는)와 같이 말할 수 있어요.

# Q5-7 질문에 답하기

## 자신감 UP! 만능 템플릿 & 핵심 표현

### Check up(Q5-6) Q5&6_Checkup

p.59

1. How often do you cook for your family? 얼마나 자주 가족을 위해 요리를 하나요?
   - I cook for my family once in a while. 저는 가끔씩 가족을 위해 요리를 합니다.

2. Who do you usually go to the museums with? 박물관에 갈 때 주로 누구와 함께 가나요?
   - I usually go to the museums with my colleague. 저는 박물관에 갈 때 주로 제 동료와 함께 갑니다.

3. How long have you been working at your current job? 지금 직장에서 얼마나 오래 일하셨나요?
   - I have been working at my current job for about six months. 저는 지금 직장에서 약 6개월 동안 일하고 있습니다.

4. When was the last time you went to a party? 언제 마지막으로 파티에 갔나요?
   - The last time I went to a party was last summer. 제가 마지막으로 파티에 간 것은 지난 여름입니다.

5. Where do you usually buy your shoes? 주로 어디에서 당신의 신발을 사나요?
   - I usually buy my shoes at the shopping mall. 저는 주로 쇼핑몰에서 신발을 삽니다.

6. What kinds of TV shows do you enjoy watching, and who do you usually watch them with?
   어떤 종류의 TV 쇼를 즐겨 보고, 주로 누구와 함께 보나요?
   - I enjoy watching reality shows, and I usually watch them with my friends.
     저는 리얼리티 쇼를 즐겨 보고, 주로 제 친구들과 함께 봅니다.

7. How often do you use the Internet, and what do you usually use it for?
   얼마나 자주 인터넷을 사용하고, 주로 무엇을 위해 사용하나요?
   - I use the Internet almost every day, and I usually use it for playing video games.
     저는 인터넷을 거의 매일 사용하고, 주로 게임하기 위해 사용합니다.

8. When was the last time you bought a gift for someone, and where did you buy it?
   언제 마지막으로 누군가를 위해 선물을 샀고, 그것을 어디서 샀나요?
   - The last time I bought a gift for someone was two days ago, and I bought it on the Internet.
     제가 마지막으로 누군가를 위해 선물을 산 것은 이틀 전이고, 저는 그것을 인터넷에서 샀습니다.

## Check up(Q7) Q7_Checkup

p.67

1. What I learn first-hand is usually more memorable.
직접 경험한 것을 통해 배운 것이 보통 더 기억에 남습니다.

어휘 first-hand[fə̀:rsthǽnd] 직접 경험한 memorable[mémərəbəl] 기억에 남는, 잊기 어려운

2. I don't want to waste too much time on traveling.
저는 이동하는 것에 너무 많은 시간을 낭비하고 싶지 않습니다.

3. I can easily listen to music anytime and anywhere.
언제 어디서나 쉽게 음악을 들을 수 있습니다.

4. It is simple and easy because I can do it with just a few clicks.
클릭 몇 번으로 할 수 있기 때문에 간단하고 쉽습니다.

If you were to go on a vacation, would you go to a large city or to the countryside? Why?
만약 당신이 휴가를 간다면, 대도시와 시골 지역 중 어디를 갈 건가요? 그 이유는요?

어휘 countryside[kʌ́ntrisàid] 시골, 교외

5. If I were to go on a vacation, I would go to a large city.
제가 만약 휴가를 간다면, 저는 대도시로 갈 것입니다.

6. This is because they generally have better public transportation.
그곳은 일반적으로 더 나은 대중교통 수단을 가지고 있기 때문입니다.

7. Also, they often have more things to enjoy like a wide range of food, shops, and activities.
또한, 그곳은 종종 음식, 가게, 그리고 활동들과 같이 즐길 수 있는 더 많은 것들을 가지고 있습니다.

## 실력 UP! 연습 문제 Q56&7_연습문제(모범답변)

p.68

**1** 전화 설문: 운동

| | |
|---|---|
| Imagine that a marketing firm is doing research in your area. You have agreed to participate in a telephone interview about exercise. | 한 마케팅 회사가 당신의 지역에서 조사를 하고 있다고 가정해봅시다. 당신은 운동에 대한 전화 인터뷰에 참여하기로 동의했습니다. |

| | |
|---|---|
| **Question 5** | |
| How often do you exercise, and who do you usually exercise with? | 얼마나 자주 운동하러 가고, 주로 누구와 함께 운동하나요? |
| I exercise almost every day, and I usually exercise with people from my gym. | 저는 거의 매일 운동하고, 주로 같은 체육관 사람들과 운동합니다. |
| **Question 6** | |
| When was the last time you exercised, and what kind of exercise did you do? | 언제 마지막으로 운동했고, 어떤 종류의 운동을 했나요? |
| The last time I exercised was two days ago, and I did indoor cycling. | 제가 마지막으로 운동한 것은 이틀 전이고, 저는 실내 사이클링을 했습니다. |
| **Question 7** | |
| When exercising, do you prefer to do it alone or in a group? Why? | 운동할 때, 당신은 혼자 운동하는 것을 선호하나요, 아니면 단체로 하는 것을 선호하나요? 그 이유는요? |
| 핵심 응답 When exercising, I prefer to do it in a group. 이유 This is because it provides opportunities to meet new people and to make new friends. 추가 설명 Also, I can feel a sense of accomplishment by doing something together. 마무리 Therefore, I think it is more fun to exercise in a group rather than exercising alone. | 운동할 때, 저는 단체로 하는 것을 선호합니다. 그것이 새로운 사람들을 만나고 새로운 친구들을 사귈 수 있는 기회를 제공하기 때문입니다. 또한, 무언가를 함께 하면서 성취감을 느낄 수 있습니다. 그러므로, 혼자 운동하는 것보다 단체로 운동하는 것이 더 즐겁다고 생각합니다. |
| 어휘 opportunity[ɑ̀:pərtjú:nəti] 기회 sense of accomplishment 성취감 | |

## 2 지인과 통화: 휴가

| | |
|---|---|
| Imagine that you are talking to a friend on the telephone. You are talking about vacations. | 당신이 친구와 전화 통화를 하고 있다고 가정해봅시다. 당신은 휴가에 대해 이야기하고 있습니다. |

**Question 5**

| | |
|---|---|
| When was the last time you took a vacation, and where did you go to? | 언제 마지막으로 휴가를 갔고, 어디로 갔었니? |
| The last time I took a vacation was last summer, and I went to Bangkok. | 내가 마지막으로 휴가를 간 건 지난 여름이었고, 나는 방콕에 갔었어. |

**Question 6**

| | |
|---|---|
| When you go on vacations, do you prefer to stay busy with activities or spend time relaxing in the hotel? Why? | 휴가를 갈 때, 활동을 하며 바쁘게 지내는 것과 호텔에서 휴식을 취하며 시간을 보내는 것 중 어느 것을 더 선호하니? 그 이유는? |
| When I go on vacations, I prefer to stay busy with activities. I like trying new experiences. | 휴가를 갈 때, 나는 활동을 하며 바쁘게 지내는 것을 선호해. 나는 새로운 경험을 하는 것을 좋아해. |

**Question 7**

| | |
|---|---|
| Which of the following sources of information would you consider the most when planning a trip? Why?<br>• Travel agents<br>• Posts on travel blogs<br>• Recommendations from friends | 다음 중 여행을 계획할 때 가장 많이 고려하는 정보원은 무엇이니? 그 이유는?<br>· 여행사<br>· 여행 블로그의 게시글<br>· 친구들의 추천 |
| 핵심 응답 I would consider recommendations from friends the most when planning a trip. 이유 First of all, they are more trustworthy because they are based on actual experiences. 추가 설명 Also, people who know me well tend to give the suggestions best suited to me. 마무리 Therefore, when I am planning a trip, I trust recommendations from friends the most. | 나는 여행을 계획할 때 친구들의 추천을 가장 많이 고려할 거야. 첫째로, 그것은 실제로 경험한 것을 기반으로 하기 때문에 더 신뢰할 수 있어. 또한, 나를 잘 아는 사람들은 나에게 가장 적합한 제안을 해주는 경향이 있어. 그래서, 나는 여행을 계획할 때, 친구들의 추천을 가장 많이 신뢰해. |

어휘 travel agent 여행사, 여행사 직원 post[poust] 게시글
recommendation[rèkəmendéiʃən] 추천
trustworthy[trʌ́stwəːrði] 신뢰할 수 있는 suggestion[səgdʒéstʃən] 제안

등급 UP! 실전 문제 Q56&7_실전문제(모범답변)

p.70

## 1 전화 설문: 거주 지역

| | |
|---|---|
| Imagine that a community service center is conducting a survey in your area. You have agreed to participate in a telephone interview about the area where you live. | 주민 센터가 당신의 지역에서 설문 조사를 진행하고 있다고 가정해봅시다. 당신은 당신이 살고 있는 지역에 대한 전화 인터뷰에 참여하기로 동의했습니다. |

### Question 5

How long have you lived in your area, and do you like living there?

당신의 지역에서 얼마나 오래 살았고, 그곳에 사는 것을 좋아하나요?

I have lived in my area **since I was young**, and I like living here.

저는 제가 어릴 때부터 제 지역에 살았고, 이곳에 사는 것을 좋아합니다.

**답변 TIP** 질문 표현의 there(그곳)는 here(이곳)로 바꾸어 말합니다.

### Question 6

What kind of public transportation do you usually take in your area? Why?

당신의 지역에서 주로 어떤 종류의 대중교통을 이용하나요? 그 이유는요?

I usually take **the subway** in my area. **Subways are faster because there are no traffic jams.**

저는 제가 사는 지역에서 주로 지하철을 이용합니다. 지하철은 교통 체증이 없기 때문에 빠릅니다.

**어휘** traffic jam 교통 체증

**답변 TIP** 이외에도 대중교통의 장점을 말할 때는 '자동차에 비해 훨씬 더 친환경적이다(It's more eco-friendlier compared to cars)', '좌석이 많아서 더 편리하다(It's more convenient because there are more seats)' 등을 근거로 답변할 수 있어요.

### Question 7

What do you think your area needs more of, and what are the reasons?

당신의 지역에 무엇이 더 필요하다고 생각하고, 그 이유는 무엇인가요?

핵심 응답 I think my area needs more **public parks.** 이유 **This is because they provide a great place for people to get outside and be active.** 추가 설명 **For example, people can use the park to walk their dogs, ride their bikes, or enjoy a picnic with friends.** 마무리 **Therefore, I think it would be great if my town gets more public parks.**

우리 지역에는 더 많은 공원이 필요하다고 생각합니다. 그것들은 사람들이 밖으로 나가서 활동할 수 있는 좋은 장소를 제공하기 때문입니다. 예를 들어, 사람들은 개를 산책시키거나, 자전거를 타거나, 친구들과 소풍을 즐기기 위해 공원을 이용할 수 있습니다. 그러므로, 우리 마을에 더 많은 공원이 생긴다면 좋을 것 같습니다.

**어휘** provide[prəváid] 제공하다 be active 활동하다, 활동적이다

## 2 전화 설문: 스트리밍 서비스를 이용한 TV 프로그램 시청

| | |
|---|---|
| Imagine that a marketing firm is doing research in your area. You have agreed to participate in a telephone interview about using streaming services to watch TV programs. | 한 마케팅 회사가 당신의 지역에서 조사를 하고 있다고 가정해봅시다. 당신은 스트리밍 서비스를 사용하여 TV 프로그램을 시청하는 것에 대한 전화 인터뷰에 참여하기로 동의했습니다. |

### Question 5

**How often** do you watch programs using a streaming service, **and what kinds of programs** do you usually watch?

당신은 얼마나 자주 스트리밍 서비스를 이용하여 프로그램을 시청하고, 주로 어떤 종류의 프로그램을 시청하나요?

I watch programs using a streaming service **almost every day, and** I usually watch **soap operas.**

저는 거의 매일 스트리밍 서비스를 이용하여 프로그램을 시청하고, 주로 연속극을 시청합니다.

### Question 6

If you wanted to watch a TV program on a streaming service, would you use your mobile phone? **Why or why not?**

만약 당신이 스트리밍 서비스로 TV 프로그램을 보려고 한다면, 당신은 휴대 전화를 사용하실 건가요? 그 이유는요?

**Yes.** If I wanted to watch a TV program on a streaming service, I would use my mobile phone. **Since I can do it anytime and anywhere with a mobile phone.**

네. 스트리밍 서비스로 TV 프로그램을 보려고 한다면, 저는 휴대 전화를 사용할 것입니다. 휴대 전화로 언제 어디서나 그것을 할 수 있기 때문입니다.

### Question 7

If you were planning to sign up for a new streaming service, **would you** pay an additional fee for a service with no advertisements? **Why or why not?**

만약 당신이 새로운 스트리밍 서비스에 가입할 계획이라면, 당신은 광고가 없는 서비스를 위해 추가 요금을 지불하실 건가요? 그 이유는요?

핵심 응답 **No.** If I were planning to sign up for a new streaming service, **I would not** pay an additional fee for a service with no advertisements. 이유 **This is because I don't want to spend too much money.** 추가 설명 **Also, I sometimes get useful information like new products and discount events from advertisements.** 마무리 **Therefore, I think I would probably not pay more to remove advertisements.**

아니요. 만약 제가 새로운 스트리밍 서비스에 가입할 계획이라면, 저는 광고가 없는 서비스를 위해 추가 요금을 지불하지는 않을 것입니다. 저는 너무 많은 돈을 쓰고 싶지 않기 때문입니다. 또한, 저는 가끔 광고에서 신제품이나 할인 행사 같은 유용한 정보를 얻습니다. 그러므로, 저는 아마도 광고를 없애기 위해 더 많은 돈을 지불하지 않을 것이라고 생각합니다.

어휘 additional [ədíʃənəl] 추가의 fee [fiː] 요금
advertisement [ædvərtáizmənt] 광고

답변 TIP 광고가 없는 서비스를 위해 추가 요금을 지불한다고 답변하는 경우, '광고를 보는 데 시간을 낭비하고 싶지 않다(I don't want to waste my time watching advertisements)', '광고는 종종 보고 있는 영상의 중요한 순간을 방해한다(Advertisements often interrupt key moments of the video I watch)' 등을 근거로 답변할 수 있어요.

## 3 전화 설문: 제과점

| | |
|---|---|
| Imagine that someone is planning to open a new bakery in your area. You have agreed to participate in a telephone interview about bakeries. | 어떤 사람이 당신의 지역에 새로운 제과점을 열 계획을 하고 있다고 가정해봅시다. 당신은 제과점에 대한 전화 인터뷰에 참여하기로 동의했습니다. |

### Question 5

When was the last time you visited a bakery, and what did you buy?

당신은 언제 마지막으로 제과점을 방문했고, 무엇을 샀나요?

The last time I visited a bakery was **two days ago**, and I bought **bagels and muffins**.

제가 마지막으로 제과점을 방문한 것은 이틀 전이고, 저는 베이글과 머핀을 샀습니다.

### Question 6

Would you like to see more bakeries in your area? Why or why not?

당신의 지역에 제과점이 더 생겼으면 좋겠나요? 그 이유는요?

Yes, I would like to see more bakeries in my area. Most bakeries in my area are too crowded.

네, 우리 지역에 제과점이 더 생겼으면 좋겠습니다. 우리 지역에 있는 대부분의 제과점은 너무 붐빕니다.

어휘 crowded [kráudid] 붐비는, 혼잡한

### Question 7

If a new bakery opened in your neighborhood, which one of the following would most likely encourage you to visit it? Why?

- The location of the bakery
- The variety of baked goods it sells
- The opening time of the bakery

만약 당신의 동네에 새로운 제과점이 생긴다면, 다음 중 어느 것이 가장 당신이 그곳을 방문하도록 장려하나요? 그 이유는요?

· 제과점의 위치
· 그곳이 판매하는 다양한 제과 제품
· 제과점의 오픈 시간

핵심 응답 If a new bakery opened in my neighborhood, the variety of baked goods it sells would most likely encourage me to visit it. 이유 First of all, there are more options to choose from so it's easier to find products I like. 추가 설명 Also, it's time-saving because I don't need to visit other stores to get what I want. 마무리 Therefore, the variety of baked goods would most influence my decision to visit a bakery.

만약 우리 동네에 새로운 제과점이 생긴다면, 그곳이 판매하는 다양한 제과 제품이 제가 그곳을 방문하도록 부추길 것입니다. 첫째로, 선택할 수 있는 옵션이 많기 때문에 마음에 드는 제품을 더 쉽게 찾을 수 있습니다. 또한, 원하는 것을 얻기 위해 다른 가게를 방문할 필요가 없기 때문에 시간이 절약됩니다. 그러므로, 다양한 제과 제품이 제과점을 방문하려는 저의 결정에 가장 큰 영향을 미칠 것입니다.

어휘 neighborhood [néibərhùd] 동네
encourage [inkə́:ridʒ] 장려하다, 부추기다
time-saving [táimseiviŋ] 시간을 절약해 주는

## 4 전화 설문: 인터넷 이용

| Imagine that a university professor is doing research in your area. You have agreed to participate in a telephone interview about using the Internet. | 한 대학교 교수가 당신의 지역에서 연구를 하고 있다고 가정해봅시다. 당신은 인터넷 이용에 대한 전화 인터뷰에 참여하기로 동의했습니다. |
|---|---|

**Question 5**

Where do you usually use the Internet, and how much time do you spend on the Internet every day?

당신은 주로 어디에서 인터넷을 사용하고, 매일 얼마나 많은 시간 동안 인터넷을 사용하나요?

I usually use the Internet in my room, and I spend four hours on the Internet every day.

저는 주로 제 방에서 인터넷을 사용하고, 매일 네 시간씩 인터넷을 사용합니다.

답변 TIP 이외에도 매일 얼마나 많은 시간 동안 무언가를 하는지를 묻는 질문에는 'many hours(많은 시간)', 'less than a few hours(몇 시간도 안 되는 시간)' 등을 사용해서 답변할 수 있어요.

**Question 6**

Do you think you currently spend more time using the Internet than before? Why or why not?

당신은 현재 예전보다 더 많은 시간을 인터넷을 사용하는 데 쓰고 있다고 생각하나요? 그 이유는요?

Yes, I think I currently spend more time using the Internet than before. Nowadays, I use the Internet for many daily tasks like banking, and shopping.

네, 저는 현재 예전보다 더 많은 시간을 인터넷을 사용하는 데 쓰고 있다고 생각합니다. 요즘, 저는 은행 업무, 쇼핑과 같은 많은 일상 업무에 인터넷을 사용합니다.

**Question 7**

Which of the following do you most often use the Internet for?

- Playing video games
- Shopping online
- Searching for information

다음 중 무엇을 하기 위해 인터넷을 가장 자주 사용하나요?

- 게임하기
- 온라인에서 쇼핑하기
- 정보 검색하기

핵심 응답 I most often use the Internet for shopping online. 이유 First of all, it is simple and easy because I can do it at home with just a few clicks. 추가 설명 Also, it's very convenient since I don't have to visit many stores to compare prices. 마무리 Therefore, I usually use the Internet to shop online.

저는 온라인에서 쇼핑하기 위해 인터넷을 가장 자주 사용합니다. 첫째로, 이것은 집에서 몇 번의 클릭만으로 할 수 있기 때문에 간단하고 쉽습니다. 또한, 가격을 비교하기 위해 많은 매장을 방문할 필요가 없기 때문에 매우 편리합니다. 그러므로, 저는 온라인에서 쇼핑하기 위해 주로 인터넷을 사용합니다.

어휘 convenient[kənvíːnjənt] 편리한

## 5 전화 설문: 휴대 전화로 보내는 문자 메시지

| | |
|---|---|
| Imagine that a marketing firm is doing research in your area. You have agreed to participate in a telephone interview about using mobile phones to send text messages. | 한 마케팅 회사가 당신의 지역에서 조사를 하고 있다고 가정해봅시다. 당신은 휴대 전화를 사용하여 문자 메시지를 보내는 것에 대한 전화 인터뷰에 참여하기로 동의했습니다. |

### Question 5

How often do you send text messages, and who do you most often send them to?

당신은 얼마나 자주 문자 메시지를 보내고, 누구에게 가장 자주 보내나요?

I send text messages almost every day, and I most often send them to my friends.

저는 거의 매일 문자 메시지를 보내고, 제 친구들에게 그것을 가장 자주 보냅니다.

### Question 6

Would you send text messages to coworkers if you had to discuss something? Why or why not?

당신은 상의해야 할 일이 있다면 직장동료들에게 문자 메시지를 보낼 건가요? 그 이유는요?

Yes, I would send text messages to coworkers if I had to discuss something. You can easily keep a record of the discussion if they're in text.

네, 저는 상의해야 할 일이 있으면 직장동료들에게 문자 메시지를 보낼 겁니다. 논의한 것이 글로 되어 있으면 더 쉽게 기록을 남길 수 있습니다.

어휘 coworker[kóuwə̀:rkər] 직장동료

답변 TIP 문자 메시지를 보내지 않을 것이라고 답변하는 경우, '직접적인 대화가 편리하다(It's more convenient to have a direct conversation)', '문자 메시지는 오해를 유발할 수 있다(Text messages may cause misunderstandings)' 등을 근거로 답변할 수 있어요.

### Question 7

What are the advantages of communicating with people using text messages instead of talking face-to-face?

직접 만나서 대화하는 대신 문자 메시지를 사용하여 사람들과 소통하는 것의 장점은 무엇인가요?

핵심 응답 There are many advantages of communicating with people using text messages instead of talking face-to-face. 이유 This is because it allows me to communicate with more people more often. 추가 설명 For example, I can easily keep in touch with friends living abroad anytime and anywhere via text messages. 마무리 Therefore, I think text messaging is a good way to communicate with people.

직접 만나서 대화하는 대신 문자 메시지를 사용하여 사람들과 소통하는 것에는 여러 장점이 있습니다. 그것은 더 많은 사람들과 더 자주 소통할 수 있게 해주기 때문입니다. 예를 들어, 문자 메시지로 저는 언제 어디서나 해외에 사는 친구들과 쉽게 연락할 수 있습니다. 그러므로, 저는 문자 메시지를 보내는 것이 사람들과 소통하는 좋은 방법이라고 생각합니다.

어휘 face-to-face[fèistəféis] 직접 만나서, 마주 보고 abroad[əbrɔ́:d] 해외에

## 6 지인과 통화: 휴가

| Imagine that you are talking to a friend on the telephone. You are talking about going on a vacation together. | 당신이 친구와 전화 통화를 하고 있다고 가정해봅시다. 당신은 함께 휴가를 가는 것에 대해 이야기하고 있습니다. |
|---|---|

### Question 5

Where did you most recently travel to, and when did you go there?

네가 가장 최근에 여행한 곳은 어디고, 언제 그곳에 갔었니?

I most recently traveled to **Guam**, and I went there **last summer**.

내가 가장 최근에 여행한 곳은 괌이고, 나는 지난 여름에 그곳에 갔었어.

### Question 6

What is your favorite activity to do while on vacation? Why?

휴가가 있는 동안 가장 하기 좋아하는 활동은 무엇이야? 그 이유는?

My favorite activity to do while on vacation is **scuba diving**. Doing things I cannot experience in my daily life makes the time more worth it.

내가 휴가 가 있는 동안 가장 하기 좋아하는 활동은 스쿠버 다이빙이야. 일상생활에서 경험하지 못한 것들을 하는 것은 그 시간을 더 가치 있게 만들어.

**답변 TIP** 이외에도, 휴가에 가서 'hiking(하이킹)', 'camping(캠핑)', 'exploring new places(새로운 장소 탐험하기)' 등을 한다고 답변할 수 있어요.

### Question 7

If you were planning to travel to a new place for the first time, which of the following would you most likely visit?

- A historic attraction
- A national park
- A famous museum

만약 네가 새로운 곳을 처음으로 여행할 예정이라면, 다음 중 어떤 곳을 가장 방문할 것 같니?
- 역사 관광지
- 국립공원
- 유명한 박물관

핵심 응답 If I were planning to travel to a new place for the first time, I would most likely visit **a historic attraction**. 이유 This is because it gives me a chance to learn about the culture and history of the place. 추가 설명 In my experience, what I learn first-hand is usually more memorable than things I learn from books. 마무리 Therefore, I like to visit a historic attraction when I travel to a new place.

만약 내가 새로운 곳을 처음으로 여행할 예정이라면, 나는 역사 관광지를 가장 방문할 것 같아. 그것은 나에게 그곳의 문화와 역사에 대해 배울 수 있는 기회를 주기 때문이야. 내 경험상, 책으로 배우는 것보다 직접 경험하는 것을 통해 배우는 것이 더 기억에 남아. 그래서, 나는 새로운 곳을 여행할 때 역사 관광지를 방문하는 것을 좋아해.

**어휘** attraction[ətrǽkʃən] 관광지, 명소 first-hand[fə̀:rsthǽnd] 직접 경험한 memorable[mémərəbəl] 기억에 남는, 잊기 어려운

## 7 전화 설문: 선물 구매

| Imagine that a magazine is doing research in your area. You have agreed to participate in a telephone interview about purchasing gifts. | 한 잡지가 당신의 지역에서 설문 조사를 하고 있다고 가정해봅시다. 당신은 선물을 구매하는 것에 대한 전화 인터뷰에 참여하기로 동의했습니다. |
|---|---|

**Question 5**

When was the last time you bought a gift, and who was it for?

언제 마지막으로 선물을 샀고, 그것은 누구를 위한 것이었나요?

The last time I bought a gift was **on my sister's birthday**, and it was for **my sister**.

제가 마지막으로 선물을 산 것은 제 여동생의 생일 때였고, 그것은 제 여동생을 위한 것이었습니다.

**Question 6**

If you had to buy a gift for a friend, would you buy it online rather than in a store? Why or why not?

만약 당신이 친구를 위한 선물을 사야 한다면, 당신은 그것을 가게에서보다 온라인에서 살 건가요? 그 이유는요?

Yes, if I had to buy a gift for my friend, I would buy it online rather than in a store. I prefer to shop online because I can easily do it without going out.

네, 친구를 위한 선물을 사야 한다면 가게보다는 온라인에서 살 것입니다. 외출하지 않고도 쉽게 할 수 있기 때문에 저는 온라인에서 쇼핑하는 것을 선호합니다.

답변 TIP 온라인 쇼핑하는 것을 선호한다는 것에 대해 '온라인 구매가 더 저렴하다(Online purchases are less expensive)', '휴대 전화로도 간편하게 결제할 수 있다(You can easily make payments on your mobile phone)' 등을 근거로 답변할 수 있어요.

**Question 7**

Which of the following would you most likely give your friends as a gift?
- Jewelry
- A home appliance
- A gift voucher

다음 중 친구들에게 가장 줄 것 같은 선물은 무엇인가요?
- 장신구
- 가전제품
- 상품권

핵심 응답 I would most likely give my friends **a gift voucher** as a gift. 이유 First of all, it allows them to buy whatever they really want. 추가 설명 Also, I wouldn't have to spend much time considering what I should buy for them. 마무리 Therefore, I think giving friends a gift voucher as a gift is a good idea.

저는 친구들에게 상품권을 가장 선물할 것 같습니다. 첫째로, 이는 그들이 정말로 원하는 것을 살 수 있게 해줍니다. 또한, 저는 그들을 위해 무엇을 사야 할지 고민하는 데 많은 시간을 쓸 필요가 없어집니다. 그러므로, 친구들에게 상품권을 선물하는 것은 좋은 생각이라고 생각합니다.

어휘 home appliance 가전제품 gift voucher 상품권

## 8 전화 설문: 음악 감상

| Imagine that a record label is doing research in your area. You have agreed to participate in a telephone interview about listening to music. | 한 음반 제작사가 당신의 지역에서 조사를 하고 있다고 가정해봅시다. 당신은 음악 감상에 대한 전화 인터뷰에 참여하기로 동의했습니다. |
|---|---|

### Question 5

| | |
|---|---|
| What time of the day do you usually listen to music, and where do you listen to it? | 당신은 하루 중 주로 언제 음악을 듣고, 어디에서 듣나요? |
| I usually listen to music in the morning, and I listen to it on the bus.<br>답변 TIP 이외에도 하루 중 언제 무언가를 하는지 묻는 질문에는 'after having lunch(점심 식사 후에)', 'on my way home from work(퇴근길에)', 'before going to bed(잠자기 전에)' 등을 사용해서 답변할 수 있어요. | 저는 주로 아침에 음악을 듣고, 버스 안에서 듣습니다. |

### Question 6

| | |
|---|---|
| What kind of music do you enjoy listening to? Why? | 어떤 종류의 음악을 즐겨 듣나요? 그 이유는요? |
| I enjoy listening to classical music. I like it since it makes me relaxed and calm.<br>답변 TIP 음악의 종류로는 '재즈 음악(jazz music)', '대중 음악(pop music)', '록 음악(rock music)' 등을 말할 수 있어요. | 저는 클래식 음악을 즐겨 듣습니다. 그것은 저를 편안하고 차분하게 만들어주기 때문에 저는 그것을 좋아합니다. |

### Question 7

| | |
|---|---|
| What are the advantages of using music applications when listening to music? | 음악을 들을 때 음악 애플리케이션을 사용하는 것의 장점은 무엇인가요? |
| 핵심 응답 There are many advantages of using music applications when listening to music. 이유 First of all, I can easily listen to music anytime and anywhere on my mobile phone. 추가 설명 Also, most music applications can even analyze my playlist and recommend music I would like. 마무리 Therefore, I think using music applications is the best way to find music. | 음악 애플리케이션을 사용해서 음악을 듣는 것에는 여러 장점이 있습니다. 첫째로, 저는 휴대폰으로 언제 어디서나 쉽게 음악을 들을 수 있습니다. 또한, 대부분의 음악 애플리케이션은 심지어 제 재생 목록을 분석해서 제가 좋아할 만한 음악을 추천합니다. 그러므로, 음악 애플리케이션을 사용하는 것이 음악을 찾는 가장 좋은 방법이라고 생각합니다. |

# Q8-10 표 보고 질문에 답하기

## 자신감 UP! 만능 템플릿 & 핵심 공략

### Check up  Q89&10_Checkup

p.87

1. The seminar will be held at Millennium Hotel.
세미나는 Millennium 호텔에서 열릴 것입니다.

2. The conference will be held on December 20.
콘퍼런스는 12월 20일에 열릴 것입니다.

3. The class will start at 10 A.M.
수업은 오전 10시에 시작할 것입니다.

4. The conference registration will cost 50 dollars.
콘퍼런스 등록 비용은 50달러일 것입니다.

5. The keynote speech will be given by Sue Lee.
기조연설은 Sue Lee에 의해 진행될 것입니다.

***Digital Marketing Seminar***

September 10, Riverside Hotel

| Time | Session | Presenter |
|---|---|---|
| 11:00 A.M.-Noon | Presentation: Digital Marketing Trends | Ray Kingsford |
| Noon-1:30 P.M. | Lunch *(Provided)* | |
| 1:30-3:00 P.M. | Lecture: Social Media Marketing | Stacey Harris |

***디지털 마케팅 세미나***

9월 10일, Riverside 호텔

| 시간 | 세션 | 발표자 |
|---|---|---|
| 오전 11시-정오 | 발표: 디지털 마케팅 동향 | Ray Kingsford |
| 정오-오후 1시 30분 | 점심 *(제공됨)* | |
| 오후 1시 30분-3시 | 강의: 소셜 미디어 마케팅 | Stacey Harris |

6. When and where will this seminar be held? 이 세미나는 언제 그리고 어디에서 열리나요?

The seminar will be held on September 10 at Riverside Hotel.
세미나는 9월 10일에 Riverside 호텔에서 열릴 것입니다.

7. I heard that lunch is not provided. Is that correct? 점심은 제공되지 않는다고 들었어요. 맞나요?

I'm sorry, but you have the wrong information. Lunch will be provided.
죄송하지만, 당신은 잘못된 정보를 갖고 계십니다. 점심 식사는 제공될 것입니다.

## 실력 UP! 연습 문제 Q89&10_연습문제(모범답변)

p.88

### 1 행사/회의 일정표

**Triforce Software Corporate Retreat**

Watley Convention Hall
Monday, February 18

| | |
|---|---|
| [8]8:30-10:00 A.M. | Corporate News Update *([8]by Maria Voss)* |
| [10]10:00 A.M.-Noon | [10]Presentation: Resolving Customer Complaints *(presented by Todd Blunt)* |
| Noon-2:00 P.M. | [9]Lunch Buffet *(catered by Angel's Grill)* |
| [10]2:00-3:30 P.M. | [10]Presentation: Communication Skills *(presented by Steven Willis)* |
| 3:30-4:30 P.M. | Brainstorming Long-Term Team Goals |
| 4:30-6:00 P.M. | Trust-Building Activities |
| 6:00-7:00 P.M. | Best Employee Awards *(by Jeanne Roberts)* |

Triforce 소프트웨어 사내 수련회
Watley 컨벤션 홀
2월 18일, 월요일

| | |
|---|---|
| [8]오전 8시 30분-10시 | 최신 사내 뉴스 *([8]Maria Voss 진행)* |
| [10]오전 10시-정오 | [10]발표: 고객 불만 해결 *(Todd Blunt가 발표함)* |
| 정오-오후 2시 | [9]점심 뷔페 *(Angel's Grill에 의해 제공됨)* |
| [10]오후 2시-3시 30분 | [10]발표: 의사소통 기술 *(Steven Willis가 발표함)* |
| 오후 3시 30분-4시 30분 | 팀의 장기 목표 브레인스토밍 |
| 오후 4시 30분-6시 | 신뢰 쌓기 활동 |
| 오후 6시-7시 | 최우수 직원상 *(Jeanne Roberts가 진행함)* |

Hi, I'm going to the company retreat next week, but I can't find my schedule. So, I'd like to go over some of the details with you.

안녕하세요, 다음 주에 사내 수련회에 가는데, 제 일정표를 못 찾겠어요. 그래서, 저는 당신과 함께 몇 가지 세부 사항을 검토하고 싶습니다.

**어휘** corporate[kɔ́:rpərət] 사내의, 기업의 retreat[ritríːt] 수련회, 수행 complaint[kəmpléint] 불만, 불평
cater[kéitər] (음식·서비스 등을) 제공하다

| | |
|---|---|
| **Question 8**<br>What time does the first event start, and who is leading it?<br><br>The first event, corporate news update, will start at 8:30 A.M., and it will be given by Maria Voss. | 첫 번째 행사는 몇 시에 시작하고, 누가 진행하나요?<br><br>첫 번째 행사인 최신 사내 뉴스는 오전 8시 30분에 시작할 것이고, Maria Voss에 의해 진행될 것입니다. |
| **Question 9**<br>I heard we will be going out to eat at a local restaurant for lunch. Is this correct?<br><br>I'm sorry, but you have the wrong information. A lunch buffet will be catered by Angel's Grill. | 현지 음식점으로 점심 식사를 하러 나갈 것이라고 들었어요. 맞나요?<br><br>죄송하지만, 당신은 잘못된 정보를 갖고 계십니다. 점심 뷔페가 Angel's Grill에 의해 제공될 것입니다. |
| **Question 10**<br>I heard there are going to be some presentations held at the retreat. Can you give me all the details on the presentations given at the retreat?<br><br>Of course! Let me give you the details. There will be two scheduled presentations at the retreat. First of all, a presentation on resolving customer complaints will be given by Todd Blunt from 10 A.M. to noon. Secondly, Steven Willis will give a presentation on communication skills from 2 to 3:30 P.M. | 수련회에서 몇 개의 발표가 열린다고 들었어요. 수련회에서 진행되는 발표에 대한 모든 세부 사항을 알려주실 수 있나요?<br><br>물론이죠! 세부 사항을 알려드리도록 하겠습니다. 수련회에서는 발표가 두 개 예정되어 있습니다. 첫째로, 오전 10시부터 정오까지 고객 불만 해결에 관한 발표가 Todd Blunt에 의해 진행될 것입니다. 두 번째로, Steven Willis가 오후 2시부터 3시 30분까지 의사소통 기술에 관한 발표를 진행할 것입니다. |

## 2 면접 일정표

**Portsmouth Hotel**
**Job Interview Schedule**
Tuesday, November 9
Location: [8]Meeting Room 1

| Time | Applicant | Desired Position | Current Employer |
|---|---|---|---|
| [8]9:00 A.M. | Michael Ross | Front Desk Clerk | Sunnyview Restaurant |
| [9]~~10:00 A.M.~~ | [9]~~Sarah Helms~~ *Canceled* | [9]~~Operations Manager~~ | [9]~~Rainbow Hotel~~ |
| 11:00 A.M. | Carl James | Housekeeping Coordinator | PMC Towers |
| [10]1:00 P.M. | [10]Jackie Conroy | [10]Reservations Associate | [10]Baymont Hotel |
| 2:00 P.M. | Donald Brady | Front Desk Clerk | Terrance Hotel |
| [10]3:00 P.M. | [10]Laura Scott | [10]Assistant Manager | [10]Baymont Hotel |

**Portsmouth 호텔**
**취업 면접 일정**
11월 9일, 화요일
장소: [8]1번 회의실

| 시간 | 지원자 | 희망 직무 | 현 고용주 |
|---|---|---|---|
| [8]오전 9시 | Michael Ross | 안내 데스크 직원 | Sunnyview 식당 |
| [9]~~오전 10시~~ | [9]~~Sarah Helms~~ *취소됨* | [9]~~업무 관리자~~ | [9]~~Rainbow 호텔~~ |
| 오전 11시 | Carl James | 시설 관리 책임자 | PMC 타워 |
| [10]오후 1시 | [10]Jackie Conroy | [10]예약 보조 | [10]Baymont 호텔 |
| 오후 2시 | Donald Brady | 안내 데스크 직원 | Terrance 호텔 |
| [10]오후 3시 | [10]Laura Scott | [10]부지배인 | [10]Baymont 호텔 |

Hello. I'm supposed to interview some applicants on Tuesday, but I accidentally deleted the email with the interview schedule. Would you fill me in with some details?

안녕하세요. 화요일에 입사 지원자 면접을 볼 예정인데, 면접 일정표가 있는 이메일을 실수로 삭제했습니다. 세부 사항을 알려주실 수 있나요?

어휘 applicant[ǽplikənt] 지원자, 신청자 employer[implɔ́iər] 고용주, 회사

**Question 8**

🎧 Where will the interviews take place, and what time will the first one start?

🎙 The interviews will be held in meeting room 1, and the first one will start at 9 A.M.

🎧 면접은 어디에서 열리고, 첫 번째 면접은 몇 시에 시작하나요?

🎙 면접은 1번 회의실에서 열리고, 첫 번째 면접은 오전 9시에 시작할 것입니다.

**Question 9**

🎧 I understand I will be interviewing an applicant for operations manager position, right?

🎙 I'm sorry, but you have the wrong information. The interview at 10 A.M. with Sarah Helms from Rainbow Hotel for the position was canceled.

🎧 업무 관리자 직무의 지원자를 면접할 것이라고 알고 있는데, 맞나요?

🎙 죄송하지만, 당신은 잘못된 정보를 갖고 계십니다. 그 직무에 대한 Rainbow 호텔의 Sarah Helms와의 오전 10시 면접은 취소되었습니다.

**Question 10**

🎧 I think we had some promising candidates from Baymont Hotel in the past. Could you give me all the details for any interviews with candidates currently employed by the Baymont Hotel?

🎙 Of course! Let me give you the details. There will be two scheduled interviews with applicants currently employed at the Baymont Hotel. First of all, you will interview Jackie Conroy, who is applying for a reservations associate position at 1 P.M. Secondly, you will meet Laura Scott for an assistant manager position at 3 P.M.

어휘 promising[prɑ́:misiŋ] 유망한, 촉망되는
candidate[kǽndidèit] 지원자, 후보자 employ[implɔ́i] 고용하다

답변 TIP 지원자의 이름과 지원 직무를 한 번에 말할 때는, '[이름] who is applying for [지원 직무]' 또는 '[이름] for [지원 직무]'의 표현을 사용해 말하세요.

🎧 과거에 Baymont 호텔에서 온 유망한 지원자들이 몇 명 있었던 것 같아요. 현재 Baymont 호텔에 고용되어 있는 지원자들과의 면접에 대한 모든 세부 사항을 알려주시겠어요?

🎙 물론이죠! 세부 사항을 알려드리도록 하겠습니다. 현재 Baymont 호텔에 고용되어 있는 지원자들과의 면접이 두 개 예정되어 있습니다. 첫째로, 당신은 오후 1시에 예약 보조 직무에 지원한 Jackie Conroy를 면접할 것입니다. 두 번째로, 당신은 오후 3시에 부지배인 직무를 위해 Laura Scott을 만날 것입니다.

# 1 수업/강의 시간표

**Ironwood Community Center**

Group Fitness Courses

November Schedule

[8]Members: $30 per class    Non-members: $50 per class

| Class | Day of the Week | Time | Instructor |
| --- | --- | --- | --- |
| Yoga | Mondays | 4:30-5:30 P.M. | Isabel |
| Spinning | Tuesdays | 6:00-7:00 P.M. | Claire |
| [10]Jazz Dance | [10]Wednesdays | [10]9:00-10:00 A.M. | [10]Jason |
| Pilates | Wednesdays | 6:00-7:00 P.M. | Ben |
| [10]Aerobics | [10]Thursdays | [10]10:00-11:00 A.M. | [10]Scott |
| Zumba | Saturdays | 1:00-2:30 P.M. | Emma |

[9]* *Lockers are provided free of charge for members only.*

Ironwood 문화센터

단체 피트니스 수업

11월 일정표

[8]회원: 수업당 30달러  비회원: 수업당 50달러

| 수업 | 요일 | 시간 | 강사 |
| --- | --- | --- | --- |
| 요가 | 월요일 | 오후 4시 30분-5시 30분 | Isabel |
| 스피닝 | 화요일 | 오후 6시-7시 | Claire |
| [10]재즈 댄스 | [10]수요일 | [10]오전 9시 -10시 | [10]Jason |
| 필라테스 | 수요일 | 오후 6시-7시 | Ben |
| [10]에어로빅 | [10]목요일 | [10]오전 10시-11시 | [10]Scott |
| 줌바 | 토요일 | 오후 1시-2시 30분 | Emma |

[9]* *물품 보관함은 회원들에게만 무료로 제공됩니다.*

Hello. I'm interested in the November fitness classes at your community center. Would you mind answering a few questions?

안녕하세요. 문화센터의 11월 피트니스 수업에 관심이 있습니다. 몇 가지 질문을 해도 될까요?

**어휘** community center 문화센터, 문화 회관  instructor[instrʌ́ktər] 강사, 교사

| | |
|---|---|
| **Question 8** | |
| How much is it to take a class? | 한 수업을 듣는 데 얼마인가요? |
| It will cost 30 dollars per class for members, and 50 dollars per class for non-members. | 회원의 비용은 수업당 30달러, 비회원은 수업당 50달러일 것입니다. |
| 답변 TIP 회원과 비회원에게 제공되는 혜택을 구분해서 말할 때는 for를 사용해 'for members', 'for non-members'라고 말하세요. | |
| **Question 9** | |
| I heard that all people who take the classes could use the lockers for free. Is this right? | 수업을 듣는 모든 사람들은 물품 보관함을 무료로 이용할 수 있다고 들었어요. 맞나요? |
| I'm sorry, but you have the wrong information. The lockers are provided free of charge for members only. | 죄송하지만, 당신은 잘못된 정보를 갖고 계십니다. 물품 보관함은 회원들에게만 무료로 제공됩니다. |
| **Question 10** | |
| Mornings are the best time for me. Can you give me the details about classes that are scheduled in the morning? | 오전이 저에게 가장 좋은 시간대예요. 오전에 예정된 수업들에 대한 세부 사항을 알려주실 수 있나요? |
| Of course! Let me give you the details. There will be two scheduled classes in the mornings. First of all, you can take a jazz dance class from 9 until 10 A.M. on Wednesdays. Jason is the instructor for that class. Secondly, if you're interested, there will be an aerobics class led by Scott from 10 to 11 A.M. on Thursdays. | 물론이죠! 세부 사항을 알려드리도록 하겠습니다. 오전에 수업이 두 개 예정되어 있습니다. 첫째로, 당신은 수요일 오전 9시부터 10시까지 재즈 댄스 수업을 들으실 수 있습니다. Jason이 그 수업의 강사입니다. 두 번째로, 관심 있으시다면, 목요일 오전 10시부터 11시까지 Scott이 지도하는 에어로빅 수업이 있습니다. |
| 답변 TIP 수업의 강사가 누구인지에 대해 말할 때는, '[이름] is the instructor for that class' 또는 'class led by [이름]'을 사용해 말하세요. | |

## 2 행사/회의 일정표

**Economic Theory Seminar**

March 15

[8]Bennett Lecture Hall, Midland University

| Time | Topic of Lectures | Presenter |
|---|---|---|
| [8]8:30-9:30 A.M. | Supply Network Formation | Dr. Hannah Teller |
| [10]9:30-10:30 A.M. | [10]Understanding the Value of Data | [10]Dr. Emma Kim |
| 10:30-11:30 A.M. | Monopoly Regulation | Dr. David Gonzalez |
| 11:30 A.M.-12:30 P.M. | Statistical Method Exploration | Dr. Lynn Rakus |
| 12:30-1:30 P.M. | Lunch | |
| [10]1:30-2:30 P.M. | [10]Data and Analytics | [10]Dr. Jack Roberts |
| 2:30-3:30 P.M. | The True Power of Markets | Dr. Rachel Harada |

[9]Registration fee: $75 in advance / $85 on-site

경제 이론 세미나

3월 15일

[8]Bennett 강당, Midland 대학교

| 시간 | 강의 주제 | 발표자 |
|---|---|---|
| [8]오전 8시 30분-9시 30분 | 보급망 형성 | Hannah Teller 박사 |
| [10]오전 9시 30분-10시 30분 | [10]데이터의 가치 이해 | [10]Emma Kim 박사 |
| 오전 10시 30분-11시 30분 | 독점 규제 | David Gonzalez 박사 |
| 오전 11시 30분-오후 12시 30분 | 통계적 방법 탐구 | Lynn Rakus 박사 |
| 오후 12시 30분-1시 30분 | 점심 | |
| [10]오후 1시 30분-2시 30분 | [10]데이터 및 분석 | [10]Jack Roberts 박사 |
| 오후 2시 30분-3시 30분 | 시장의 진정한 힘 | Rachel Harada 박사 |

[9]등록비: 사전 등록 75달러 / 당일 등록 85달러

Hi, this is Katie Brown. I am planning to attend the economic theory seminar in March. I hope you can help me with a few questions.

안녕하세요, Katie Brown입니다. 저는 3월에 있을 경제 이론 세미나에 참석할 예정입니다. 몇 가지 질문에 대해 저를 도와주셨으면 합니다.

어휘 formation[fɔːrméiʃən] 형성, 구성 monopoly[mənάːpəli] 독점, 독주 regulation[règjuléiʃən] 규제, 규정 statistical[stətístikəl] 통계적인, 통계의 exploration[èkspləréiʃən] 탐구, 탐사 in advance 사전에, 미리

| | |
|---|---|
| **Question 8** | |
| Where will the seminar be held, and what time will it start? | 세미나는 어디에서 열리고, 몇 시에 시작하나요? |
| The seminar will be held in the Bennett lecture hall of Midland University, and it will start at 8:30 A.M. | 세미나는 Midland 대학교의 Bennett 강당에서 열리고, 오전 8시 30분에 시작할 것입니다. |
| **Question 9** | |
| I was told that there is no way to get a discount on the registration fee. Is this correct? | 등록비를 할인 받을 수 있는 방법이 없다고 들었어요. 맞나요? |
| I'm sorry, but you have the wrong information. If you make a registration in advance, you can get a discount of 10 dollars. It costs 75 dollars in advance, while it costs 85 dollars on-site.<br><br>답변 TIP '사전 등록/예약을 하면, ~의 할인을 받을 수 있다'라고 말할 때는, 'If you make a registration/reservation in advance, you can receive a discount of ~'를 사용해 말해보세요. | 죄송하지만, 당신은 잘못된 정보를 갖고 계십니다. 사전 등록을 하시면 10달러의 할인을 받으실 수 있습니다. 사전 등록 비용은 75달러이지만, 당일 등록 비용은 85달러입니다. |
| **Question 10** | |
| I'm very interested in hearing lectures that deal with data in economics. Can you tell me about the sessions dealing specifically with data? | 저는 경제학에서의 데이터를 다루는 강의를 듣는 것에 매우 관심이 있습니다. 구체적으로 데이터를 다루는 세션들에 대해 알려주실 수 있나요? |
| Of course! Let me give you the details. There will be two scheduled lectures that deal with data in economics. First of all, a lecture on understanding the value of data will be given by Dr. Emma Kim from 9:30 until 10:30 A.M. Secondly, Dr. Jack Roberts will lead a lecture on data and analytics, and it will be held from 1:30 to 2:30 P.M. | 물론이죠! 세부 사항을 알려드리도록 하겠습니다. 경제학에서의 데이터를 다루는 강의가 두 개 예정되어 있습니다. 첫째로, 오전 9시 30분부터 10시 30분까지 데이터의 가치 이해에 관한 강의가 Emma Kim 박사에 의해 진행될 것입니다. 두 번째로, Jack Roberts 박사가 데이터 및 분석에 관한 강의를 이끌 것이며, 그것은 오후 1시 30분부터 2시 30분까지 열릴 것입니다. |

## 3 행사/회의 일정표

Rogan Electronics

**Monthly Company Meeting**
**January 19**

| Time | Presentation Topic | Speaker |
|---|---|---|
| 8:00-8:45 A.M. | [8]Store Performance and Upcoming Targets | [8]Ned Jones |
| [10]8:45-9:30 A.M. | [10]New Products for Demonstration:<br>• Dalton Stereo System<br>• Wayfair Cleaning Robot | [10]Annie Douglas |
| 9:30-10:00 A.M. | IT Services Update | Tim Goldman |
| [9]10:00-11:00 A.M. | [9]Online Buying Trends | [9]Claire Henry |

Rogan 전자

**월례 회사 회의**
**1월 19일**

| 시간 | 발표 주제 | 발표자 |
|---|---|---|
| 오전 8시-8시 45분 | [8]점포 실적 및 향후 목표 | [8]Ned Jones |
| [10]오전 8시 45분-9시 30분 | [10]신제품 시연:<br>· Dalton 스테레오 시스템<br>· Wayfair 청소 로봇 | [10]Annie Douglas |
| 오전 9시 30분-10시 | IT 서비스 업데이트 | Tim Goldman |
| [9]오전 10시-11시 | [9]온라인 구매 동향 | [9]Claire Henry |

Hi, I'm Alice Kim from the marketing team. I'd like to get some information about the next monthly meeting.

안녕하세요, 마케팅팀의 Alice Kim입니다. 다음 월례 회의에 대한 정보를 좀 얻고 싶습니다.

**어휘** upcoming[ʌ́pkʌ̀miŋ] 향후의, 앞으로의 target[tá:rgit] 목표 demonstration[dèmənstréiʃən] 시연, 설명

### Question 8

Who is giving the first presentation, and what will it be about?

**The first presentation will be given by Ned Jones, and it will be about store performance and upcoming targets.**

첫 번째 발표는 누가 진행하고, 무엇에 관한 것인가요?

첫 번째 발표는 Ned Jones에 의해 진행될 것이고, 점포 실적 및 향후 목표에 관한 것일 것입니다.

### Question 9

I know we have a presentation on online buying trends given at this meeting. Tim Goldman will be making the presentation, right?

**I'm sorry, but you have the wrong information. Claire Henry will talk about online buying trends from 10 to 11 A.M.**

이번 회의에서 온라인 구매 동향에 관한 발표가 진행될 것으로 알고 있어요. Tim Goldman이 발표하는 것이죠, 맞나요?

죄송하지만, 당신은 잘못된 정보를 갖고 계십니다. Claire Henry가 오전 10시부터 11시까지 온라인 구매 동향에 대해 이야기할 것입니다.

### Question 10

Annie Douglas said she might need some help preparing for her presentation. Could you give me all the details for the sessions that Annie Douglas will be leading?

**Of course! Let me give you the details. There will be two scheduled demonstrations led by Annie Douglas from 8:45 to 9:30 A.M. First of all, she will demonstrate how to use the Dalton Stereo System. Secondly, she will show how the Wayfair Cleaning Robot works.**

Annie Douglas가 그녀의 발표 준비에 도움이 필요할지도 모른다고 했어요. Annie Douglas가 진행하는 세션에 대한 모든 세부 사항을 알려주실 수 있나요?

물론이죠! 세부 사항을 알려드리도록 하겠습니다. 오전 8시 45분부터 9시 30분까지 Annie Douglas에 의해 진행되는 시연이 두 개 예정되어 있습니다. 첫째로, 그녀는 Dalton 스테레오 시스템을 사용하는 법을 시연할 것입니다. 두 번째로, 그녀는 Wayfair 청소 로봇이 어떻게 작동하는지 보여줄 것입니다.

| Randall Creative Writing Course Schedule | | |
|---|---|---|
| [8]Courses are held on Fridays, 6:00-8:00 P.M. | | |
| Courses | Difficulty Level | Fee |
| Finding Inspiration | Easy | $20 |
| Developing Characters | Easy | $20 |
| Drafting Dialogue | Intermediate | $30 |
| [10]Short Story Writing | [10]Intermediate | [10]$30 |
| [9]Finding Your Writing Voice | [9]Advanced | $50 |
| Revision and Critiquing | Advanced | $50 |
| [10]Novel Writing | [10]Advanced | [10]$50 |

| Randall 창의적인 글쓰기 강의 일정 | | |
|---|---|---|
| [8]강의는 금요일 오후 6시-8시에 열립니다. | | |
| 강의 | 난이도 | 비용 |
| 영감 찾기 | 초급 | 20달러 |
| 인물 만들기 | 초급 | 20달러 |
| 대화 초안 쓰기 | 중급 | 30달러 |
| [10]단편 이야기 쓰기 | [10]중급 | [10]30달러 |
| [9]나의 화법 찾기 | [9]상급 | 50달러 |
| 교정과 비평하기 | 상급 | 50달러 |
| [10]소설 쓰기 | [10]상급 | [10]50달러 |

Hello. I'm interested in developing my creative writing skills, so I would like to take some classes in this field. I hope you can answer a few questions about your course schedule.

안녕하세요. 저는 저의 창의적인 글쓰기 실력을 개발하는 데 관심이 있어서, 이 분야의 수업을 몇 개 듣고 싶습니다. 강의 일정에 관한 몇 가지 질문에 답해 주셨으면 합니다.

어휘 inspiration[ìnspəréiʃən] 영감 dialogue[dáiəlɔ̀:g] 대화 revision[rivíʒən] 교정, 수정 critique[kritíːk] 비평 novel[nάːvəl] 소설

**Question 8**

On what day are the courses held, and what time do they start?

강의는 무슨 요일에 열리고, 몇 시에 시작하나요?

The courses will be held on Fridays, and they will start at 6 P.M.

강의는 금요일에 열리고, 오후 6시에 시작할 것입니다.

**Question 9**

I'd like to take the finding your writing voice course, but I haven't written any stories before. Do you think the course is right for me?

나의 화법 찾기 강의를 듣고 싶은데, 저는 그 어떤 이야기도 써본 적이 없어요. 이 강의가 저한테 맞을까요?

I'm afraid it may not be suitable for you. The finding your writing voice course is for advanced level students, so it might be too difficult.

유감이지만 그것은 당신에게 맞지 않을 수 있을 것 같습니다. 나의 화법 찾기 강의는 상급 수준의 학생들을 위한 것이라, 너무 어려울 수도 있습니다.

**Question 10**

One of my friends is interested in taking courses where you can actually write stories. Can you tell me about all the story writing courses you offer in detail?

제 친구 중 한 명은 실제로 이야기를 써볼 수 있는 강의를 듣는 것에 관심이 있어요. 당신이 제공하는 모든 이야기 쓰기 강의에 관해 자세히 알려주실 수 있나요?

Of course! Let me give you the details. There are two scheduled story writing courses. First of all, a course on short story writing for intermediate learners will be given at the price of 30 dollars. Secondly, we offer novel writing for advanced learners. The course will cost 50 dollars.

물론이죠! 세부 사항을 알려드리도록 하겠습니다. 이야기 쓰기 강의가 두 개 예정되어 있습니다. 첫째로, 중급 학습자를 위한 단편 이야기 쓰기 강의가 30달러의 가격으로 제공될 것입니다. 두 번째로, 저희는 상급 학습자들을 위한 소설 쓰기 강의를 제공합니다. 그 강의의 비용은 50달러일 것입니다.

## 5 행사/회의 일정표

**Social Media Marketing Conference**

[8]Roswell Convention Center

[9]One day: $75    Both days: $120

[8/10]April 21

| | | |
|---|---|---|
| 9 A.M. | Welcoming Remarks | Angela Watson |
| [10]10 A.M. | [10]Lecture: Focus Group Data | [10]Emily Sanders |
| 11 A.M. | Workshop: Using Social Media Marketing | Mary Brady |
| Noon | Lunch | |
| 1:30 P.M. | Discussion: Trusted Brands | Ryan Kennedy |

[8/10]April 22

| | | |
|---|---|---|
| 9 A.M. | Lecture: Copywriting Tips | Mina Hines |
| 10 A.M. | Lecture: Identifying Target Customers | George Starkey |
| 12:30 P.M. | Lunch | |
| [10]2 P.M | [10]Discussion: Creating Viral Content | [10]Emily Sanders |
| 3 P.M. | Workshop: Product Launch Advertising | Anthony King |

**소셜 미디어 마케팅 콘퍼런스**

[8]Roswell 컨벤션 센터

[9]하루: 75달러    이틀 모두: 120달러

[8/10]4월 21일

| | | |
|---|---|---|
| 오전 9시 | 개회사 | Angela Watson |
| [10]오전 10시 | [10]강의: 포커스 그룹 데이터 | [10]Emily Sanders |
| 오전 11시 | 워크숍: 소셜 미디어 마케팅 활용 | Mary Brady |
| 정오 | 점심 | |
| 오후 1시 30분 | 토론: 신뢰받는 브랜드들 | Ryan Kennedy |

[8/10]4월 22일

| | | |
|---|---|---|
| 오전 9시 | 강의: 광고 문안 작성 팁 | Mina Hines |
| 오전 10시 | 강의: 대상 고객 식별 | George Starkey |
| 오후 12시 30분 | 점심 | |
| [10]오후 2시 | [10]토론: 바이럴 콘텐츠 제작 | [10]Emily Sanders |
| 오후 3시 | 워크숍: 제품 출시 광고 | Anthony King |

Hi. I'm attending the social media marketing conference this April, but I can't find the schedule online. I'm calling you with a few questions about the conference.

안녕하세요. 제가 이번 4월에 소셜 미디어 마케팅 콘퍼런스에 참석하는데, 온라인에서 일정표를 찾을 수가 없네요. 콘퍼런스에 관해 몇 가지 여쭤보고 싶어서 전화드립니다.

어휘 focus group (상품 시장이나 선거동향의 조사를 위해 뽑힌 소수의) 포커스 그룹  launch [lɔːntʃ] 출시, 출시하다

| Question 8 | |
|---|---|
| On what dates will the conference take place, and where will it be held?<br>The conference will be held from April 21 to April 22 at Roswell Convention Center.<br>답변 TIP 특정 시간(날짜)부터 다른 시간(날짜)까지의 기간을 말할 때는 'from ~ to ~ (~부터 ~까지)'를 사용해 말할 수 있어요. | 콘퍼런스는 어떤 날짜에 열리고, 어디에서 열리나요?<br>콘퍼런스는 4월 21일부터 4월 22일까지 Roswell 컨벤션 센터에서 열릴 것입니다. |
| **Question 9** | |
| I may only be able to attend for one day. But I was told that I will still have to pay for the full conference. Is this correct?<br>I'm sorry, but you have the wrong information. You only need to pay 75 dollars for one day. | 저는 하루만 참가할 수 있을지도 몰라요. 그런데 여전히 콘퍼런스 전체 일정에 대한 비용을 지불해야 할 것이라고 들었어요. 맞나요?<br>죄송하지만, 당신은 잘못된 정보를 갖고 계십니다. 하루에 75달러만 지불하시면 됩니다. |
| **Question 10** | |
| I know my colleague Emily Sanders is going to be presenting this year. Can you give me the details about any sessions she is leading?<br>Of course! Let me give you the details. There will be two scheduled sessions Emily Sanders is leading at the conference. First of all, Ms. Sanders will give a lecture on focus group data at 10 A.M. on the first day of the conference, April 21. Secondly, she will lead a discussion on creating viral content which will be held at 2 P.M. on April 22. | 제 동료 Emily Sanders가 올해 발표하는 것으로 알고 있어요. 그녀가 이끄는 세션에 관한 세부 사항을 알려주실 수 있나요?<br>물론이죠! 세부 사항을 알려드리도록 하겠습니다. Emily Sanders가 콘퍼런스에서 이끄는 세션이 두 개 예정되어 있습니다. 첫째로, Sanders 씨는 콘퍼런스 첫날인 4월 21일 오전 10시에 포커스 그룹 데이터에 관해 강의할 것입니다. 두 번째로, 그녀는 4월 22일 오후 2시에 열리는 바이럴 콘텐츠 제작에 관한 토론을 이끌 것입니다. |

## 6 주문/예약표

### Sunny Shores Resort

[8]Activities Available from 9 A.M.-6 P.M.

[8]Sign-ups: Can Be Completed at Resort Front Desk

| Activity Type | Price per Person | Note |
|---|---|---|
| [10]Hike to Ebony Falls | [10]$20 | [10]Swimming by the Falls |
| Beach Horse Riding | $100 | Picnic Included |
| Snorkeling | $50 | Boat Rides |
| [9]Wakeboarding | $70 | [9]Equipment Rentals Required |
| Cooking Class | $50 | Held in Resort Guest Kitchens |
| [10]Hike to Coastal Temple | [10]$20 | [10]Additional Temple Entrance Fee |
| Kayaking | $70 | Mornings Only |

Sunny Shores 리조트

[8]오전 9시부터 오후 6시까지 활동 가능합니다.

[8]신청: 리조트 프런트에서 하실 수 있습니다

| 활동 종류 | 1인당 가격 | 비고 |
|---|---|---|
| [10]Ebony 폭포로 하이킹 | [10]20달러 | [10]폭포 근처에서 수영 |
| 해변 승마 | 100달러 | 피크닉 포함 |
| 스노클링 | 50달러 | 배 타기 |
| [9]웨이크보딩 | 70달러 | [9]장비 대여 필요 |
| 요리 교실 | 50달러 | 리조트 게스트 주방에서 진행 |
| [10]해안사원으로 하이킹 | [10]20달러 | [10]사원 입장료 추가 |
| 카약 | 70달러 | 오전에만 가능 |

Hi, I'm interested in signing up for some activities during my stay at Sunny Shores Resort. Can you give me some information about the available activities?

안녕하세요, Sunny Shores 리조트에 머무는 동안 몇 가지 활동을 신청하고 싶어요. 이용할 수 있는 활동에 관해 몇 가지 정보를 주실 수 있나요?

**Question 8**

What times do activities take place, and where can I register for them?

Activities will be held from 9 A.M. to 6 P.M. and you need to register at the resort front desk.

활동은 몇 시에 진행되고, 어디에서 신청할 수 있나요?

활동은 오전 9시부터 오후 6시까지 열리고, 당신은 리조트 프런트에서 등록해야 합니다.

**Question 9**

I'd like to do some active activities during my stay, and wakeboarding sounded interesting. The necessary equipment for wakeboarding is provided, right?

I'm sorry, but you have the wrong information. Equipment rentals are required for wakeboarding.

머무는 동안 활동적인 활동을 하고 싶은데, 웨이크보딩이 재미있을 것 같아요. 웨이크보딩에 필요한 장비들은 제공되는 거죠, 맞나요?

죄송하지만, 당신은 잘못된 정보를 갖고 계십니다. 웨이크보딩을 위해서는 장비 대여가 필요합니다.

**Question 10**

I would also like to know more about the hikes I can take. Can you tell me more about them?

Of course! Let me give you the details. There will be two scheduled hiking activities available. First of all, there is a hike to Ebony Falls that costs 20 dollars per person and includes swimming by the falls. Secondly, there is a hike to a coastal temple, which also costs 20 dollars per person and requires an additional temple entrance fee.

제가 할 수 있는 하이킹에 대해서도 더 알고 싶어요. 그것들에 대해 더 알려주실 수 있나요?

물론이죠! 세부 사항을 알려드리도록 하겠습니다. 해보실 수 있는 하이킹 활동이 두 개 예정되어 있습니다. 첫째로, 비용이 1인당 20달러로 폭포 근처에서 수영하는 것을 포함한 Ebony 폭포로 가는 하이킹이 있습니다. 두 번째로, 해안사원으로 가는 하이킹이 있는데, 그것도 비용이 1인당 20달러이고 사원 입장료가 추가로 필요합니다.

## 7 수업/강의 시간표

| San Antonio Language Institute | 550 Smith Street<br>Spanish Class Schedule: June 1-30<br>Price: $130 per class | |
|---|---|---|
| **Time** | **Day of the Week** | **Class** |
| [10]2:00-4:00 P.M. | [10]Mondays | [10]Introduction to Spanish |
| [10]4:00-6:00 P.M. | [10]Mondays | [10]Spanish Grammar Basics |
| 3:00-5:00 P.M. | Tuesdays | Conversational Spanish |
| [8]2:00-4:00 P.M. | [8]Wednesdays | [8]Business Spanish |
| 4:30-6:30 P.M. | Thursdays | Spanish Language and Culture |
| 3:30-5:30 P.M. | Fridays | Academic Writing in Spanish |

[9]**Registration Ends on May 31*

| San Antonio 어학원 | Smith가 550번지<br>스페인어 수업 일정: 6월 1-30일<br>가격: 수업당 130달러 | |
|---|---|---|
| **시간** | **요일** | **수업** |
| [10]오후 2시-4시 | [10]월요일 | [10]스페인어 입문 |
| [10]오후 4시-6시 | [10]월요일 | [10]스페인어 문법 기초 |
| 오후 3시-5시 | 화요일 | 회화형 스페인어 |
| [8]오후 2시-4시 | [8]수요일 | [8]비즈니스 스페인어 |
| 오후 4시 30분-6시 30분 | 목요일 | 스페인 언어와 문화 |
| 오후 3시 30분-5시 30분 | 금요일 | 스페인어로 학술적 글쓰기 |

[9]**수강 등록은 5월 31일에 종료됩니다*

Hi, I'm very interested in the Spanish classes offered next month. Would you mind answering a few questions?

안녕하세요, 저는 다음 달에 제공되는 스페인어 수업에 매우 관심이 있습니다. 몇 가지 질문을 해도 될까요?

### Question 8

I'm thinking of signing up for a business Spanish class. On what day will the class be held, and what time will it start?

**The business Spanish class will be held on Wednesdays, and it will start at 2 P.M.**

비즈니스 스페인어 수업에 등록하려고 생각 중이에요. 그 수업은 무슨 요일에 열리고, 몇 시에 시작할 것인가요?

비즈니스 스페인어 수업은 수요일에 열리고, 오후 2시에 시작할 것입니다.

### Question 9

I need some time to think about which courses I'd like to take. If I wanted to register for the class, I would have to sign up by the beginning of May, right?

**I'm sorry, but you have the wrong information. Registration ends on May 31.**

어떤 과목을 듣고 싶은지 생각할 시간이 필요해요. 수강 등록을 하려면, 5월 초까지 신청해야 하는 거죠, 맞나요?

죄송하지만, 당신은 잘못된 정보를 갖고 계십니다. 수강 등록은 5월 31일에 종료됩니다.

### Question 10

One of my friends is interested in signing up for a Monday class. Can you tell me all the details of any classes that take place on Mondays?

**Of course! Let me give you the details. There will be two scheduled classes on Mondays that your friend could sign up for. First of all, an introduction to Spanish class will be taught from 2 to 4 P.M. Secondly, there will be a Spanish grammar basics class from 4 to 6 P.M.**

제 친구 중 한 명은 월요일 수업을 등록하는 것에 관심이 있어요. 월요일에 진행되는 수업에 관한 모든 세부 사항을 알려주실 수 있나요?

물론이죠! 세부 사항을 알려드리도록 하겠습니다. 당신의 친구분이 월요일에 등록할 수 있는 수업이 두 개 예정되어 있습니다. 첫째로, 스페인어 입문 수업이 오후 2시부터 4시까지 진행될 것입니다. 두 번째로, 오후 4시부터 6시까지 스페인어 문법 기초 수업이 있을 것입니다.

## 8 개인 스케줄

| 3-day Tour to New York City | | 3일간의 뉴욕시 관광 | |
|---|---|---|---|
| [8]Thursday, April 8 | | [8]4월 8일, 목요일 | |
| 10:30 A.M.-Noon | [8]Times Square Bus Tour | 오전 10시-정오 | [8]타임스스퀘어 버스 관광 |
| Noon-2:00 P.M. | Break | 정오-오후 2시 | 휴식 |
| 2:00-4:00 P.M. | Walk to Empire State Building | 오후 2시-4시 | 엠파이어 스테이트 빌딩까지 산책 |
| [10]Friday, April 9 | | [10]4월 9일, 금요일 | |
| 10:00 A.M.-1:00 P.M. | Soho Walking Tour | 오전 10시-오후1시 | 소호 산책 관광 |
| 1:00-5:00 P.M. | Cruise Ride *(Lunch provided)* | 오후 1시-5시 | 유람선 타기 *(점심 제공)* |
| [10]5:00-7:00 P.M. | [10]Dinner: New York Pizza on Hudson | [10]오후 5시-7시 | [10]저녁: 허드슨에 있는 뉴욕 피자 |
| [9/10]Saturday, April 10 | | [9/10]4월 10일, 토요일 | |
| [9]10:00-11:30 A.M. | [9]Central Park Bike Tour | [9]오전 10시-11시 30분 | [9]센트럴 파크 자전거 관광 |
| 11:30 A.M.-5:30 P.M. | Free Time | 오전 11시 30분-오후 5시 30분 | 자유시간 |
| [10]5:30-7:00 P.M. | [10]Dinner: Oliver's Steakhouse *(Live Piano Music)* | [10]오후 5시 30분-7시 | [10]저녁: Oliver의 스테이크 하우스 *(라이브 피아노 음악)* |
| *The meals included are listed above!* | | *포함되는 식사는 위에 나열되어 있습니다!* | |

Good morning! I have signed up for the 3-day tour to New York City with my family. I received the schedule by email but I accidentally deleted it. Can I ask you a few questions about the tour schedule?

안녕하세요! 저는 가족과 함께 3일간의 뉴욕시 관광을 신청했습니다. 이메일로 일정을 받았는데 실수로 삭제했어요. 관광 일정에 관해 몇 가지 질문을 드려도 될까요?

**어휘** walk[wɔːk] 산책하다

**Question 8**

I know the tour is in April. What date does the tour begin, and what is the first scheduled activity?

관광이 4월에 있는 것으로 알고 있어요. 관광은 며칠에 시작하고, 첫 번째 예정된 활동은 무엇인가요?

**The tour will start on** Thursday, April 8, **and the first activity will be the** Times Square bus tour.

관광은 4월 8일 목요일에 시작할 것이고, 첫 번째 활동은 타임스스퀘어 버스 관광입니다.

**Question 9**

The bike tour sounds interesting to me. It's scheduled in the afternoon, right?

자전거 관광이 제게 흥미로워 보였어요. 그것은 오후에 예정되어 있죠, 맞나요?

**I'm sorry, but you have the wrong information. The** Central Park bike tour will be held on Saturday morning at 10 A.M.

죄송하지만, 당신은 잘못된 정보를 갖고 계십니다. 센트럴 파크 자전거 관광은 토요일 아침 오전 10시에 진행될 것입니다.

**Question 10**

I would like to know more about the dinner meals provided during the tour. Can you tell me about them in detail?

관광 중에 제공되는 저녁 식사에 관해 더 알고 싶어요. 그것들에 대해 자세히 알려주실 수 있나요?

**Of course! Let me give you the details. There will be two scheduled** dinner meals provided during the tour. **First of all,** you are going to have dinner at New York Pizza on Hudson from 5 to 7 P.M. on Friday, April 9. **Secondly,** dinner at Oliver's Steakhouse will be offered from 5:30 to 7 P.M. on Saturday, April 10. You will be able to enjoy live piano music at the restaurant.

물론이죠! 세부 사항을 알려드리도록 하겠습니다. 관광 중에 제공되는 저녁 식사가 두 개 예정되어 있습니다. 첫째로, 4월 9일 금요일 오후 5시부터 7시까지 허드슨에 있는 뉴욕 피자에서 저녁을 드실 것입니다. 두 번째로, Oliver의 스테이크 하우스에서 4월 10일 토요일 오후 5시 30분부터 7시까지 저녁 식사가 제공될 것입니다. 그 식당에서 라이브 피아노 음악을 즐기실 수 있을 것입니다.

# Q11 의견 제시하기

## 자신감 UP! 만능 템플릿 & 핵심 표현

### Check up  Q11_Checkup

p.115

1. I agree with the statement that problem-solving skills are the most important skills of a leader for the following reasons.
   저는 다음의 이유로 문제 해결 능력이 리더에게 가장 중요한 자질이라는 진술에 찬성합니다.

2. First of all, this is because it can make you feel calm and peaceful.
   우선, 그것은 우리를 차분하고 편안하게 만들어주기 때문입니다.

   어휘 calm[kɑːm] 차분한, 진정시키다  peaceful[píːsfəl] 편안한, 평화로운

3. Specifically speaking, they can learn more by engaging in visual and hands-on learning.
   자세히 말하면, 그들은 직접 보고 느끼면서 더 많은 것을 배울 수 있습니다.

   어휘 engage in ~을 하다, ~을 참여하다  visual[víʒuəl] (눈으로) 보는  hands-on[hǽndzɔ́n] 직접 해보는

4. Another reason is that vending machines can create an additional revenue stream for schools.
   다른 이유는 자판기가 학교에 추가적인 수입원을 창출해준다는 것입니다.

5. First of all, this is because studying arts or music can help enhance creativity.
   우선, 미술이나 음악을 공부하는 것은 창의력을 향상하는 데 도움이 되기 때문입니다.

   어휘 enhance[inhǽns] (좋은 점, 가치를) 향상하다, 높이다  creativity[krìːeitívəti] 창의력

Do you agree or disagree with the following statement?
다음 진술에 찬성하나요, 반대하나요?

*Salary should be the most important consideration when choosing a job.*
*급여가 직업을 선택하는 가장 중요한 고려 사항이 되어야 한다.*

어휘 salary[sǽləri] 급여, 연봉  consideration[kənsìdəréiʃən] 고려 사항, 생각

6. I disagree with the statement that salary should be the most important consideration when choosing a job for the following reasons.
   저는 다음의 이유로 급여가 직업을 선택하는 가장 중요한 고려 사항이 되어야 한다는 진술에 반대합니다.

7. First of all, this is because whether I have an aptitude for the job is more important to me.
   우선, 저에게 있어서 업무가 적성에 맞는지가 더 중요하기 때문입니다.

   어휘 aptitude[ǽptətjùːd] 적성, 재능

## 실력 UP! 연습 문제 Q11_연습문제(모범답변)

p.116

### 1 선택형 질문: 정보 검색

| | |
|---|---|
| Do you prefer to search on the Internet or to read books when you want to find out more about a new hobby?<br>Use specific reasons and examples to support your opinion. | 당신은 새로운 취미에 관해 더 알아보고 싶을 때, 인터넷으로 검색하는 것과 책을 읽는 것 중 어느 것을 선호하나요?<br>당신의 의견을 뒷받침하기 위해 구체적인 이유와 예시를 사용하세요. |

**준비 시간** 45초 동안 괄호 안의 우리말을 참고해 영어로 의견, 이유 및 근거를 떠올리기

- 나의 의견 (인터넷으로 검색하는 것) to search on the Internet
- 첫 번째 이유 (다양한 정보를 빠르게 구할 수 있음) get a wealth of information quickly
- 근거 (단 몇 분 만에 원하는 정보가 있는 수백 개의 웹사이트를 찾을 수 있음) takes only a few minutes to find hundreds of websites with the information I need
- 두 번째 이유 (언제 어디서나 이용 가능함) accessible anytime, anywhere
- 근거 (늦은 밤이나 이른 아침에 질문이 있더라도 답을 찾을 수 있음) have a question late at night or early in the morning, can find the answers online

**답변 시간** 60초 동안 떠올린 의견, 이유 및 근거를 템플릿에 넣어 말하기

| | | |
|---|---|---|
| 나의 의견 | I prefer to search on the Internet when I want to find out more about a new hobby for the following reasons. | 저는 다음의 이유로 새로운 취미에 관해 알아보고 싶을 때 인터넷으로 검색하는 것을 선호합니다. |
| 첫 번째 이유 + 근거 | First of all, this is because I can get a wealth of information quickly. For example, it takes only a few minutes to find hundreds of websites with the information I need. | 우선, 다양한 정보를 빨리 얻을 수 있기 때문입니다. 예를 들어, 저에게 필요한 정보가 있는 수백 개의 웹사이트를 찾는 데 단 몇 분밖에 걸리지 않습니다. |
| 두 번째 이유 + 근거 | Another reason is that the information on the Internet is accessible anytime, anywhere. For instance, even if I have a question late at night or early in the morning, I can find the answers online. | 다른 이유는 인터넷의 정보는 언제, 어디서나 이용 가능하다는 것입니다. 예를 들어, 늦은 밤이나 이른 아침에 질문이 있더라도, 온라인에서 답을 찾을 수 있습니다. |
| 마무리 | For these reasons, I prefer to get information about a hobby by searching on the Internet. | 이러한 이유로, 저는 취미에 관한 정보를 인터넷으로 검색함으로써 얻는 것을 선호합니다. |

**어휘** accessible[əksésəbəl] 이용 가능한, 접근 가능한

## 2 찬반형 질문: 학생들의 야외 활동

| | |
|---|---|
| Do you agree or disagree with the following statement?<br>*It is important for students to spend time participating in outdoor activities.*<br>Use specific reasons and examples to support your opinion. | 다음의 진술에 찬성하나요, 반대하나요?<br>*학생들이 야외 활동에 참여하면서 시간을 보내는 것이 중요하다.*<br>당신의 의견을 뒷받침하기 위해 구체적인 이유와 예시를 사용하세요. |

### 준비 시간 45초 동안 괄호 안의 우리말을 참고해 영어로 의견, 이유 및 근거를 떠올리기

- 나의 의견 (찬성함) agree
- 첫 번째 이유 (학생들의 건강을 향상함) improve students' health
- 근거 (밖에서 시간을 보내는 것은 걷고 뛰는 것과 같은 많은 운동을 포함함) spending time outside usually involves doing a lot of exercises like walking and running
- 두 번째 이유 (스트레스를 덜 느끼게 해줌) can make students feel less stressed
- 근거 (등산할 때 긴장을 풀고 걱정을 덜 하게 됨) hiking in the mountains helped me to relax and worry less

### 답변 시간 60초 동안 떠올린 의견, 이유 및 근거를 템플릿에 넣어 말하기

| | | |
|---|---|---|
| 나의 의견 | I agree with the statement that it is important for students to spend time participating in outdoor activities for the following reasons. | 저는 다음의 이유로 학생들이 야외 활동에 참여하면서 시간을 보내는 것이 중요하다는 진술에 찬성합니다. |
| 첫 번째 이유 + 근거 | First of all, this is because taking part in outdoor activities improves students' health. To be specific, spending time outside usually involves doing a lot of exercises like walking and running. | 우선, 야외 활동에 참여하는 것은 학생들의 건강을 향상하기 때문입니다. 구체적으로 말하면, 밖에서 시간을 보내는 것은 보통 걷고 뛰는 것과 같은 많은 운동을 포함합니다. |
| 두 번째 이유 + 근거 | Another reason is that outdoor activities can make students feel less stressed. For instance, going hiking in the mountains helped me to relax and worry less about school. | 다른 이유는 야외 활동은 학생들이 스트레스를 덜 느끼게 해준다는 것입니다. 예를 들어, 산으로 등산을 가는 것은 제가 긴장을 풀고 학교에 대한 걱정을 덜 하도록 도와주었습니다. |
| 마무리 | For these reasons, I think that students should be encouraged to become involved in outdoor activities. | 이러한 이유로, 저는 학생들이 야외 활동에 참여하도록 장려되어야 한다고 생각합니다. |

## 등급 UP! 실전 문제 Q11_실전문제(모범답변) p.118

### 1 선택형 질문: 팀 리더가 갖추어야 할 능력

| | |
|---|---|
| Which ability do you think is more important for a team leader to have: problem-solving skills or time management skills? Why?<br>Use specific reasons and examples to support your opinion. | 팀 리더가 갖추어야 할 능력으로 문제 해결 능력 또는 시간 관리 능력 중 더 중요하다고 생각하는 것은 무엇인가요? 그 이유는요?<br>당신의 의견을 뒷받침하기 위해 구체적인 이유와 예시를 사용하세요. |

**답변 아이디어**

- 나의 의견: problem-solving skills 문제 해결 능력
- 첫 번째 이유: face problems on a daily basis 매일 문제에 직면함
- 근거: responding flexibly and quickly to unexpected situations is crucial part of a leader's job description
  예기치 못한 상황에 유연하고 신속하게 대처하는 것은 리더의 직무 기술에서 가장 중요한 부분임
- 두 번째 이유: can make team members feel less burdened 팀원들이 느끼는 부담을 줄여줌
- 근거: can tell team members how to solve problems and make decisions quickly when they make mistakes
  팀원들이 실수할 때 어떻게 문제를 해결하고 빠르게 결정하는지 알려줄 수 있음

| | | |
|---|---|---|
| 나의 의견 | I believe that problem-solving skills are the most important ability for a team leader to have for the following reasons. | 저는 다음의 이유로 문제 해결 능력이 리더가 갖추어야 할 가장 중요한 능력이라고 생각합니다. |
| 첫 번째 이유 + 근거 | First of all, this is because leaders face problems on a daily basis. To be specific, since problems are an unavoidable part of their job, responding flexibly and quickly to unexpected situations is a crucial part of a leader's job description. | 우선, 리더들은 매일 같이 문제에 직면하기 때문입니다. 구체적으로 말하면, 문제는 그들의 직무에 있어서 피할 수 없는 부분이기 때문에, 예기치 못한 상황에 유연하고 신속하게 대처하는 것은 리더의 직무 기술에서 중요한 부분입니다. |
| 두 번째 이유 + 근거 | Another reason is that with good problem-solving skills, leaders can make team members feel less burdened. Specifically speaking, leaders can tell team members how to solve problems or make decisions quickly when they make mistakes which will help them feel less stressed. | 다른 이유는 좋은 문제 해결 능력이 있으면, 리더는 팀원들이 느끼는 부담을 줄여줄 수 있다는 것입니다. 자세히 말하면, 리더는 팀원들이 실수할 때 어떻게 문제를 해결하고 빠르게 결정하는지 알려줌으로써 그들이 스트레스를 덜 느끼도록 도와줄 수 있습니다. |
| 마무리 | For these reasons, I think it is necessary for a team leader to develop the ability to solve problems. | 이러한 이유로, 저는 리더에게 있어서 문제 해결 능력을 키우는 것은 필수적이라고 생각합니다. |

**어휘** ability[əbíləti] 능력 unavoidable[ʌ̀nəvɔ́idəbəl] 피할 수 없는 flexibly[fléksəbli] 유연하게, 융통성 있게 burden[bə́:rdən] 부담

**답변 TIP** 시간 관리 능력이 팀 리더가 갖추어야 할 능력으로 더 중요하다고 말하고 싶다면, '팀 리더는 팀원들이 효과적으로 일할 수 있도록 일의 우선순위를 정하는 데 능숙해야 한다(team leaders should be good at prioritizing tasks to help team members work effectively)', '모든 팀원이 제때 업무를 해내도록 한다(it enables every team member to accomplish tasks on time)'는 것을 이유로 제시할 수 있어요.

## 2 선택형 질문: 뉴스를 접하는 가장 좋은 방법

| | |
|---|---|
| Which of the following do you think is the best way to get news?<br>• Reading news websites<br>• Reading newspapers<br>• Watching TV news programs<br>Choose ONE of the options, and use specific reasons and details to support your opinion. | 다음 중 뉴스를 접하는 가장 좋은 방법은 무엇이라고 생각하나요?<br>· 뉴스 웹사이트 읽기<br>· 신문 읽기<br>· TV 뉴스 프로그램 시청하기<br>보기 중 하나를 선택하고, 당신의 의견을 뒷받침하기 위해 구체적인 이유와 설명을 사용하세요. |

**답변 아이디어**

| | |
|---|---|
| 나의 의견 | reading newspapers 신문 읽기 |
| 첫 번째 이유 | one of the most trusted news sources 가장 신뢰할 수 있는 뉴스 출처 중 하나임 |
| 근거 | mostly written by professional journalists, so people tend to believe that they are more reliable<br>대부분 전문 기자들이 작성해서 사람들이 그것을 더 신뢰할 수 있다고 생각하는 경향이 있음 |
| 두 번째 이유 | can get in-depth and detailed stories 깊이 있고 자세한 기사를 접할 수 있음 |
| 근거 | often include details like quotes and ideas from people with different opinions<br>종종 다른 의견을 가진 사람들의 인용문이나 견해와 같은 구체적인 정보를 제공함 |

| | | |
|---|---|---|
| 나의 의견 | I believe that reading newspapers is the best way to get news for the following reasons. | 저는 다음의 이유로 신문 읽기가 뉴스를 접하는 가장 좋은 방법이라고 생각합니다. |
| 첫 번째 이유 + 근거 | First of all, this is because newspapers are still one of the most trusted news sources. To be specific, articles on newspapers are mostly written by professional journalists after a deep research and confirmation process, so people tend to believe that they are more reliable. | 우선, 신문은 여전히 가장 신뢰할 수 있는 뉴스 출처 중 하나이기 때문입니다. 구체적으로 말하면, 신문 기사는 주로 전문 기자들이 심층적인 조사와 확인 과정을 거친 후 작성하기 때문에, 사람들은 그것을 더 신뢰할 수 있다고 생각하는 경향이 있습니다. |
| 두 번째 이유 + 근거 | Another reason is that readers can get in-depth and detailed stories from the newspaper. For instance, while news on TV and websites tend to be brief, newspapers often include details like quotes and ideas from people with different opinions about an issue. | 다른 이유는 독자들이 신문에서 깊이 있고 자세한 기사를 접할 수 있다는 것입니다. 예를 들어, TV와 웹사이트의 뉴스는 짧은 경향이 있지만, 신문은 종종 어떤 문제에 관해 다른 의견을 가진 사람들의 인용문이나 견해와 같은 구체적인 정보를 제공합니다. |
| 마무리 | For these reasons, I think that newspapers are a better source of news than news websites or TV programs. | 이러한 이유로, 저는 뉴스 웹사이트나 TV 프로그램보다 신문이 더 나은 뉴스 출처라고 생각합니다. |

**어휘** confirmation [kɑ̀:nfərméiʃən] 확인 brief [bri:f] 짧은, 간결한 quote [kwout] 인용문

## 3 장·단점 질문: 예술 수업을 듣는 것의 장점

| | |
|---|---|
| What do you think are the advantages of taking art or music classes in high school?<br>Use specific reasons and examples to support your opinion. | 고등학교에서 미술이나 음악 수업을 듣는 것의 장점은 무엇이라고 생각하나요?<br>당신의 의견을 뒷받침하기 위해 구체적인 이유와 예시를 사용하세요. |

**답변 아이디어**

| | |
|---|---|
| 나의 의견 | there are many advantages 많은 장점이 있음 |
| 첫 번째 이유 | can help enhance students' creativity 학생들의 창의력을 향상하는 데 도움이 됨 |
| 근거 | give students an opportunity to use their imaginations and express their feelings<br>학생들이 상상력을 사용하고 그들의 감정을 표현할 수 있는 기회를 줌 |
| 두 번째 이유 | provides an opportunity to develop new interests 새로운 관심사를 찾을 기회를 제공함 |
| 근거 | the art classes I took in high school showed me that I really enjoy drawing<br>고등학교에서 들었던 미술 수업은 내가 그림 그리는 것을 정말 즐긴다는 것을 알게 해줌 |

| | | |
|---|---|---|
| 나의 의견 | I think that there are many advantages to taking art or music classes in high school for the following reasons. | 저는 다음의 이유로 고등학교에서 미술이나 음악 수업을 듣는 것에는 많은 장점이 있다고 생각합니다. |
| 첫 번째 이유 + 근거 | First of all, this is because studying art or music can help enhance students' creativity. To be specific, these classes give students a chance to use their imaginations and express their feelings. | 우선, 미술이나 음악을 공부하는 것이 학생들의 창의력을 향상하는 데 도움이 될 수 있기 때문입니다. 구체적으로 말하면, 이 수업들은 학생들이 상상력을 사용하고 그들의 감정을 표현할 수 있는 기회를 줍니다. |
| 두 번째 이유 + 근거 | Another reason is that taking these classes provides an opportunity to develop new interests. For instance, the art classes I took in high school showed me that I really enjoy drawing, and this is still my hobby today. | 다른 이유는 이러한 수업을 듣는 것은 새로운 관심사를 찾을 기회를 제공한다는 것입니다. 예를 들어, 고등학교에서 들었던 미술 수업은 제가 그림 그리는 것을 정말 즐긴다는 것을 알게 해주었고, 이는 오늘날까지도 여전히 제 취미입니다. |
| 마무리 | For these reasons, I think that taking art or music classes will provide high school students with various benefits. | 이러한 이유로, 저는 미술이나 음악 수업을 듣는 것이 고등학생들에게 다양한 이익을 줄 것이라고 생각합니다. |

**어휘** enhance[inhǽns] 향상하다 imagination[imæ̀dʒənéiʃən] 상상력, 창의력 benefit[bénəfit] 이익, 혜택

**답변 TIP** 창의력을 향상한다고 이야기할 때는 'enhance one's creativity' 또는 'improve one's creativity'를 사용해 말할 수 있어요.

## 4 선택형 질문: 스포츠 프로그램에 대한 자금 지원

| | |
|---|---|
| Who do you think should be responsible for funding sports programs: the government or private companies? Why?<br><br>Use specific reasons and examples to support your opinion. | 스포츠 프로그램에 대한 자금 지원을 정부와 민간 기업 중 누가 책임져야 한다고 생각하나요? 그 이유는요?<br>당신의 의견을 뒷받침하기 위해 구체적인 이유와 예시를 사용하세요. |

**답변 아이디어**

나의 의견 the government 정부

첫 번째 이유 ensure that the programs continue no matter their profitability
수익성과 관계없이 프로그램들이 계속 진행되도록 보장함

근거 private companies might decide not to fund the programs if the investments do not seem profitable
민간 기업들은 투자에 수익성이 없다면 프로그램에 자금을 지원하지 않기로 결정할 수도 있음

두 번째 이유 more people can enjoy them 더 많은 사람들이 즐길 수 있음

근거 offered free of charge or at a cheap price, so more people can take part
무료 또는 저렴한 가격으로 이용할 수 있어서, 더 많은 사람들이 참여할 수 있음

| | | |
|---|---|---|
| 나의 의견 | I believe that the government should be responsible for funding sports programs for the following reasons. | 저는 다음의 이유로 정부가 스포츠 프로그램에 자금 지원을 책임져야 한다고 생각합니다. |
| 첫 번째 이유 + 근거 | First of all, this is because government funding will ensure that the programs continue no matter their profitability. To be specific, while the government's main interest is not profit, private companies might decide not to fund the programs if the investments do not seem profitable. | 우선, 정부의 자금 지원은 수익성과 관계없이 프로그램들이 계속 진행되도록 보장할 것이기 때문입니다. 구체적으로 말하면, 정부의 주된 관심사는 이윤이 아니지만, 민간 기업들은 투자에 수익성이 없어 보이면 프로그램에 자금을 지원하지 않기로 결정할 수도 있습니다. |
| 두 번째 이유 + 근거 | Another reason is that more people can enjoy them this way. Specifically speaking, in most cases, programs funded by the government are offered free of charge or at a cheap price to the public, so more people can take part in them. | 다른 이유는 이런 방식으로 하면 더 많은 사람들이 즐길 수 있다는 것입니다. 자세히 말하면, 대부분의 경우 정부가 지원하는 프로그램은 무료 또는 저렴한 가격으로 대중에게 제공되기 때문에, 더 많은 사람들이 참여할 수 있습니다. |
| 마무리 | For these reasons, I think the government should fund sports programs rather than private companies. | 이러한 이유로, 저는 민간 기업보다는 정부가 스포츠 프로그램에 자금을 지원해야 한다고 생각합니다. |

어휘 responsible[rispɑ́:nsəbəl] 책임을 져야 할 funding[fʌ́ndiŋ] 자금 profitability[prɑ̀:fitəbíləti] 수익성 private company 민간 기업
free of charge 무료의

## 5 찬반형 질문: 팀으로 일하는 것의 장점

| | |
|---|---|
| Do you agree or disagree with the statement below? Why or why not?<br>*There are more advantages to working in a team than working alone.*<br>Use specific reasons and examples to support your opinion. | 다음의 진술에 찬성하나요, 반대하나요?<br>*혼자 일하는 것보다 팀에서 일할 때 더 많은 장점이 있다.*<br>당신의 의견을 뒷받침하기 위해 구체적인 이유와 예시를 사용하세요. |

**답변 아이디어**

나의 의견 agree 찬성함

첫 번째 이유 lead to better results 더 나은 결과로 이어짐

근거 team members can make up for each other's shortcomings, resulting in better performance
팀원들은 서로의 단점을 보완할 수 있고, 결과적으로 더 나은 성과를 낼 수 있음

두 번째 이유 can receive support from team members 팀원들로부터 도움을 받을 수 있음

근거 can ask the other team members for advice or assistance 다른 팀원에게 조언이나 도움을 요청할 수 있음

| | | |
|---|---|---|
| 나의 의견 | I agree with the statement that there are more advantages to working in a team than working alone for the following reasons. | 저는 다음의 이유로 혼자 일하는 것보다 팀으로 일할 때 더 많은 장점이 있다는 진술에 찬성합니다. |
| 첫 번째 이유 + 근거 | First of all, this is because working in a team tends to lead to better results. To be specific, all people make mistakes, but when working in a team, team members can make up for each other's shortcomings, resulting in better performance. | 우선, 팀으로 일하는 것은 더 나은 결과로 이어지는 경향이 있기 때문입니다. 구체적으로 말하면, 모든 사람들이 실수하지만, 팀에서 일한다면 팀원들은 서로의 단점을 보완할 수 있고, 결과적으로 더 나은 성과를 낼 수 있습니다. |
| 두 번째 이유 + 근거 | Another reason is that employees can receive support from their team members. Specifically speaking, they can ask the other team members for advice about dealing with problems or assistance with their assignments. | 다른 이유는 직원들이 팀원들로부터 도움을 받을 수 있다는 것입니다. 자세히 말하면, 다른 팀원에게 문제를 해결하기 위한 조언이나 그들의 과제에 대한 도움을 요청할 수 있습니다. |
| 마무리 | For these reasons, I think it is better to be part of a team than to work alone. | 이러한 이유로, 저는 혼자 일하는 것보다 팀의 일원이 되는 것이 더 낫다고 생각합니다. |

**어휘** shortcoming[ʃɔ́:rtkʌ̀miŋ] 단점, 부족 support[səpɔ́:rt] 도움, 지지 advice[ədváis] 조언, 충고 assistance[əsístəns] 도움, 지원

**답변 TIP** 혼자 일할 때 더 많은 이점이 있다고 말하고 싶다면, '자신의 속도에 맞춰 일하는 것이 가능하다(it's possible to work at your own pace)', '팀으로 일할 때 의사 결정에 시간이 오래 걸린다(it takes a longer time to make a decision when working in a group)'는 것을 이유로 제시할 수 있어요.

## 6 찬반형 질문: 스트레스 해소 방법

| | |
|---|---|
| Some people believe that listening to music is the best form of stress relief. Do you agree or disagree with this statement? Why or Why not?<br>Use specific reasons and examples to support your opinion. | 어떤 사람들은 음악을 듣는 것이 스트레스를 해소하는 가장 좋은 방법이라고 믿습니다. 당신은 이 진술에 찬성하나요, 반대하나요? 그 이유는요?<br>당신의 의견을 뒷받침하기 위해 구체적인 이유와 예시를 사용하세요. |

**답변 아이디어**

나의 의견 agree 찬성함
첫 번째 이유 can make you feel calm and peaceful 차분하고 편안하게 만들어 줄 수 있음
근거 classical music helps me to relax my mind whenever I feel stressed
클래식 음악은 내가 스트레스를 받을 때마다 마음을 편안하게 하는 데 도움을 줌
두 번째 이유 can be a good distraction 주의를 다른 데로 돌리는 좋은 방법이 될 수 있음
근거 can distract people from thinking about their problems 문제에 관해 생각하는 것으로부터 주의를 돌릴 수 있음

| | | |
|---|---|---|
| 나의 의견 | I agree with the statement that listening to music is the best form of stress relief for the following reasons. | 저는 다음의 이유로 음악을 듣는 것이 스트레스를 해소하는 가장 좋은 방법이라는 진술에 찬성합니다. |
| 첫 번째 이유 + 근거 | First of all, this is because listening to music can make you feel calm and peaceful. For example, the slow tempo and soothing sound of classical music help me to relax my mind whenever I feel stressed. | 우선, 음악을 듣는 것은 우리를 차분하고 편안하게 만들어 줄 수 있기 때문입니다. 예를 들어, 클래식 음악의 느린 박자와 진정시키는 소리는 제가 스트레스를 받을 때마다 마음을 편안하게 하는 데 도움을 줍니다. |
| 두 번째 이유 + 근거 | Another reason is that it can be a good distraction. Specifically speaking, focusing on the melody and lyrics of the song can distract people from thinking about their problems or stress. | 다른 이유는 그것이 주의를 다른 데로 돌리는 좋은 방법이 될 수 있다는 것입니다. 자세히 말하면, 노래의 멜로디와 가사에 집중하는 것은 사람들이 그들의 문제나 스트레스에 관해 생각하는 것으로부터 주의를 돌릴 수 있습니다. |
| 마무리 | For these reasons, I think that listening to music is an excellent way to relieve stress. | 이러한 이유로, 저는 음악을 듣는 것이 스트레스를 해소하는 훌륭한 방법이라고 생각합니다. |

어휘 soothing[sú:ðiŋ] 진정시키는, 달래는 distraction[distrǽkʃən] 주의를 다른 데로 돌리게 하는 것, 기분 전환 lyric[lírik] 가사

답변 TIP 스트레스를 해소하는 방법을 묻는 질문에서 이유나 근거가 떠오르지 않을 때는 음악을 듣거나 운동을 해서 스트레스가 해소된 개인적인 경험을 구체적으로 이야기할 수 있어요.

## 7 선택형 질문: 프로젝트 성공의 요인

| | |
|---|---|
| Which of the following do you think is the biggest factor in a project's success?<br>• A good team leader<br>• A well-organized plan<br>• Access to cutting-edge technology<br>Choose ONE of the options, and use specific reasons and details to support your opinion. | 다음 중 프로젝트 성공의 가장 큰 요인은 무엇이라고 생각하나요?<br>· 좋은 팀 리더<br>· 잘 짜인 계획<br>· 최첨단 기술의 사용<br>보기 중 하나를 선택하고, 당신의 의견을 뒷받침하기 위해 구체적인 이유와 설명을 사용하세요. |

**답변 아이디어**

| | |
|---|---|
| 나의 의견 | a well-organized plan 잘 짜인 계획 |
| 첫 번째 이유 | helps team members to work more efficiently 팀원들이 더 효율적으로 일할 수 있도록 도와줌 |
| 근거 | more likely to concentrate on what needs to get done instead of being distracted<br>주의를 뺏기지 않고 해야 할 일에 더 집중할 수 있음 |
| 두 번째 이유 | can help reduce unexpected trial and error 예상치 못한 시행착오를 줄여줌 |
| 근거 | can predict problematic situations and prepare alternatives for them in advance<br>문제 상황을 예측하고 그것들의 대안을 미리 준비할 수 있음 |

| | | |
|---|---|---|
| 나의 의견 | I believe that a well-organized plan is the biggest factor in a project's success for the following reasons. | 저는 다음의 이유로 잘 짜인 계획이 프로젝트 성공의 가장 큰 요인이라고 생각합니다. |
| 첫 번째 이유 + 근거 | First of all, this is because it helps team members to work more efficiently. To be specific, with a good plan, team members are more likely to concentrate on what needs to get done instead of being distracted by things around them, ensuring that work gets delivered on time. | 우선, 이것은 팀원들이 더 효율적으로 일할 수 있도록 도와주기 때문입니다. 구체적으로 말하면, 좋은 계획이 있으면, 팀원들은 그들의 주의를 뺏기지 않고 해야 할 일에 집중할 수 있는 가능성이 더 커지며, 작업이 제시간에 이루어지도록 보장합니다. |
| 두 번째 이유 + 근거 | Another reason is that this can help reduce unexpected trial and error. Specifically speaking, while planning, people can predict problematic situations and prepare alternatives for them in advance. | 다른 이유는 이것이 예상치 못한 시행착오를 줄이는 데 도움이 될 수 있기 때문입니다. 자세히 말하면, 사람들은 계획하면서 문제 상황을 예측하고 그것들의 대안을 미리 준비할 수 있습니다. |
| 마무리 | For these reasons, I think that a well-organized plan is the most important factor in a project's success. | 이러한 이유로, 저는 잘 짜인 계획이 프로젝트 성공의 가장 중요한 요인이라고 생각합니다. |

**어휘** efficiently[ifíʃəntli] 효율적으로 trial and error 시행착오 predict[pridíkt] 예측하다 alternative[ɔːltə́ːrnətiv] 대안, 대체 가능한 in advance 미리, 전부터

**답변 TIP** 어떠한 일이 발생할 가능성이 높거나 낮음을 이야기할 때는 각각 'be more likely to ~'와 'be less likely to ~'를 사용해 말할 수 있어요.

## 8 찬반형 질문: 휴대폰의 발명

| | |
|---|---|
| Do you agree or disagree with the following statement? Why or why not?<br>*The invention of cell phones has had a bigger impact on our lives than the invention of cars.*<br>Use specific reasons and examples to support your opinion. | 다음의 진술에 찬성하나요, 반대하나요? 그 이유는요?<br>*휴대폰의 발명은 자동차의 발명보다 우리의 삶에 더 큰 영향을 주었다.*<br>당신의 의견을 뒷받침하기 위해 구체적인 이유와 예시를 사용하세요. |

**답변 아이디어**

나의 의견 agree 찬성함

첫 번째 이유 make it easier for people to stay in contact 사람들과 더 쉽게 연락할 수 있게 해줌

근거 communication can happen easily and in real-time even with people who live abroad
해외에 사는 사람들과도 쉽게 실시간으로 소통할 수 있음

두 번째 이유 has many functions that are useful in day-to-day life 일상생활에 유용한 많은 기능을 가지고 있음

근거 can be used to perform many daily tasks like banking and navigating
은행 업무 및 길 찾기와 같은 많은 일상 업무를 수행하는 데 사용될 수 있음

| | | |
|---|---|---|
| 나의 의견 | I agree with the statement that the invention of cell phones has had a bigger impact on our lives than the invention of cars for the following reasons. | 저는 다음의 이유로 휴대폰의 발명이 자동차의 발명보다 우리의 삶에 더 큰 영향을 주었다는 진술에 찬성합니다. |
| 첫 번째 이유 + 근거 | First of all, this is because cell phones make it easier for people to stay in contact. To be specific, thanks to the invention of cell phones, communication can happen easily and in real-time even with people who live abroad, which would have taken at least months in the past. | 우선, 휴대폰이 사람들과 더 쉽게 연락할 수 있게 해주기 때문입니다. 구체적으로 말하면, 휴대폰의 발명 덕분에, 해외에 사는 사람들과도 쉽게 실시간으로 소통할 수 있는데, 이것은 과거에는 적어도 몇 달이 걸렸을 것입니다. |
| 두 번째 이유 + 근거 | Another reason is that it has many functions that are useful in day-to-day life. Specifically speaking, modern cell phones can be used to perform many daily tasks like banking and navigating in unfamiliar areas. | 다른 이유는 그것이 일상생활에 유용한 많은 기능을 가지고 있다는 것입니다. 자세히 말하면, 현대의 휴대폰은 은행 업무 및 낯선 지역에서 길을 찾는 것과 같은 많은 일상 업무를 수행하는 데 사용될 수 있습니다. |
| 마무리 | For these reasons, I think that the invention of cell phones has had more impact on our lives than cars. | 이러한 이유로, 저는 휴대폰의 발명이 자동차보다 우리의 삶에 더 많은 영향을 끼쳤다고 생각합니다. |

**어휘** day-to-day[dèitədéi] 일상의 navigate[nǽvəgèit] 길을 찾다

**답변 TIP** 자동차의 발명이 우리의 삶에 더 큰 영향을 주었다고 말하고 싶다면, '자동차는 사람과 물건을 더욱 쉽게 이동하게 만들어 주었다(cars enabled people and goods transport more readily)', '더 많은 일자리를 창출했다(automobiles have changed our society by creating more jobs)'는 것을 이유로 제시할 수 있어요.

# Actual Test

## Actual Test 1

p.124

AT1(모범답변)

### Q1 방송

And **now** your **weather update.** // It looks like our **long**, / **cold** winter is finally **over!** // The **five-day forecast** shows **much warmer** temperatures. // **However**, / it's **not** all **sunny** weather. // On **Thursday** night, / there is a **strong chance** of **rain.** // **Expect** a **major storm**, / with **strong winds**, / **lightning**, / and even **hail.** //

이제 최신 날씨 정보입니다. 우리의 길고, 추운 겨울이 드디어 끝난 것 같습니다! 5일 예보는 훨씬 더 따뜻한 날씨를 보여주고 있습니다. 하지만, 모두 화창한 날씨는 아닙니다. 목요일 밤에는, 비가 올 가능성이 높습니다. 강한 바람, 번개, 심지어 우박까지 동반한 큰 폭풍이 예상됩니다.

어휘 forecast[fɔ́:rkæ̀st] 예보 temperature[témpərətʃər] 날씨, 온도 chance[tʃæns] 가능성, 기회 major[méidʒər] 큰, 주요한 lightning[láitniŋ] 번개, 벼락 hail[heil] 우박

답변 TIP
· 날씨를 알리는 방송 지문이므로, 목요일 밤에 비가 올 가능성이 높고, 강한 바람, 번개, 우박까지 동반한 큰 폭풍이 예상된다는 내용을 강조해 읽으세요.
· lightening에서 't'는 'ㄹ'과 같이 약하게 발음하세요.

### Q2 안내/공지

**Attention**, everyone. // The **company** will be **hosting** a **fundraiser** charity **event** this **Saturday** at the **Logan Center.** // Your **donations** will benefit **arts**, / **sports**, / and **education programs** / for **local children.** // If you'd like to **participate**, / you can **buy** a **ticket** for **ten dollars.** // We **hope** to **see** you there. //

여러분, 주목해 주십시오. 우리 회사는 이번 주 토요일에 Logan 센터에서 모금 자선 행사를 개최할 것입니다. 여러분의 기부는 지역 어린이들을 위한 예술, 스포츠, 그리고 교육 프로그램에 도움이 될 것입니다. 참여를 원하시면, 표를 10달러에 구매하실 수 있습니다. 그곳에서 여러분을 뵙기를 바랍니다.

어휘 host[houst] 개최하다, 주최하다 fundraiser[fʌ́ndrèizər] 모금 행사 charity[tʃǽrəti] 자선, 기부 donation[dounéiʃən] 기부, 기증

답변 TIP
· 회사가 개최하는 행사를 알리는 안내/공지 지문이므로, 회사에서 모금 자선 행사를 개최할 예정이고, 참가자들의 기부는 지역 어린이들을 위한 예술, 스포츠, 그리고 교육 프로그램을 지원하는 데 사용될 것이라는 것과 표를 10달러에 구매할 수 있다는 전달 사항을 강조해 읽으세요.
· If절(If you'd like to participate)의 끝을 올려 읽어 좀 더 생동감 있게 내용을 전달하세요.

## Q3 소수의 사람이 중심인 사진

**답변 표현**

사진이 찍힌 장소
- on the street

가장 눈에 띄는 대상
- two people, walking hand in hand
- the girl, wearing a red coat
- the woman next to her, holding some flowers wrapped in paper

그 외에 보이는 것
- right side, some bicycles and a scooter parked along the sidewalk
- background, some houses and trees that are bare of leaves

느낌 및 의견
- a winter's day

| | | |
|---|---|---|
| 사진이 찍힌 장소 | This picture was taken on the street. | 이 사진은 거리에서 찍혔습니다. |
| 가장 눈에 띄는 대상 | What I notice first is two people walking hand in hand. The girl is wearing a red coat. The woman next to her is holding some flowers wrapped in paper. | 처음에 보이는 것은 서로 손을 잡고 걸어가고 있는 두 사람입니다. 여자아이는 빨간 코트를 입고 있습니다. 그녀의 옆에 있는 여자는 종이에 싸인 꽃을 들고 있습니다. |
| 그 외에 보이는 것 | On the right side of the picture, there are some bicycles and a scooter parked along the sidewalk. In the background, I also notice some houses and trees that are bare of leaves. | 사진의 우측에는, 자전거 몇 대와 스쿠터 한 대가 인도를 따라 세워져 있습니다. 배경에는, 집 몇 채와 나뭇잎이 다 떨어진 나무들 또한 보입니다. |
| 느낌 및 의견 | Overall, it appears to be a winter's day. | 전반적으로, 겨울날인 것처럼 보입니다. |

**어휘** hand in hand 서로 손을 잡은 wrap[ræp] 싸다, 포장하다 sidewalk[sàidwɔ́:k] 인도, 길가 bare of leaves 나뭇잎이 다 떨어진

**답변 TIP** 나뭇잎이 다 떨어진 나무는 trees that are bare of leaves, 또는 trees with fallen leaves로 묘사할 수 있어요.

## Q4 여러 사람이 중심인 사진

**답변 표현**

사진이 찍힌 장소
- in a cafeteria

가장 눈에 띄는 대상
- two people, taking plates of food from the countertop
- the woman on the far left, wearing a beige cardigan
- the man next to her, wearing a dark suit and a striped tie

그 외에 보이는 것
- in front of them, another two people wearing white clothes and hats
- background, a few people standing in line; most of them are wearing white shirts

느낌 및 의견
- happy

| | | |
|---|---|---|
| 사진이 찍힌 장소 | This picture was taken in a cafeteria. | 이 사진은 구내식당에서 찍혔습니다. |
| 가장 눈에 띄는 대상 | What I notice first is two people taking plates of food from the countertop. The woman on the far left is wearing a beige cardigan. The man next to her is wearing a dark suit and a striped tie. | 처음에 보이는 것은 조리대 위에서 음식 접시를 가져가는 두 사람입니다. 왼쪽 가장 끝에 있는 여자는 베이지색 카디건을 입고 있습니다. 그녀 옆의 남자는 어두운 색의 정장을 입고 줄무늬 넥타이를 매고 있습니다. |
| 그 외에 보이는 것 | In front of them, I can see another two people wearing white clothes and hats. In the background, I also notice a few people standing in line. Most of them are wearing white shirts. | 그들의 앞에는, 흰색 옷을 입고 흰색 모자를 쓴 또 다른 두 사람이 보입니다. 배경에는, 줄을 서 있는 몇 명의 사람들도 보입니다. 그들 대부분은 흰색 셔츠를 입고 있습니다. |
| 느낌 및 의견 | Generally, it seems like the people are happy. | 전반적으로, 사람들이 행복한 것처럼 보입니다. |

**어휘** cafeteria[kæ̀fətíəriə] 구내식당 countertop[káuntərtɑ̀:p] 조리대

**답변 TIP** 여러 사람이나 사물 중에서 가장 왼쪽 또는 오른쪽에 있는 대상에 관해 말하고 싶을 때는 'far(가장 끝에 있는)'라는 표현을 사용해서 묘사할 수 있어요.

## Q5-7 전화 설문: 영화 관람

| Imagine that a film company is doing research in your area. You have agreed to participate in a telephone interview about watching movies. | 한 영화사가 당신의 지역에서 설문 조사를 하고 있다고 가정해봅시다. 당신은 영화 관람에 관한 전화 인터뷰에 참여하기로 동의했습니다. |
|---|---|

### Question 5

When was the last time you watched a movie, and what genre of movie was it?

언제 마지막으로 영화를 봤고, 어떤 장르의 영화였나요?

The last time I watched a movie was **two days ago**, and the genre of movie was **action**.

제가 마지막으로 영화를 본 것은 이틀 전이고, 제가 본 영화 장르는 액션이었습니다.

답변 TIP 이외에도 영화의 장르로는 코미디(comedy), 멜로(romance), 스릴러(thriller) 등을 말할 수 있어요.

### Question 6

Do you usually watch movies at home or at a movie theater? Why?

당신은 주로 영화를 집에서 보나요, 영화관에서 보나요? 그 이유는요?

I usually watch movies **at a movie theater**. I personally prefer to watch movies on a big screen with high sound quality.

저는 주로 영화관에서 영화를 봅니다. 저는 개인적으로 영화를 큰 화면에서 뛰어난 음질로 보는 것을 선호합니다.

답변 TIP 개인적인 취향을 말할 때는 'I personally prefer ~(나는 개인적으로 ~을 선호한다)', 'I tend to ~(나는 ~하는 경향이 있다)'와 같은 표현을 사용해서 답변할 수 있어요.

### Question 7

Which of the following do you consider the most when choosing a movie to watch?

- Online reviews
- The director and cast
- The trailer

다음 중 영화를 고를 때 가장 많이 고려하는 것은 무엇인가요?

· 온라인 리뷰
· 감독과 출연진
· 예고편

핵심 응답 I consider **the trailer** the most when choosing a movie to watch. 이유 This is because the trailer tells me what I can expect from the movie. 추가 설명 In my experience, most movies with good trailers turned out to be interesting. 마무리 Therefore, trailers often have the biggest impact on my decision on what movie to watch.

저는 영화를 고를 때 예고편을 가장 많이 고려합니다. 예고편은 제가 영화에서 무엇을 기대할 수 있는지 알려주기 때문입니다. 제 경험상, 예고편이 좋은 대부분의 영화는 재미있었습니다. 그러므로, 예고편은 제가 어떤 영화를 볼지 결정하는 데 주로 가장 큰 영향을 미칩니다.

어휘 cast[kæst] 출연진, 배우 trailer[tréilər] 예고편

## Q8-10 행사/회의 일정표

| Wintervale Video Game Developers Conference<br>[8]June 19<br>[8]Carey Exhibition Center | | |
|---|---|---|
| **Time** | **Session/Topic** | **Presenter** |
| 9:00-10:00 A.M. | Keynote Presentation<br>: Tips for Independent Developers | Julie White |
| [10]10:00-11:30 A.M. | [10]Lecture: Scheduling and Workflow | [10]Michael Morris |
| 11:30 A.M.-12:30 P.M. | Lunch Break | |
| 12:30-1:30 P.M. | Game Demonstration: *Bio Journey* | Anna Jensen |
| [9]1:30-3:30 P.M. | [9]Workshop: Lighting Effects | [9]Sharon Walton |
| [10]3:30-5:30 P.M. | [10]Presentation: Creating VR Games | [10]Michael Morris |
| 5:30-6:00 P.M. | Closing Remarks: Rewarding Innovation | Alex Ma |

| Wintervale 비디오 게임 개발자 콘퍼런스<br>[8]6월 19일<br>[8]Carey 전시장 | | |
|---|---|---|
| **시간** | **세션/주제** | **발표자** |
| 오전 9시-10시 | 기조연설: 개인 개발자를 위한 팁 | Julie White |
| [10]오전 10시 -11시 30분 | [10]강의: 일정 관리 및 작업 흐름 | [10]Michael Morris |
| 오전 11시 30분-오후 12시 30분 | 점심 휴식 | |
| 오후 12시 30분 -1시 30분 | 게임 시연: *Bio Journey* | Anna Jensen |
| [9]오후 1시 30분 -3시 30분 | [9]워크숍: 조명 효과 | [9]Sharon Walton |
| [10]오후 3시 30분 -5시 30분 | [10]발표: VR 게임 제작 | [10]Michael Morris |
| 오후 5시 30분 -6시 | 폐회사: 혁신에 대한 보상 | Alex Ma |

Hi, I'm attending the upcoming video game developers conference. I received a copy of the schedule, but I accidentally lost it. So, I was hoping you could answer some of my questions.

안녕하세요, 저는 곧 있을 비디오 게임 개발자 콘퍼런스에 참석할 예정입니다. 일정표를 받았는데, 실수로 그것을 잃어버렸어요. 그래서, 몇 가지 질문에 대답해 주셨으면 해요.

**어휘** developer[divéləpər] 개발자 scheduling[skédʒuliŋ] 일정 관리 workflow[wə́:rkflòu] 작업 흐름

| **Question 8** | |
|---|---|
| On what date and where does the conference take place? | 콘퍼런스는 며칠에 어디에서 열리나요? |
| The conference will be held on June 19 at Carey exhibition center. | 콘퍼런스는 6월 19일에 Carey 전시장에서 열릴 것입니다. |

| **Question 9** | |
|---|---|
| I remember that Sharon Walton is giving a workshop in the morning, right? | Sharon Walton이 아침에 워크숍을 진행하는 것으로 기억하는데, 맞나요? |
| I'm sorry, but you have the wrong information. Sharon Walton's workshop will be given in the afternoon from 1:30 to 3:30 P.M. It will be about lighting effects. | 죄송하지만, 당신은 잘못된 정보를 갖고 계십니다. Sharon Walton의 워크숍은 오후 1시 30분부터 3시 30분까지 진행될 것입니다. 그것은 조명 효과에 관한 것일 겁니다. |

| **Question 10** | |
|---|---|
| I really enjoyed some of Michael Morris's lectures at last year's conference. Can you give me all the details about any sessions Mr. Morris is giving? | 저는 작년 콘퍼런스에서 Michael Morris의 강의를 정말 즐겼었습니다. Morris 씨가 진행하는 세션에 대한 모든 세부 사항을 알려주실 수 있나요? |
| Of course! Let me give you the details. There will be two scheduled sessions that Michael Morris is giving. First of all, he will give a lecture on scheduling and workflow from 10 to 11:30 A.M. Secondly, a presentation about creating VR games will be led by him from 3:30 until 5:30 P.M. | 물론이죠! 세부 사항을 알려드리도록 하겠습니다. Michael Morris가 진행하는 세션이 두 개 예정되어 있습니다. 첫째로, 그는 오전 10시부터 11시 30분까지 일정 관리 및 작업 흐름에 관해 강의할 것입니다. 두 번째로, 그가 이끄는 VR 게임 제작에 관한 발표가 오후 3시 30분부터 5시 30분까지 있을 것입니다. |

## Q11 선택형 질문: 직원들이 갖춰야 할 자질

| | |
|---|---|
| Which quality do you think is more important for employees to have in the workplace: a positive mindset or a lot of patience? Why?<br>Use specific reasons and examples to support your opinion. | 다음 중 직장에서 직원들이 갖춰야 할 자질로 긍정적인 사고방식 또는 많은 인내심 중 어떤 것이 더 중요하다고 생각하나요? 그 이유는요?<br>당신의 의견을 뒷받침하기 위해 구체적인 이유와 예시를 사용하세요. |

**답변 아이디어**

| | |
|---|---|
| 나의 의견 | a positive mindset 긍정적인 사고방식 |
| 첫 번째 이유 | helps to make a good work atmosphere 좋은 작업 분위기를 만드는 데 도움을 줌 |
| 근거 | positive people can put others around them in a good mood<br>긍정적인 사람들은 그들 주위의 다른 사람들을 기분 좋게 만들어줌 |
| 두 번째 이유 | better at getting through challenges they face at work 직장에서 직면하는 어려움을 더 잘 헤쳐 나감 |
| 근거 | tend to be mentally stronger, so they're less likely to give up so readily<br>정신적으로 더 강한 경향이 있어서, 쉽게 포기할 가능성이 더 작음 |

| | | |
|---|---|---|
| 나의 의견 | I believe that a positive mindset is more important for employees to have in the workplace for the following reasons. | 저는 다음의 이유로 직원들이 직장에서 긍정적인 사고방식을 갖는 것이 더 중요하다고 생각합니다. |
| 첫 번째 이유 + 근거 | First of all, this is because it helps to make a good work atmosphere. To be specific, positive people can put others around them in a good mood by encouraging and motivating them. | 우선, 그것은 좋은 작업 분위기를 만드는 데 도움이 되기 때문입니다. 구체적으로 말하면, 긍정적인 사람들은 그들 주위의 다른 사람들을 격려하고 동기 부여하여 기분 좋게 만들어 줄 수 있습니다. |
| 두 번째 이유 + 근거 | Another reason is that positive people are better at getting through challenges they face at work. Specifically speaking, workplace stress is inevitable, but people with positive attitudes tend to be mentally stronger, so they're less likely to give up so readily. | 또 다른 이유는 긍정적인 사람들은 그들이 직장에서 직면하는 어려움을 더 잘 헤쳐 나간다는 것입니다. 자세히 말하면, 직장 스트레스는 불가피하지만, 긍정적인 태도를 가진 사람들은 정신적으로 더 강한 경향이 있어서, 쉽게 포기할 가능성이 더 작습니다. |
| 마무리 | For these reasons, I think for employees, having a positive mindset is more important than having a lot of patience in the workplace. | 이러한 이유로, 저는 직원들에게 있어서, 직장에서 많은 인내심을 갖는 것보다 긍정적인 사고방식을 갖는 것이 더 중요하다고 생각합니다. |

**어휘** mindset[máindsèt] 사고방식 patience[péiʃəns] 인내심, 끈기 atmosphere[ǽtməsfìər] 분위기 mood[mu:d] 기분, 분위기 inevitable[inévətəbəl] 불가피한, 피할 수 없는 readily[rédəli] 쉽게, 즉시

# Actual Test 2

p.132

AT2(모범답변)

## Q1 안내/공지

Hello, / and **welcome** to **Newport Sunset Sails!** // This **evening's cruise** will **begin** momentarily, / but **first**, / I'd like to **go over** a few **rules** with everyone **quickly**. // Please **keep purses**, / **jackets**, / and **phones** / **away** from the **sides** of the **boat** to **avoid losing** any **belongings**. // In addition, / **running** is **not** allowed while the boat is in **motion** because it is **dangerous**. // **Thank you!** //

안녕하세요, Newport 일몰 항해에 오신 것을 환영합니다! 오늘 저녁의 유람선 여행은 잠시 후에 시작할 것이지만, 우선, 여러분들과 함께 몇 가지 규칙을 빠르게 짚고 넘어가고자 합니다. 어떤 소지품도 잃어버리지 않도록 지갑, 재킷, 그리고 휴대폰을 배 옆면 가까이에 두지 마십시오. 또한, 배가 움직이는 동안에는 위험하기 때문에 달리는 것이 허용되지 않습니다. 감사합니다!

어휘 sail[seil] 항해, 출항하다 cruise[kru:z] 유람선 여행 momentarily[mòuməntérəli] 잠시 후, 곧 avoid[əvɔ́id] ~하지 않도록 하다, 막다 belonging[bilɔ́:ŋiŋ] 소지품 motion[móuʃən] 움직임

답변 TIP
· 유람선 여행 시의 유의 사항을 알리는 안내/공지 지문이므로, 유람선에서는 지갑, 재킷, 휴대폰 등의 소지품을 배 옆면 가까이에 두지 않아야 하며 배가 움직이는 동안에는 달리는 것이 허용되지 않는다는 유의 사항을 강조해 읽으세요.
· Please keep purses, jackets, and phones ~와 같이 세 가지 요소가 나열된 후 문장이 끝나지 않고 내용이 이어지는 경우, 마지막 요소를 완전히 내려 읽지 말고 뒤에 오는 내용을 자연스럽게 이어 읽으세요.

## Q2 광고

This **summer**, / the **Wilber Community Center** will be offering educational **seminars** every **Saturday**. // Seminar **topics** will include **woodworking**, / **computer programming**, / and **personal finance**. // All **courses** are **free**, / but **seating** will be **limited**. // If you'd like to **sign up**, / **visit** our **Web site** / or **ask** in **person** at the community center. //

이번 여름, Wilber 문화 회관은 매주 토요일에 교육 세미나를 제공할 것입니다. 세미나 주제는 목공, 컴퓨터 프로그래밍, 그리고 개인 재무를 포함할 것입니다. 모든 수업은 무료이지만, 자리가 제한될 것입니다. 등록하고 싶으시다면, 저희 웹사이트를 방문하시거나 문화 회관에 직접 문의하시면 됩니다.

어휘 community center 문화 회관 woodworking[wúdwə̀rkiŋ] 목공 personal finance 개인 재무 seating[sí:tiŋ] 자리, 좌석 limited[límitid] 제한된, 한정된 in person 직접

답변 TIP
· 문화 회관에서 제공하는 세미나를 홍보하는 광고 지문이므로, 문화 회관에서 목공, 컴퓨터 프로그래밍, 개인 재무와 관련된 세미나를 무료로 제공한다는 정보를 강조해 읽으세요.
· seminar[sémənɑ̀:r], computer[kəmpjú:tər], programming[próugræmiŋ]과 같은 외래어를 정확한 영어식 발음으로 읽으세요.

## Q3 소수의 사람이 중심인 사진

**답변 표현**

사진이 찍힌 장소
· in an office

가장 눈에 띄는 대상
· two people, sitting at a desk
· the woman, showing some documents to a man; wearing a light colored jacket
· the man in front of her, pointing at the monitor of a laptop; wearing a business suit

그 외에 보이는 것
· middle, a laptop computer and some documents on a desk
· background, an overpass through a large glass window

느낌 및 의견
· having a serious meeting

| | | |
|---|---|---|
| 사진이 찍힌 장소 | This picture was taken in an office. | 이 사진은 사무실에서 찍혔습니다. |
| 가장 눈에 띄는 대상 | What I notice first is two people sitting at a desk. The woman is showing some documents to a man. She is wearing a light-colored jacket. The man in front of her is pointing at the monitor of a laptop. He is wearing a business suit. | 처음에 보이는 것은 책상에 앉아있는 두 사람입니다. 여자는 남자에게 서류를 보여주고 있습니다. 그녀는 밝은 색의 재킷을 입고 있습니다. 그녀 앞에 있는 남자는 노트북의 모니터를 가리키고 있습니다. 그는 정장을 입고 있습니다. |
| 그 외에 보이는 것 | In the middle of the picture, there is a laptop computer and some documents on a desk. In the background, I also notice an overpass through a large glass window. | 사진의 중앙에는, 노트북 컴퓨터와 일부 서류들이 책상 위에 있습니다. 배경에는, 커다란 유리창을 통해 고가 도로 또한 보입니다. |
| 느낌 및 의견 | Generally, it seems like the people are having a serious meeting. | 전반적으로, 사람들이 심각한 회의를 하고 있는 것처럼 보입니다. |

어휘 document[dάːkjumənt] 서류, 문서 overpass[oúvərpæ̀s] 고가 도로

답변 TIP 정장의 색을 표현할 때는 light-colored(밝은 색), dark(짙은 색)와 같은 표현을 사용할 수 있어요.

## Q4 여러 사람이 중심인 사진

(답변 표현)

사진이 찍힌 장소
- at an outdoor seating area of a café

가장 눈에 띄는 대상
- a group of people, sitting on chairs outside
- the man sitting on the far left, drinking something
- others, about to eat or having a conversation

그 외에 보이는 것
- in front of them, some tables with food and drinks
- middle, two women, walking on the sidewalk
- right side, cars parked along the street

느낌 및 의견
- a calm afternoon

| | | |
|---|---|---|
| 사진이 찍힌 장소 | This picture was taken at an outdoor seating area of a café. | 이 사진은 어느 카페의 야외 좌석 구역에서 찍혔습니다. |
| 가장 눈에 띄는 대상 | What I notice first is a group of people sitting on chairs outside. The man sitting on the far left is drinking something. Others are about to eat or having a conversation. | 처음에 보이는 것은 야외의 의자에 앉아 있는 한 무리의 사람들입니다. 왼쪽 가장 끝에 앉은 남자는 무언가를 마시고 있습니다. 다른 사람들은 먹으려고 하고 있거나 대화를 나누고 있습니다. |
| 그 외에 보이는 것 | In front of them, I can see some tables with food and drinks. In the middle of the picture, there are two women walking on the sidewalk. On the right side of the picture, there are cars parked along the street. | 그들의 앞에는, 음식과 음료가 있는 몇몇 탁자들이 보입니다. 사진의 중앙에는, 보도를 걷고 있는 두 여성이 있습니다. 사진의 우측에는, 길을 따라 주차된 자동차들이 있습니다. |
| 느낌 및 의견 | Overall, it appears to be a calm afternoon. | 전반적으로 조용한 오후인 것처럼 보입니다. |

어휘 conversation[kɑ̀:nvərséiʃən] 대화 sidewalk[sáidwɔ̀k] 보도, 인도

답변 TIP 여러 사람들을 묘사할 때는 a group of people(한 무리의 사람들), some people(몇몇의 사람들) 등과 같은 표현을 사용해 말할 수 있어요.

## Q5-7 전화 설문: 자동차

| | |
|---|---|
| Imagine that a marketing firm is doing research in your area. You have agreed to participate in a telephone interview about cars. | 한 마케팅 회사가 당신의 지역에서 설문 조사를 하고 있다고 가정해봅시다. 당신은 자동차에 관한 전화 인터뷰에 참여하기로 동의했습니다. |

### Question 5

| | |
|---|---|
| How often do you drive your car, and who do you usually go driving with? | 당신은 얼마나 자주 당신의 차를 운전하고, 주로 누구와 함께 드라이브하러 가나요? |
| I drive my car once in a while, and I usually go driving with my family. | 저는 제 차를 가끔씩 운전하고, 주로 가족들과 함께 드라이브하러 갑니다. |

### Question 6

| | |
|---|---|
| If you bought a new car, how long do you think you would keep it for? Why? | 만약 당신이 새 차를 산다면, 당신은 그것을 얼마나 오래 가지고 있을 것이라고 생각하나요? 그 이유는요? |
| If I bought a new car, I think I would keep it for as long as it worked. Cars are very expensive, so I wouldn't replace it quickly. | 만약 제가 새 차를 산다면, 저는 그것이 작동하는 한 그것을 가지고 있을 것이라고 생각합니다. 차는 너무 비싸서, 빨리 교체하지 않을 것입니다. |

어휘 replace[ripléis] 교체하다

답변 TIP 물건을 얼마나 오래(how long) 가지고 있거나 사용할지 묻는 질문에는 'as long as it worked(그것이 작동하는 한)'라는 표현을 사용해 답변할 수 있어요.

### Question 7

| | |
|---|---|
| When buying a car, which of the following would you consider the most?<br>• The design of the model<br>• The popularity of the brand<br>• The features of the product | 차를 살 때, 다음 중 어떤 것을 가장 많이 고려하나요?<br>· 모델의 디자인<br>· 브랜드의 인지도<br>· 제품의 기능 |
| 핵심 응답 When buying a car, I would consider the popularity of the brand the most. 이유 First of all, products from famous brands are typically more reliable because they are of higher quality. 추가 설명 Also, well-known brands often offer better customer service. 마무리 Therefore, I think the popularity of the brand is the most important factor to consider when buying a car. | 차를 살 때, 저는 브랜드의 인지도를 가장 많이 고려합니다. 우선, 유명한 브랜드의 제품들은 보통 품질이 더 높기 때문에 더 신뢰할 수 있습니다. 또한, 유명한 브랜드들은 종종 더 나은 고객 서비스를 제공합니다. 그러므로, 저는 차를 살 때 브랜드의 인지도가 가장 중요하게 고려해야 하는 사항이라고 생각합니다. |

어휘 popularity[pɑ̀:pjulǽrəti] 인지도, 인기 feature[fí:tʃər] 기능, 특징
typically[típikəli] 보통, 일반적으로 reliable[riláiəbəl] 신뢰할 수 있는
well-known[wèlnóun] 유명한, 잘 알려진

## Q8-10 행사/회의 일정표

**Hillsborough Movie Festival**
**Eaglerock Movie Theater**

| Date | Time | Film | Director |
|---|---|---|---|
| [8]Friday, June 10 | 10:00 A.M. | [8]*Next Exit* | Nancy Francis |
| | 12:30 P.M. | *The Taxman* | James Washington |
| [9/10]Saturday, June 11 | 2:30 P.M. | *Agent 48* | Angela Dixon |
| | 4:30 P.M. | [9]*Temporary Secretary* | Sam Kim |
| | [10]7:00 P.M. | [10]*Heart of Gold* | [10]Matthew Black |
| | 9:00 P.M. | *Tomorrow Always Knows* | Jill Edwards |
| [10]Sunday, June 12 | 10:00 A.M. | *Weekends with Monroe* | Jane Lim |
| | [10]12:30 P.M. | [10]*A Taste of Rain* | [10]Matthew Black |

Hillsborough 영화제
Eaglerock 영화관

| 날짜 | 시간 | 영화 | 감독 |
|---|---|---|---|
| [8]6월 10일 금요일 | 오전 10시 | [8]*Next Exit* | Nancy Francis |
| | 오후 12시 30분 | *The Taxman* | James Washington |
| [9/10]6월 11일 토요일 | 오후 2시 30분 | *Agent 48* | Angela Dixon |
| | 오후 4시 30분 | [9]*Temporary Secretary* | Sam Kim |
| | [10]오후 7시 | [10]*Heart of Gold* | [10]Matthew Black |
| | 오후 9시 | *Tomorrow Always Knows* | Jill Edwards |
| [10]6월 12일 일요일 | 오전 10시 | *Weekends with Monroe* | Jane Lim |
| | [10]오후 12시 30분 | [10]*A Taste of Rain* | [10]Matthew Black |

Hi, I'm interested in attending the Hillsborough movie festival. I'm calling to learn some more about the festival.

안녕하세요, 저는 Hillsborough 영화제에 참석하는 데 관심이 있습니다. 영화제에 관해 좀 더 알고 싶어서 전화드립니다.

### Question 8

On what date does the festival start, and what's the first movie?

The festival will start on Friday, June 10, and the first movie will be *Next Exit*.

영화제는 며칠에 시작하고, 첫 번째 영화는 무엇인가요?

영화제는 6월 10일 금요일에 시작할 것이고, 첫 번째 영화는 *Next Exit*일 것입니다.

### Question 9

I want to make sure to watch *Temporary Secretary*. That's scheduled for Sunday, right?

I'm sorry, but you have the wrong information. The film, *Temporary Secretary*, is scheduled for Saturday, June 11.

저는 *Temporary Secretary*가 꼭 보고 싶어요. 그것은 일요일에 예정되어 있죠, 맞나요?

죄송하지만, 당신은 잘못된 정보를 갖고 계십니다. 영화 *Temporary Secretary*는, 6월 11일 토요일에 예정되어 있습니다.

### Question 10

I'm a big fan of Matthew Black's movies. Can you tell me all the details on movies directed by Matthew Black during the movie festival?

Of course! Let me give you the details. There will be two scheduled movies directed by Matthew Black during the movie festival. First of all, there will be a movie titled *Heart of Gold* directed by him, and it will be shown at 7 P.M. on Saturday, June 11. Secondly, you can also watch his movie titled *A Taste of Rain* at 12:30 P.M. on Sunday, June 12.

저는 Matthew Black 영화의 광팬입니다. 이번 영화제 기간 동안 Matthew Black이 연출한 영화들에 관한 세부 사항을 알려주실 수 있나요?

물론이죠! 세부 사항을 알려드리도록 하겠습니다. 영화제 기간 동안 Matthew Black이 연출한 영화는 두 편 예정되어 있습니다. 첫째로, 그가 연출한 *Heart of Gold*라는 제목의 영화가 있고, 그것은 6월 11일 토요일 오후 7시에 상영될 것입니다. 두 번째로, 당신은 또한 6월 12일 일요일 오후 12시 30분에 *A Taste of Rain*이라는 제목의 그의 영화를 볼 수 있습니다.

## Q11 찬반형 질문: 일대일 교육 제공

| | |
|---|---|
| Do you agree or disagree with the following statement?<br>*Providing one-on-one teaching is the best way for schools to improve the quality of their students' education.*<br>Use specific reasons and examples to support your opinion. | 다음의 진술에 찬성하나요, 반대하나요?<br>*일대일 교육을 제공하는 것은 학교가 학생들의 교육의 질을 향상하는 가장 좋은 방법이다.*<br>당신의 의견을 뒷받침하기 위해 구체적인 이유와 예시를 사용하세요. |

**답변 아이디어**

| | |
|---|---|
| 나의 의견 | agree 찬성함 |
| 첫 번째 이유 | allows students to learn at their own speed 학생들이 자신의 속도로 배울 수 있도록 함 |
| 근거 | don't have to worry about falling behind, can take enough time to fully understand a lesson<br>뒤처지는 것에 대해 걱정하지 않아도 됨, 수업을 완전히 이해하기 위한 충분한 시간을 가질 수 있음 |
| 두 번째 이유 | easier for students to get help from the teacher 선생님으로부터 더 쉽게 도움을 받을 수 있음 |
| 근거 | students who feel too shy to ask questions, will be able to do this more freely if they are alone with a teacher<br>질문을 하는 것을 너무 수줍어하는 학생들, 선생님과 단둘이 있으면 더 자유롭게 질문할 수 있음 |

| | | |
|---|---|---|
| 나의 의견 | I agree with the statement that providing one-on-one teaching is the best way for schools to improve the quality of their students' education for the following reasons. | 저는 다음의 이유로 일대일 교육을 제공하는 것은 학교가 학생들의 교육의 질을 향상하는 가장 좋은 방법이라는 진술에 찬성합니다. |
| 첫 번째 이유 + 근거 | First of all, this is because it allows students to learn at their own speed. To be specific, students don't have to worry about falling behind in class, and can take enough time to fully understand a lesson before moving on to the next step. | 우선, 그것은 학생들이 자신의 속도로 배울 수 있도록 하기 때문입니다. 구체적으로 말하면, 학생들은 수업에서 뒤처지는 것에 대해 걱정하지 않아도 되고, 다음 단계로 넘어가기 전에 수업을 완전히 이해하기 위한 충분한 시간을 가질 수 있습니다. |
| 두 번째 이유 + 근거 | Another reason is that with one-on-one teaching, it is easier for students to get help from the teacher. For instance, in case of students who feel too shy to ask questions in front of others, they will be able to do this more freely if they are alone with a teacher. | 다른 이유는 일대일 교육에서는, 학생들이 선생님으로부터 더 쉽게 도움을 받을 수 있다는 것입니다. 예를 들어, 다른 사람들 앞에서 질문하는 것을 너무 수줍어하는 학생들의 경우, 선생님과 단둘이 있으면 더 자유롭게 질문할 수 있을 것입니다. |
| 마무리 | For these reasons, I think providing one-on-one teaching results in a better quality of education. | 이러한 이유로, 저는 일대일 교육을 제공하는 것이 더 나은 교육의 질을 야기한다고 생각합니다. |

**어휘** one-on-one[wʌ̀nənwʌ́n] 일대일 fall behind (~에) 뒤처지다

# Actual Test 3

p.140

AT3(모범답변)

## Q1 방송

This is **Local News Today** reporting from the **Lakeview** annual **art fair!** ↘ // **Lakeview**, / **home** to a large **artist** community, / has been **inviting** artists to **showcase** their **work** every year. ↘ // The fair's many **booths display** and **sell** art pieces such as **pottery**, ↗ / **paintings**, ↗ / and **photographs**. ↘ // **This year**, / the **town** has also prepared **classes** where you can **make** your **own pieces**. ↘ //

Lakeview 연례 예술 박람회에서 전해드리는 오늘의 지역 뉴스입니다! 대규모 예술가 공동체의 본거지인 Lakeview는 매해 예술가들이 그들의 작품을 선보이도록 그들을 초대해왔습니다. 박람회의 많은 부스들은 도자기, 그림, 그리고 사진과 같은 예술 작품들을 전시하고 판매합니다. 이번 해에는, 시에서 여러분이 직접 작품을 만들 수 있는 수업들도 준비했습니다.

**어휘** fair [feər] 박람회 showcase [ʃóukeìs] 선보이다, 소개하다 display [displéi] 전시하다 pottery [pɑ́:təri] 도자기

**답변 TIP**
- 지역 행사를 알리는 방송 지문이므로 Lakeview 지역에서 개최하는 연례 예술 박람회에서 도자기, 그림, 사진과 같은 예술 작품을 전시하고 판매하며 이번 해에는 직접 작품을 만들 수 있는 수업도 준비되어 있다는 정보를 강조해 읽으세요.
- This is와 같이 자음과 모음이 연음되는 경우, 앞의 자음을 뒤의 모음에 그대로 연결해서 발음하세요.

## Q2 방송

**Thank you** for listening to **Easy Housekeeping**, / a podcast about how to **organize** your home. ↘ // **Today**, / we'll be **talking** about **sorting** out the **tools**, ↗ / **food**, ↗ / and **tableware** in your **kitchen**. ↘ // If you **focus** on **one area** of the **kitchen** at a time, ↗ / you're **less** likely to **lose** something in the **mess**. ↘ // **Organizing** might take **time**, / **but** it's **worth it!** ↘ //

집을 정리하는 방법에 대한 팟캐스트인 Easy Housekeeping을 들어주셔서 감사합니다. 오늘, 저희는 부엌에 있는 도구, 음식, 그리고 식기를 분류하는 것에 관해 이야기할 것입니다. 만약 여러분이 한 번에 부엌의 한 부분에만 집중한다면, 어수선함 속에서 무언가를 잃어버릴 가능성은 더 작아질 것입니다. 정리하는 것은 시간이 걸릴 수도 있지만, 그만한 가치가 있습니다!

**어휘** housekeeping [háuskì:piŋ] 살림 organize [ɔ́:rgənàiz] 정리하다 sort out 분류하다, 선별하다 tableware [téibəlwèr] 식기 mess [mes] 어수선함, 엉망(진창)인 상태 worth it 그만한 가치가 있는

**답변 TIP**
- 집을 정리하는 방법을 소개하는 방송 지문이므로 부엌의 도구, 음식, 식기를 분류하는 것에 관해 이야기할 것이며 정리하는 것은 시간이 걸릴 수 있지만 그만한 가치가 있다는 것을 강조해 읽으세요.
- If로 시작하는 문장은 쉼표 앞의 부사절(If you ~ a time)은 끝을 올려 읽고 문장의 끝은 내려 읽어 전달하는 내용을 더 생동감 있게 전달해요.

## Q3 소수의 사람이 중심인 사진

**답변 표현**

사진이 찍힌 장소
- outdoors

가장 눈에 띄는 대상
- two people, wearing blue hats and overalls
- one of the men, handing a box to the other

그 외에 보이는 것
- behind them, many boxes stacked in a cargo truck
- next to the truck, a potted plant and two boxes placed on the sidewalk
- right side, houses behind a fence

느낌 및 의견
- a sunny day

| | | |
|---|---|---|
| 사진이 찍힌 장소 | This picture was taken outdoors. | 이 사진은 실외에서 찍혔습니다. |
| 가장 눈에 띄는 대상 | What I notice first is two people wearing blue hats and overalls. It seems like one of the men is handing a box to the other. | 처음에 보이는 것은 파란 모자를 쓰고 파란 작업복을 입고 있는 두 사람입니다. 그들 중 한 남자가 다른 남자에게 상자를 건네고 있는 것처럼 보입니다. |
| 그 외에 보이는 것 | Behind them, I can see many boxes stacked in a cargo truck. Next to the truck, I can see a potted plant and two boxes placed on the sidewalk. On the right side of the picture, there are houses behind a fence. | 그들 뒤에는, 화물 트럭 안에 쌓여 있는 많은 박스들이 보입니다. 트럭의 옆에는, 인도에 놓인 화분과 두 개의 박스들이 보입니다. 사진의 우측에는, 울타리 뒤에 집들이 있습니다. |
| 느낌 및 의견 | Overall, it appears to be a sunny day. | 전반적으로, 맑은 날인 것처럼 보입니다. |

**어휘** overalls[oúvərɔ̀:lz] (상의와 바지가 하나로 된) 작업복 stack[stæk] 쌓다 cargo truck 화물 트럭

**답변 TIP** 짐을 나르는 사진을 묘사할 때는 'handing a box to/over(상자를 건네고 있다)', 'moving boxes(상자를 옮기고 있다)', 'moving in/out(이사를 오고/가고 있다)'과 같은 표현을 사용할 수 있어요.

## Q4 여러 사람이 중심인 사진

**답변 표현**

사진이 찍힌 장소
- at an outdoor market

가장 눈에 띄는 대상
- two people, facing each other
- the woman, handing something over to the man in front of her
- the man, holding a package in his hand; wearing a striped apron

그 외에 보이는 것
- middle, various types of baked goods displayed on a stand
- background, another stand with a few people around it

느낌 및 의견
- a typical scene at a marketplace

| | | |
|---|---|---|
| 사진이 찍힌 장소 | This picture was taken at an outdoor market. | 이 사진은 노천 시장에서 찍혔습니다. |
| 가장 눈에 띄는 대상 | What I notice first is two people facing each other. The woman is handing something over to the man in front of her. The man is holding a package in his hand. He is wearing a striped apron. | 처음에 보이는 것은 서로 마주 보고 있는 두 사람입니다. 여자는 자신 앞에 있는 남자에게 무언가를 건네고 있습니다. 남자는 손에 포장한 상품을 들고 있습니다. 그는 줄무늬 앞치마를 입고 있습니다. |
| 그 외에 보이는 것 | In the middle of the picture, there are various types of baked goods displayed on a stand. In the background, I also notice another stand with a few people around it. | 사진의 중앙에는, 다양한 종류의 제과 제품들이 가판대에 진열되어 있습니다. 배경에는, 주변에 몇몇 사람들이 있는 다른 가판대 또한 보입니다. |
| 느낌 및 의견 | Overall, it appears to be a typical scene at a marketplace. | 전반적으로, 시장의 전형적인 광경인 것처럼 보입니다. |

**어휘** apron[éiprən] 앞치마 marketplace[má:rkitplèis] 시장, 장터

**답변 TIP** 일상적인 모습/풍경을 묘사하고 싶은 경우, typical/common/ordinary/regular와 같은 표현을 사용하여 느낌을 전달할 수 있어요.

## Q5-7 지인과 통화: 파티

| | |
|---|---|
| Imagine that you are having a telephone conversation with a friend. You are talking about parties. | 당신이 친구와 전화 통화를 하고 있다고 가정해봅시다. 당신은 파티에 관해 말하고 있습니다. |

| | |
|---|---|
| **Question 5**<br>What was the last party you went to, and where did it take place?<br>The last party I went to was my colleague's birthday party, and it took place at his house. | 마지막으로 갔던 파티는 어떤 것이었고, 어디에서 열렸니?<br>내가 마지막으로 갔던 파티는 내 동료의 생일 파티였고, 그것은 그의 집에서 열렸어. |
| **Question 6**<br>Do you prefer to be invited to a party or host one yourself? Why?<br>I prefer to be invited to a party. It is very tiresome to plan a party myself.<br>어휘 invite[inváit] 초대하다 host[houst] 주최하다, 개최하다<br>tiresome[táiərsəm] 피곤한 | 너는 파티에 초대되는 것을 선호하니 직접 주최하는 것을 선호하니? 그 이유는?<br>나는 파티에 초대되는 것을 선호해. 직접 파티를 계획하는 것은 매우 피곤해. |
| **Question 7**<br>Do you like playing games at a party? Why or why not?<br>핵심 응답 Yes, I like playing games at a party. 이유 This is because it is a good way to meet new people and make new friends. 추가 설명 In my experience, I usually find it easier to bond with new people when we play games together. 마무리 Therefore, I think games are an important part of a party.<br>어휘 bond[ba:nd] 유대감을 형성하다<br>답변 TIP 'It is a good way to meet new people and make new friends.'는 단체로 하는 운동, 스터디 그룹, 여행 등의 활동에 관해 묻는 질문에도 이유로 말할 수 있어요. | 파티에서 게임하는 것을 좋아하니? 그 이유는?<br>응, 나는 파티에서 게임하는 것을 좋아해. 그것은 새로운 사람들을 만나고 새로운 친구들을 사귈 수 있는 좋은 방법이기 때문이야. 내 경험상, 나는 보통 함께 게임할 때 새로운 사람들과 유대감을 형성하는 것을 더 수월하다고 느꼈어. 그래서, 나는 게임이 파티의 중요한 부분이라고 생각해. |

## Q8-10 면접 일정표

| The Palm Resort | Schedule of Job Interviews<br>Friday, July 10<br>[8]Location: Oakwood Convention Hall | | |
|---|---|---|---|
| **Time** | **Applicant Name** | **Desired Position** | **Current Employer** |
| [8]10:00 A.M. | Gina Harper | Guest Services Agent | Coronado Hotel |
| [10]11:00 A.M. | [10]Kevin Lewis | [10]Restaurant Supervisor | [10]Red Brick Restaurant Group |
| 1:00 P.M. | Sarah Johnson | Guest Relations Officer | Adventures Travel Agents |
| [9]~~2:00 P.M.~~ | [9]~~Mike Garcia~~ *canceled* | [9]~~Front Desk Manager~~ | ~~Destiny Vacation Rentals~~ |
| [10]3:00 P.M. | [10]Tim Patel | [10]Restaurant Supervisor | [10]Dean's Catering Company |
| 4:00 P.M. | Kate Davis | Spa Manager | Mountain Summit Spa |
| 5:00 P.M. | Lisa Anderson | Receptionist | The Downtowner Inn |

| Palm 리조트 | 취업 면접 일정<br>7월 10일 금요일<br>[8]장소: Oakwood 회의장 | | |
|---|---|---|---|
| **시간** | **지원자 이름** | **희망 직무** | **현 고용주** |
| [8]오전 10시 | Gina Harper | 고객 서비스 담당 직원 | Coronado 호텔 |
| [10]오전 11시 | [10]Kevin Lewis | [10]식당 관리자 | [10]Red Brick 식당 그룹 |
| 오후 1시 | Sarah Johnson | 고객상담 책임자 | Adventures 여행사 |
| [9]~~오후 2시~~ | [9]~~Mike Garcia~~ *취소됨* | [9]~~프런트 매니저~~ | ~~Destiny Vacation 대여점~~ |
| [10]오후 3시 | [10]Tim Patel | [10]식당 관리자 | [10]Dean의 출장 뷔페 회사 |
| 오후 4시 | Kate Davis | 스파 매니저 | Mountain Summit 스파 |
| 오후 5시 | Lisa Anderson | 접수 담당자 | The Downtowner 호텔 |

Hi, this is Greg. I'm interviewing applicants in a few hours for our resort, but I misplaced the schedule. Can you help me get some information about the interviews?

안녕하세요, Greg입니다. 저는 몇 시간 후에 우리 리조트 지원자들의 면접을 보는데, 제 일정표를 잃어버렸어요. 면접에 관한 정보를 얻도록 도와주실 수 있나요?

| | |
|---|---|
| **Question 8**<br>🎧 Where will the interviews take place, and what time does the first one start?<br>🎙 The interviews will be held in Oakwood convention hall, and the first interview will start at 10 A.M. | 🎧 면접은 어디에서 진행할 것이고, 첫 번째 면접은 몇 시에 시작하나요?<br>🎙 면접은 Oakwood 회의장에서 진행되고, 첫 번째 면접은 오전 10시에 시작할 것입니다. |
| **Question 9**<br>🎧 I remember we had an interview for front desk manager. Is this correct?<br>🎙 I'm sorry, but you have the wrong information. You were supposed to interview Mike Garcia at 2 P.M. for front desk manager position, but this has been canceled. | 🎧 프런트 매니저 면접이 하나 있던 것으로 기억해요. 이것이 맞나요?<br>🎙 죄송하지만, 당신은 잘못된 정보를 갖고 계십니다. 프런트 매니저 직무를 위해 오후 2시에 Mike Garcia의 면접을 보기로 했었는데, 이것은 취소됐습니다. |
| **Question 10**<br>🎧 I'm particularly interested in getting a good supervisor for our restaurant. Could you give me all the details about the interviews with candidates who applied for that position?<br>🎙 Of course! Let me give you the details. There will be two scheduled interviews with candidates who applied for the restaurant supervisor position. First of all, you have an interview with Kevin Lewis who is currently working for Red Brick Restaurant Group which will start at 11 A.M. Secondly, there will be another interview at 3 P.M. with Tim Patel. He is currently working at Dean's Catering Company. | 🎧 저는 특히 우리 식당의 좋은 관리자를 구하는 데 관심이 있어요. 그 직무에 지원한 지원자들과의 면접에 관한 모든 세부 사항을 알려주시겠어요?<br>🎙 물론이죠! 세부 사항을 알려드리도록 하겠습니다. 식당 관리자 직무에 지원한 지원자들과의 면접이 두 개 예정되어 있습니다. 첫째로, 현재 Red Brick 식당 그룹에서 일하고 있는 Kevin Lewis와의 면접이 오전 11시에 시작할 것입니다. 두 번째로, 오후 3시에 Tim Patel과의 또 다른 면접이 있습니다. 그는 현재 Dean의 출장 뷔페 회사에서 일하고 있습니다. |

## Q11 찬반형 질문: 초등학교에 자판기 제공

| | |
|---|---|
| Some people argue that elementary schools should provide students with vending machines that sell snacks and drinks. Do you agree or disagree with this statement? Why or Why not?<br>Use specific reasons and examples to support your opinion. | 어떤 사람들은 초등학교들이 학생들에게 간식과 음료를 파는 자판기를 제공해야 한다고 주장합니다. 당신은 이 진술에 찬성하나요 반대하나요? 그 이유는요?<br>당신의 의견을 뒷받침하기 위해 구체적인 이유와 예시를 사용하세요. |

**답변 아이디어**

나의 응답 agree 찬성함

첫 번째 이유 can use vending machines to offer healthy snacks 건강에 좋은 간식을 제공하기 위해 자판기를 사용할 수 있음

근거 can provide nutritious foods like milk, yogurt, and fresh fruits through the machines
자판기를 통해 우유, 요거트, 그리고 신선한 과일과 같은 영양가 있는 음식을 제공할 수 있음

두 번째 이유 can create an additional revenue stream for schools 학교에 추가적인 수입원을 창출할 수 있음

근거 the profit can also be used to improve school facilities and provide better supplies in classes
그 수익은 학교 시설을 개선하고 교실에 더 나은 물품을 제공하는 데 사용될 수도 있음

| | | |
|---|---|---|
| 나의 의견 | I agree with the statement that elementary schools should provide students with vending machines that sell snacks and drinks for the following reasons. | 저는 다음의 이유로 초등학교들이 학생들에게 간식과 음료를 파는 자판기를 제공해야 한다는 진술에 찬성합니다. |
| 첫 번째 이유 + 근거 | First of all, this is because schools can use vending machines to offer healthy snacks. To be specific, many people think that vending machines will only sell unhealthy snacks, but actually, schools can provide nutritious foods like milk, yogurt, and fresh fruits through the machines. | 우선, 학교에서 건강에 좋은 간식을 제공하기 위해 자판기를 사용할 수 있기 때문입니다. 구체적으로 말하면, 많은 사람들은 자판기가 건강에 좋지 않은 간식만 판매할 것이라고 생각하지만, 사실, 학교는 자판기를 통해 우유, 요거트, 그리고 신선한 과일과 같은 영양가 있는 음식을 제공할 수 있습니다. |
| 두 번째 이유 + 근거 | Another reason is that vending machines can create an additional revenue stream for schools. Specifically speaking, this would not only benefit the school, but the profit can also be used to improve school facilities and provide better supplies in classes, which is beneficial for the students too. | 또 다른 이유는 자판기가 학교에 추가적인 수입원을 창출할 수 있다는 것입니다. 자세히 말하면, 이것은 학교에 이익이 될 뿐만 아니라, 그 수익은 학교 시설을 개선하고 교실에 더 나은 물품을 제공하는 데 사용될 수도 있으며, 이는 학생들에게도 유익합니다. |
| 마무리 | For these reasons, I think that elementary schools should have vending machines. | 이러한 이유로, 저는 초등학교에 자판기가 있어야 한다고 생각합니다. |

어휘 vending machine 자판기 nutritious[njuːtríʃəs] 영양가 있는, 건강에 좋은 revenue[révənjùː] 수입, 수익 facility[fəsíləti] 시설, 설비 supply[səplái] 물품, 보급품 beneficial[bènəfíʃəl] 유익한, 도움이 되는

# MEMO

해커스인강 HackersIngang.com

본 교재
인강

교재 MP3

핵심표현
MP3

해커스토익 Hackers.co.kr

토익스피킹
첨삭 게시판

토익스피킹
점수예측 풀서비스

실전 토익스피킹
문제 및 해설강의

토익스피킹
기출유형특강